KB261520

무력한
조력자

무력한
조력자

무력한 조력자

Hilflose Helfer

남을 돕는 이타적인 활동의 이면을 들여다보다

볼프강 슈미트바우어 | 채기화 옮김

궁리
KungRee

서문

사회적 직업 종사자들의 집단역동 재교육 담당자가 된 것을 계기로, 나는 '사회적 증후군'이나 '조력자증후군' 개념에 몰두하게 됐다. 재교육을 마무리하며 지도자 팀에서 집단 구성원의 성격 문제에 대한 토론이 있었고, 그 과정에서 '방어로서의 조력' 유형이 한층 명확한 윤곽을 드러냈다. 집단 구성원들에게서 받은 인상은 조력자의 정서적 무기력, 강력해 보이는 외형 이면의 비참함이었다. 그렇게 이것들은 점차 우리 구상의 한 요소로 자리 잡았다. 더욱이 지도자들은 집중적인 공동 체험을 통해 서로를 알아갔고 자신의 체험과 집단 구성원들의 상황 사이의 유사성을 추적할 수 있었다.

어떤 사회적 직업이든 자신의 성격이 직업 활동에 가장 중요한 도구가 되는 동시에, 부담을 감당하는 능력과 융통성은 관련 행위를 하는 데 한계를 가져온다. '의사라는 약', 즉 조력자의 성격이 의료적 상호작용에 미치는 가장 중요한 영향이라고 본 미하엘 발린트(Michael Balint)의 개념을 우리는 교사, 사회복지사, 보육교사, 심리사, 언어치료사, 간호사, 사회학자 등과 같은 그 외의 사회적 직업의 문제와 조력기관에서의 활동을 위해 변형하고 확장했다. 간호, 교육, 심리치료, 사회복지에서도 이 점은 다르지 않다. 이 직업들 중 그 어느 것도 직업교육에서 인지적 개념과 실무 숙달 그리고 윤리적 규범의 전수 외에 그 이상의 것을 감당해야 하는 상황을 고려한 교육을 제공하지 않는다. 욕망과 불안, 사람을 대하는 일의 정서적 측면과의 대면은 우연에 맡겨질 뿐이다.

개정판 서문

(1992)

학문의 새로움이 유지될 수 있는 시간이 점점 단축되는 요즘, 어떻게 이 책이 수정 없이 20쇄 가까이 출간될 수 있었는지, 스스로에게 자문하곤 한다. 아마도 그 이유는 이 책이 다루는 문제가 외적 시사성을 띠는 정보에 관한 것이 아니라 각 세대에서 새롭게 제기된, 독자 개개인이 개별적으로 응답해야 하는 인간의 문제이기 때문일 것이다. 그래서 심사숙고 끝에 나는 『무력한 조력자』의 본문을 더 이상 수정하지 않기로 결정했다. 1977년부터 1992년까지 내용의 변화는 없었다. 1980년 대안적 '건강의 날'에 베를린에서 있었던 강연 내용을 '조력자증후군에 대한 고찰'로 덧붙였을 뿐이다. 이 개정판에서는 책의 '불변성'(그런 것이 있다면)이 훼손되지 않도록 본문을 가다듬고, 반복된 내용을 정리하고, 주제에서 벗어난 부분을 바로잡고, 지나치게 확장된 부분 중 일부는 삭제하고 일부는 상세한 설명을 덧붙였다. 이 책을 쓴 1976년은 심리치료자, 집단 지도자로 일한 지 6년이 지나고 막 교육분석도 마친 시점이었다. 나의 그런 미숙함과 조력자 세계에서 저널리스트의 과제를 담당했던 외부자로서의 놀라움을 통해 발견물을 더욱 참신하게 부각시킬 수 있었으리라 추측한다. 이제(1991) 집단치료 외에 슈퍼비전과 교육분석까지 담당하고 나이도 오십이 된 나는 더 이상 그런 방식으로 일을 성사시킬 수 없다. 경험은 인간을 현명하게 할 뿐만 아니라 어리석게도 만들고, 시선을 날카롭게 할 뿐만 아니라 무디게도 한다.

나는 1980년에 출간한 『숙고(Nachgedanken)』에서 암시된 주제들을 후에 『직업으로서의 조력―이웃사랑이라는 상품(Helfen als Beruf―Die Ware Nächstenliebe)』*에서 계속 다듬어갔다. 여기에, 개인의 정신역동에서 문화와 인류 역사에 대한 물음으로 대치된 사회심리학적 관점이 덧붙여졌다. 기관의 조건에 대한 관심이 증가된 것은 내 활동이 기관 외의 자기체험에서 점차 기관 내의 슈퍼비전으로 변화된 것과 관련이 있다. 1986년에는 이런 관점을 진전시킨 책을 하랄트 퓔(Harald Pühl)과 함께 출간하기도 했다.

1977년 이래로 조력자증후군이 변화되었을까? 동기의 근본역동에 관한 한 아마도 그렇지 않을 것이다. 그러나 일단 선택한 직업의 전망과 지속성에서는 틀림없이 변화가 있었을 것이다. 나는 내

---

*　　Die Ware Nächstenliebe, Nächstenliebe(이웃사랑)을 꾸미는 수식어를 wahre(진정한) 대신에 발음이 같은 Ware(상품)으로 바꾸어 씀.―옮긴이

아이의 상황에 공감하고 그 아이와 나의 상황을 비교해봤을 때 이 변화를 실감할 수 있었다. 내가 교육받을 당시에는 형식적 자격증(대입자격증, 대학졸업장)이 노동시장에서 안정된 자리를 보장해주리라는 믿음이 비교적 확고했다. 그 당시 내가 우려한 것은 (이탈리아에서 작가로 활동하며 유목민적 생활을 가능케 했던) 내 노동력을 탐내는 것 같은 사회의 손아귀에 혹시 너무 일찍 걸려드는 것은 아닐까 하는 점이었다. 오늘날의 젊은이들은 이런 확신을 더 이상 가질 수 없다. 따라서 그들이 지향할 수 있는 조력자-이상(Helfer-Ideale)은 덜 확고한 반면, 외부의 확인과 성취감에 대한 의존은 더욱 증가한다. 그러므로 조력자 역시 후기 자본주의 사회에서 정체성의 변화를 겪게 된다. 안정적이며 지속적인 생산의 의미는 감소된다. 유행의 흐름이 방향을 바꾸었기 때문에 조력자 역시 아무도 자신을 필요로 하지 않게 될 것을 각오해야 한다. 예를 들어 의사는 민간요법 치료사나 샤먼의 치료와 경쟁해야 할 뿐만 아니라, 아직은 예외적인 상황에 속하지만, 앞으로 더욱 빈번해질 의료사고 소송을 감안해야 한다. 평생직업은 마치 프로이트가 묘사한 초자아의 구조화된 견고함처럼 시대에 뒤떨어진다. 개인은 때때로 서로 모순되는 가치를 이상화하며, 더욱 규모가 작은 집단과 종파의 이데올로기에 카멜레온처럼 적응한다. 칭찬과 비난에 초연한 채 단지 양심을 좇아 의무를 다하는, 전문가들의 '낡은' 조력자-이상은 일부 소멸되었다. 조력자도 자기애적 욕구가 있다는 것을 전적으로 부정할 필요는 없다. '겉모습보다 내실을!'과 같은 구호는 서비스 시장에 의해 규정된 조력자 세계에서 시대착오적이고 아이러니한 것이 되었다. 결과적으로 외부 지향이 더욱 강해졌다. 클라이언트나 환자조차 종종 파트너로서 치료에 관여하게 될 뿐만 아니라, 조력자도 결정하기 어려운 어떤 불투명한 상황, 가령 각각의 장점과 단점이 있는 다양한 치료방식 가운데에서 선택해야 할 때에는 과도한 요구도 받는다.

『무력한 조력자』는 아직 조력직에 대한 관습적 이상이 강해서 '확고한 조력자증후군'이 받아들여지던 시기에나 나올 수 있었던 텍스트일지도 모른다. 그러나 한편으로 그런 이상은 그에 대한 정신분석적 연구가 가능했을 정도로 이미 문제시되었다. 이와 유사한 과도기적 상황은 아마도 그때 내가 성별 특성에 따른 차이를 그리 받아들이지 않았던 데서도 나타날 것이다.[1] 아직도 입지와 전통이 확고한 직업 세계에서는 남성적이며 규범적인 조력과 여성적이며 정감 어린 조력은, 예를 들어 '간수'와 '간호사'처럼 다른 모습을 띤다. 개별화로 인해 그런 역할들이 희석되었지만, 오늘날에도 여성들은 도움의 제공에 관계에 대한 관심이 나타날 때, 남성들은 도움이 그들의 지위를 개선(또는 유지)하도록 만들 때, 오히려 도움을 받아들일 수 있다. 남성들은 경쟁과 기능에 대한 즐거움에, 여성들은 결합과 타인에 대한 정보에 관심을 기울인다. 그런 차이는 생래적이거나 학습에 의한 것이 아니라 두 영역이 섞인 것으로, 불변하는 자연적 성향도 아니고 임의의 합리적 태도도 아니다. 개개

---

1   Vgl. Ostner, J., Krutwa-Schott, A., Krankenpflege-Ein Frauenberuf? Frankfurt/M. 1981, sowie Schmidbauer, W. (Hg.): Pflegenotstand: Das Ende der Menschlichkeit, rororo-aktuell, Reinbek 1992.

인의 경우에는 각자의 운명과 저마다의 결정으로 인해 그 차이가 나타나지 않을 수 있으나, 대규모 군중의 활동에서는 명백히 드러난다.[2]

---

[2] Vgl. W. Schmidbauer, "Du verstehst mich nicht!" die Semantik der Geschlechter. Reinbek (Rowohlt)1991.

차례

1

서론:
조력자증후군

"한밤중에 차를 몰고 몸을 파는 여자들이 서 있는 란츠베르거 거리로 간 건 여자와 자고 싶은 욕망을 떨칠 수 없었기 때문이에요. 길에 서 있는 여자들 앞을 스쳐 지나가며 흥분과 불안에 휩싸여 배와 심장에 격렬한 통증을 느꼈어요. 이 상태로는 분명히 일이 제대로 될 것 같지 않아 결국 여자들 앞을 그대로 지나쳐 그 거리를 벗어났지요. 그때 저 앞에 한 여자가 자동차가 고장 난 듯 쩔쩔매고 있는 게 보이더군요. 차를 세우고 그녀를 도와주자 비로소 마음이 가라앉았어요. 그 상황에 남을 돕다니, 빌어먹을 노릇이에요."

의사, 남성, 32세

"사람들과 알게 되면 저는 전력을 다해 그들을 도와줘요. 그 사람들은 대부분 문제를 갖고 있죠. 자기 문제를 얘기할 때 귀 기울여 들어주고 함께 해결책을 찾으려고 노력해요. 그러다 드디어 문제가 해결되면 그들은 더 이상 연락이 없답니다. 그러면 무척 실망스럽고 '넌 어쩔 수 없어…….'라는 생각이 들어요."

"지금 당신의 클라이언트 얘기를 하는 건가요, 아니면 개인적으로 아는 사람들 얘기인가요?"

"그야 물론 개인적으로 아는 사람들 얘기죠. 직무상 돌보는 가정에는 아예 감사 같은 건 기대하지도 않는답니다."

사회복지사, 여성, 40세

"대학 다닐 때 루카스는 심한 능률 저하와 불안으로 힘들어했어요. 그래서 저는 그를 보살피며 내내 돈을 벌어야 했죠. 그러다 그가 졸업 시험을 마치자 제가 병이 들었어요. 우리는 이제 서로 헤어지기로 했답니다. 그는 제가 그동안 자기 숨통을 죄었다고, 자기는 의무감으로 질식할 것만 같았다고 하더군요. 하지만 전 그저 루카스를 도우려 했을 뿐인데……."

교사, 여성, 29세

이 일화들은, 이제부터 그 형성과 내적 타당성을 밝혀나갈 조력자증후군이 어떻게 나타나는지를 보여준다. 의학에서 증후군이란 병적일 수 있는 개별 특성들의 독특한 조합을 의미한다. 심리학 분야에서 '건강'과 '병'의 경계를 구분하기란 대체로 쉽지 않다. 특히 타인을 돕는 행동, 즉 이타주의와 같이 사회적으로 높이 평가되는 행동에서 이 경계를 구분하기는 더욱 어렵다.

나는 인간의 훌륭한 특성이 어떻게 형성되는지 면밀히 살펴보는 것이 그것의 가치를 훼손한다고는 생각하지 않는다. 또한 도우려는 의지에 '결국 이기적' 동기가 깔려 있음을 밝히려는 것이 나의 의도는 아니다. 이타적, 이기적 행동의 구분은 그 자체가 특정한 사회적 발달 형태의 결과이다. 이에 대한 분석을 통해 그 구분이 더욱 의미 있는 방식으로 이루어지고 분명해진다. 우리는 조력자 성격에 대한 이상적 상을 비판적으로 보아야 한다. 이상적 상은 도움이 되기보다는 종종 해를 끼친다. 이 책에서 '돕는' 직업에 종사하는 사람들(보육교사, 의사, 심리치료자, 성직자, 교사)의 다양한 어려움과 갈등을 언급함으로써 완벽한 조력자의 이상적 상을 제시하려는 의도는 결코 없다. 효과적인 도움의 전제조건은 바로 자신과 타인의 약점과 결핍에 대한 공감적인 이해이기 때문이다.

내가 오랜 망설임 끝에 분석을 받기로 결정했을 때, 나는 그것이 교육과정의 일환인 '교육분석'이라고 정당화했다. 게다가 나는 결점이 없고 방대한 지식을 갖춘, 가능한 한 완벽한 분석가를 찾았다. 나의 경험을 돌이켜보면 분석가에게 가장 중요한 것은 그의 완벽함이 아니라, 나와 그 자신의 약점을 다루는 방법이었다.

조력자에 대한 이상적 요구는 정신분석 연구소의 교육과정에서 자주 드러난다. "자기 자신이 그 문제를 해결하지 못했다면, 다른 사람이 그 문제를 해결하는 데 절대 도움이 될 수 없다." 또는 "오직 환자 자신만이 자신을 호전시킬 수 있다."와 같은 상투적인 표현을 드물지 않게 듣거나 읽는다. 이상적 자아에 의해 규정된 공식 속에서는 인간관계의 다양함이 정신분석의 역사적 발달과는 완전히 반대되는, 편협한 평가적 차원에 이른다(그 스스로는 분석을 받지 않았거나 매우 단기간의 분석만 받았던 선구자가 더욱 긴 교육분석을 행하며 찬성한다). 반대의 예를 살펴보자(이것은 앞에 언급된 공식처럼 모든 경우에 적용하기 어렵다). 어떤 의사에게 환자가 찾아왔다. 우울증과 고통스러운 편두통 발작 때문에 치료를 받으려는 환자에게 의사가 말했다. "우울증은 많이 좋아지겠지만 편두통이 호전되리라고는 장담할 수 없습니다. 너무 큰 기대는 갖지 마세요." 그 의사는 자신의 편두통 발작이 자기분석을 통해 크게 좋아지지 않았던 경험을 바탕으로 그렇게 얘기했던 것이다. 그러나 그가 이렇게 낙담시켰던 환자는 몇 달 후, 가지고 있던 두통약을 모두 버렸노라고 알려왔다. 심리치료로 편두통 발작이 사라져서 두통약이 더 이상 필요 없게 된 것이다.

이런 결과는 "당신도 그런 고통을 겪고 있으면서, 어떻게 환자의 정신신체적 고통을 가볍게 해줄 수 있겠습니까?"라는 표현에 담긴 조력자에 대한 이상적 요구가 얼마나 어리석은지 보여준다(심리치료 교육기관의 채용 면접에서 탈락한 지원자에게도 역시 비슷한 얘기가 건네진다). 이제 기관들이 임용이나 교육정책에서, 유사한 교육과정 분석에서, 이미 신경증화한다고 알려진 각 본보기들을 어떻게 복제하려는지가 분명해진다. 아이를 완벽히 충족시켜줄 것을 요구하는 부모의 이상적 자아를 두고 하는 말이다. 이를 통해 발달과 성장 과정이 위험스럽게도 선발 과정으로 대치된다. 선발은 자기 자신의 분리를 초래한다. 아이는 자신의 '좋은' 점은 발달시킬 수 있는 반면, '나쁜' 점은 떼어내고 억압해야 한다는 것을 알게 된다. 그러나 바로 이런 '나쁜' 점이 부모의 눈에는 대우 본질적인 것으로 보인다. 이 부분을 떼어내고 발달시키지 않은 채 남겨두면 많은 피해를 입게 된다. 왜냐하면 이것들이 바로 중요한 행동양식(예를 들면 성취, 다정함, 성적 능력, 강렬한 감정)을 가능케 하기 때문이다.

나 역시 마찬가지로 조력자의 불완전함이 생산적일 수 있다고 본다. 그 불완전함을 도려내도록 강요하기보다는 그것과 함께 발달 과정을 시작하는 것이 더욱 중요하다. 이상적 완벽함이란 끊임없이 현실을 부정해야만 유지될 수 있다. 이 과정에서 조력자의 활동은 지향점을 잃기 쉽다. 거듭되는 실망을 더 이상 극복할 수 없으며, 실패를 교정할 수 없게 된다. 조력자의 소진을 의미하는 단어이자 유행어가 되어버린 '번 아웃(Burnout)'이 드물지 않게 나타난다.[1] 자신의 감정과 욕구를 표현할 수 없는 것이 성격 구조가 된 조력자증후군은 일견 전지전능하고 공격할 수 없는 외형과 결합되어 사회적 서비스 영역에 매우 넓게 퍼져 있다. 나는 다양한 기회를 통해 그것을 알게 되었다. 우선 나의 주된 활동을 냉정한 학술적 방식의 심리사회적 개입에서 직접적인 심리치료와 집단역동 작업으로 바꾼 이래로 나 자신을 통해 알게 되었다. 또한 대부분 사회적 직업을 가진 나의 내담자를 통해서, 자기체험 집단과 개별면담을 통해 알게 된 분석적 집단역동협회(G.a.G.)의 교육 참가자들

---

1 Vgl. D. Enzmann und D. Kleiber, Helfer-Leiden. Streß und Burnout in psychosozialen Berufen. Heidelberg (Asanger) 1989

을 통해서, 그리고 마지막이지만 빼놓을 수 없는, 내가 이끌었던 장·단기 집단치료 참가자들을 통해서도 알게 되었다. 개별면담만을 하는 분석가와는 반대로, 집단치료와 집단역동 작업을 하는 심리학자는 다양한 부류의 사람들을 알게 된다. '환자'뿐만 아니라 스스로를 정신적으로 건강하다고 여기며 조력자로서 자신의 능력을 향상시키려는 사람들이 상담자를 찾는다. 비록 내가 집단역동 협회 범위 내에서 수행된 실험심리학적 통계조사 결과를 참조하긴 하지만, 이 작업 방식은 정신분석적이다. 정신분석은 실증적-실험적 학문 모델이 아닌 광범위한 서술적-해석학적 학문 모델에서 유래한다. 나의 관심사는 조력직 종사자들의 정신건강을 증진시키는 것이다.

"전에 저는 무척 상심하고 아무것도 할 수 없는 느낌에 자주 사로잡혔어요. 누군가 한밤중에 전화로 도움을 청하면 그들에게 달려가 얘기를 나눴죠. 저는 누군가 어려운 상황에서 도움을 청할 때 거절해서는 안 된다고 생각했거든요. 하지만 클라이언트들이 이런 내 감정을 끝없이 이용한다는 생각이 떠나지 않더군요……. 그런데 교육을 받는 동안, 특히 개별분석을 받으면서 이런 태도를 바꿨어요. 지금은 그런 전화를 하는 사람들에게, 도움을 청하려면 근무시간 중에 하라고 대답해요. 제가 잠을 푹 자고, 속에서 화가 치밀지 않아야 전력을 다해 그들을 돌볼 수 있기 때문이죠. 이런 감정을 전에는 도저히 용납할 수 없었어요. 그때는 항상 다른 사람을 위해 일해야만 한다고 생각했으니까요. 교육 탓도 있다는 생각이 들어요. 자기 자신에게 지나친 요구를 하는 것 외에는 특별히 배운

게 없었고, 무언가를 이루기 위한 구체적인 방법도 전혀 습득하지 못했거든요.”(사회복지사, 여성, 30세)

조력직 종사자들의 정신건강이 특별히 좋은 상태가 아니라는 건 몇몇 통계조사에서 증명되었다. 조력직 중 가장 큰 집단을 이루는 의사들의 상황이 이 점을 분명히 보여준다. 그러나 간호직 종사자나 교육자, 심리학자들 역시 의사와 크게 다르지 않다. (정신적) 장애를, 그 치료와 직접적인 관계가 있는 이 직종처럼 그렇게 얼버무리고 대단치 않게 여기는 직종은 없다는 걸 염두에 두어야 한다. 바로 여기에서, 다른 사람이 스스로의 약함과 두려움, 정서적 문제에 대해 솔직히 인정하는 것을 반기고 지원하는 반면, 자신의 자아상에는 어떤 수단을 동원해서라도 그런 ‘오점’을 더하지 않으려는 조력자증후군이 확연히 드러난다.

병든 의사들

30여 년 전 미국의 제약회사 파크-데이비스(Park-Davis)에서 의사 1만 명에게 그들의 건강 상태를 묻는 설문지를 보냈을 때, 응답자의 0.5퍼센트만이 자신에게 정신적 장애가 있다고 시인했다. 정신적으로 안정되고 모든 조건을 충족시키는 이상적 의사상이 실제보다 훨씬 굳건하게 자리 잡고 있는 것으로 증명되었다. 의사들은 사회경제적으로 유사한 다른 집단에 비해 정신과 병동에 입원하는 경우가 더욱 빈번하다. 그들의 자살률은 인구 전체의 평균보다 통계적으로 유의미하게 높다(영국의 한 통계조사에 따르면 2.5배 높다).

또한 영국에서도 신경정신과에 의뢰된 의사 182명을 추적한 브룩 (M. F. Brook)과 동료들의 연구가 발표되었다. 이 연구에 따르면 한 병원에서는 환자 82명 중 1명이, 심지어 또 다른 병원에서는 새로 의뢰된 환자 46명 중 1명이 의사였다. 이 숫자는 전체 인구 중 의사의 비율을 감안할 때 통계적 평균을 훨씬 웃도는 것이다.[2] 이 연구(그리고 비슷한 결과를 보이는 다른 연구)에 대해서는 연구 자료(정신병원에 입원한 의사들)의 선택과 비교군의 결핍으로 결과가 왜곡되었을 가능성이 있다고 이의를 제기할 수도 있지만, 베일런트(G. E. Vaillant)와 동료들[3]에 의한 전향적 연구[*]의 결과 역시 유사한 경향을 보인다. 이 연구는 의과대학생 47명과 무작위로 선발한 다른 전공의 학생들을 비교했다. 이 두 집단을 30년 동안 추적 조사한 결과 의사들의 47퍼센트는 결혼생활이 순탄치 못했거나 이혼을 했고, 36퍼센트는 향정신성 약물 또는 술이나 다른 마약을 복용했다. 34퍼센트는 다양한 심리치료를 받았고, 17퍼센트는 한 번 이상 정신병원에 입원한 병력이 있었다. 이 수치는 모두 사회경제적으로 비교할 만한 대조군보다 명백히 높은 것이었다.

조력자증후군이 있는 이들의 내면 상태는 화려하고 강한 외형

---

2   M. F. Brook et al., Psychiatric illness in the medical profession, Br. J. Psychiatry 113, 1013-1023, 1967

3   G. E. Vaillant, N. C. Sobowale, C. McArthur, Some psychological vulnerabilities of physicians, N. Engl. Journal of Medicine 287, 745-748, 1966

*   연구 시작 시점에서 앞으로 나타날 건강 상태나 역학 요인의 빈도를 계획적으로 조사하기 때문에 객관성이 뛰어난 것으로 평가된다.—옮긴이

뒤에 방치된 굶주린 아이의 그림으로 표현될 수 있다.

"나는 다른 학생들과 함께 X교수님의 집 앞에 있었다. 우리는 이 집에 종을 달아야 했다. 내 앞에 석회암으로 둘러쳐진 높은 담을 올려다보았다. 종을 다는 일은 쉽지 않았다. 장비와 밧줄 등이 더 필요해서 가까운 헛간으로 갔다. 그때 헛간 안에서 숨죽인 울음소리가 새어 나왔다. 문을 열자 아주 끔찍한 광경이 눈에 들어왔다. 거의 탈진한 깡마른 아이가 오물과 거미줄을 뒤집어쓴 채 잡동사니 사이에 끼어 있었다."(30세 의사의 꿈)

이 꿈에서는 자기애적 가치를 추구하는 외형(교수, 종)과 분열되고 보잘것없는 유아적 욕구가 뚜렷이 대비된다. 외형은 "나는 아무것도 필요치 않아, 나는 오직 줄 뿐이야!"라고 말하고, 아이는 "나는 (관심과 보살핌에) 굶주리고 목말라요. 하지만 이걸 감히 드러내서는 안 돼요."라고 호소한다. 조력자-클라이언트 관계에는 온전한 상호성이 결여되어 있으며, 이 상호성의 결핍이 조력자증후군에서 성격 특성이(분석적으로 표현하면, 성격 방어의 일부가) 되었다. 클라이언트는 자신의 욕구를 표현하고 충족시킬 기회를 찾아야 하지만, 조력자는 욕구의 표출을 삼가야 한다. 이런 특성으로 조력자증후군이 친구 또는 연인 관계에서는 어떻게 작용하는지 다시 설명하겠다. 강하게 여겨지는 외형과 그 뒤의 굶주리고 방치된 아이의 밑그림이, 조력자증후군과 예외적으로 높은 중독 위험의 상관관계를 나타내는 데 특히 유용할 것이다. 대략 인구 600명 중 1명이 의사인 반면, 흥분제 중독치료를 위한 병원에서 퇴원하는 50명 중 1명이 의사이다. 베일런트와 동료들의 연구를 보면 조사대상 의사 중 3분의 1이 향정신성 약물, 알코올, 협의의 환각제(모르핀과 그 유도체)를 정기적으로 사용했다. 미국 의사들 중 최소 1퍼센트가 약물중독인 반면, 그 외 학자들의 직업군에서는 약물중독이 극히 드물다. 짐작하듯이 의존물질의 사용은 조력자 외형에 기인한다. 의사들의 약물중독에 관한 모들린(H. C. Modlin)과 몬테스(A. Montes)의 연구에 따르면, 의사들은 의존물질을 사용하는 이유로 일차적으로는 과로, 그다음은 지속적인 피로와 신체 질병을 들었다. 그러나 이 두 정신과 의사는 이와는 다른 결론을 내렸다. 그들은 의사들에게 약물중독이 시작되기 전에 이미 '구강적 성격'이 나타났음을 지적했다. 구강적 성격의 근본적인 딜레마는 외형과 아이의 그림에서 유래한다. 관심과 솔직한 감정 교류를 통해서 자기애적 공급을 받고 싶은 욕구가 단지 간접적으로만―조력자 역할을 굳건히 고수함으로써―표현되기 때문에 적절히 충족되지 않는다. 약물에 중독된 의사들은 안정되고 상호적인 관계를 유지하기 어렵기 때문에 아내들의 정서적 헌신에 의존하는 것이 특징이다. 외형은 "내게 아무것도 요구하지 마. 나는 오직 내 환자들을 위해 있을 뿐이야!"라고 주장한 반면, 아이는 "당신이 필요해요. 당신이 나를 돌봐주고 지지해줘야 해요!"라고 얘기한다. 그러나 아내가 착취당하는 기분이 들어 이 지지자 역할을 더 이상 수행하지 않으면, 그때 드물지 않게 중독이 시작된다. (남편의 일을 위해 아내의 정서적 지지 기능이 착취당하는 이 지점에서 조력자증후군과 가부장적 사회의 기본 특성이 중첩된다.) 그렇지만 여기서는 인간관계에서 만족의 기회에 대한 책임이 오로지 아내에게 있다. 조력자증후군의 경우 이것들은 극히 일방적으로 발달되었다. 외형과 아이 사이의 매우 뚜렷한 초기 균열로 인해 관심, 확인, 정서적 '수유'에 대한 구강적 욕구는 원시적 단계에 머물러 있다. 바로 그런 원시적 단계에서 시작하는 의존물질이 만족의 기회를 제공한다. 부담스럽고 도저히 이완이 불가능해 보이는 일상에서 중독자들에게 탈주의 기회를 제공하는 것이다. '환각제는 독이 든 모유'라는 짧지만 의미심장한 문구가 이런 상관관계를 나타낸다. 조력자로 하여금 자기 내면의 아이를 어둡고 더러운 지하실에 가두도록 한 초기의 결핍이, 이 아이의 욕구를 원시적인 수준으로 보존시켰다. 성인에게 이보다 더 적당한 만족의 기회란 없다. 중독자들이 추구하는 무욕의 니르바나 상태로의 퇴행은 거의 자기파괴적이다. 구강적 성격의 경우에는, 다른 성인들이 인간관계에서 그것의 도움으로 충분한 만족을 얻을 수 있는, 말하자면 젖줄을 잃은 것이다. 미숙한 상태로 남아 있는 자기애적 욕구에 대한 엄청난 허기는 그 홀로 자신의 외형의 도움으로 극복하고 있는 일상과는 아무런 관계가 없다. 40세 성인 남성이 어머니의 가슴에서 만족감을 얻을 수 없듯이, 그는 일차집단의 공감적 관심(분석적 상투어로 '좋은 젖')을 뒤늦게 체험할 수 없다. 그렇지만 그의 욕구는 아직 분화되지 않은 원시적인 단계에 머물러 있다. 이런 이유로 심리치료 과정 역시 대부분 긴 시간을 요한다. 그에 비해 술, 과도한 흡연, 마약중독은 손쉬운 방법이다. 그러나 그 결과는 매우 다르다. 즉, 천진하고 희망적인 자아의 후속발달은 그것들에 의해 저지된다. 인간관계를 통해 다양한 만족의 기회를 갖지 못한 사람은, 말하자면 멋진 젖꼭지가 없는 사람은, 환각제와 같은 거친 물질에 빠지기 쉽다. 중독은 빈약하지만 이제껏 그나마 가꿔온 인간관계를 더욱 무너뜨린다. 그것은 아이를 살게 끔 보살피지도, 자유롭게 놓아주지도 않는 나쁜 어머니가 된다. 환각제를 통한 만성적 자기파괴는 자기 자신인 것이 끔찍하여 외형을 세우는 것만이 유일한 구원으로 보이던 일차집단에서의 관계를 반영한다. 중독자는 이제 다시 아이가 된다. 그렇지만 이번에는 자기 자신을 파괴한다.

우울증과 자살 위험

조력자증후군에서 가장 흔한 정신적 장애는 우울증이다. 특정 집단의 자살 빈도는 우울증 발병을 나타내는 비교적 유효한 척도가 된다. 의사의 경우 25세부터 39세 사이의 자살률이 전체 사망의 26퍼센트에 달하는데 이 수치는 통계적으로 비교할 만한 평균 인구(9퍼센트)의 거의 3배에 달한다.[4] 알코올 중독과 다른 형태의 약물중독, 자살 행위의 경향 간에는 통계적으로 유의미한 상관관계가 있다. 특히 중독의 위험이 있는 인구집단은 자살의 위험도 높다.

하인츠 헨젤러(Heinz Henseler)[5]가 개괄했듯이 자살 행위는 그 동기가 매우 복합적이며 단지 특정 정신장애에 의한 것만으로는 볼 수 없다. 불안신경증이나 강박신경증의 경우 자살은 거의 발생

4   D. De Sole et al., Suicide and role strain among physicians, Vortrag auf dem Kongreß der American Psychiatric Association, Detroit 1967

5   H. Henseler, Narzißtische Krisen, Reinbek 1974

하지 않는다. '내인성' 우울증보다는, 이른바 원인을 쉽게 찾을 수 있는 '심인성' 우울증에서 자주 발생한다. 주위에서 쾌활하다는 평을 받는 사람이 갑자기 자살하는 경우가 가끔 있다. 아마 그 사람을 자살로 이끈 것은 우울증이 아니라 자아이상과 초자아의 왜곡된 발달일 것이다. 우울증은 링엘(E. Ringel)[6]이 자아 불안정과 '일상생활의 신경증'으로 간주한 이 발달에서 추정할 수 있는 결말 중 하나일 뿐이다. 헨젤러는 정신분석적 자기애 개념을 포함시킴으로써 우울증을 상세히 분석했다. 자기애는 조력자증후군에서 중심 역할을 하기 때문에, 이에 대해서는 별도의 장에서 따로 다룰 것이다(60~61쪽 참조).

자살 위험이 있는 성격의 본질적인 특징은 공격성이 적당한 형태로 외부로 향하지 않고 자기 자신에게 되돌아오는 경향이다. 자살하는 사람은 자신을 죽임으로써 다른 사람을 죽이려 한다는 프로이트의 발언은 동일시 과정과 관련이 있다. 아동에게는 다른 선택의 여지가 없다. 버림받지 않고 무기력해지지 않기 위해서는 자신이 양가감정을 느끼며 일부분 증오하는 관련 인물을 본보기로 받아들여야 한다. 프로이트는 이 상황을 묘사하며 자기애적 욕동과 리비도적 욕동(자기 자신과 경우에 따라서 다른 사람에게 향하는)을 구분하지 않았음이 분명하다. 「애도와 멜랑콜리(Trauer und Melancholie)」에서 설명한, 애증을 느끼는 대상과 동일시하여 우울하게 해결된 공격성-의존-갈등은 자기애적 성격장애를 전제한다.

<hr>

6   E. Ringel, Der Selbstmord, Wien 1953

우울은 그때 자신의 자아이상의 요구를 만족시킬 수 없다는 신호이다. 헨젤러는 그것을 넘어서 자살로 기우는 우울한 사람들의 비밀인 거대한 판타지를 참조할 것을 권한다. 그의 자기감은 현실적인 평가의 양극단이 아니라, 막강하고 고독한 거대함과 완벽한 실패 사이에서 심하게 요동친다. 본질적인 것은 성격의 이상화된 부분과의 경직된(심리검사에서 완고하고, 상처받기 쉽고, 안절부절못함으로 알려진, 헨젤러, 앞의 책 46쪽 참조) 관계이다. 자기애가 어느 정도 튼실한 사람은 상심했을 때 그것을 현실적으로 봄으로써, 즉 나는 이런저런 부분에서는 실수했지만 다른 많은 부분에서는 썩 괜찮다고 여김으로써, 극복할 수 있다. 자기애적 장애는 어떤 작은 실수에서도 오래전부터 축적되어온 나쁜 감정을 끌어내어 그것에서 헤어나지 못하게 하고, 급기야는 자신을 총체적으로 문제시하도록 만든다. 매우 긴장된 자아이상으로 과도한 요구를 받거나, 자기애적 상처로 내적 위협을 받는 상황에서는 자살에 대한 판타지가 위안이 된다.

> "어느 쪽이 더 고상한 것인가.
> 가혹한 운명의 화살과 돌팔매를 견디는 것인가,
> 아니면 무기를 들고 고난의 바다에 맞서서 물리치는 것인가,
> 죽는다, 잠든다, 그뿐이다." (햄릿의 독백)

이 위험에 대항하기 위한 강제적 방어기제가 만들어지지 않으면, 조력자증후군의 이면에서 자살에 대한 판타지가 자주 증명된다.

“모든 것이 너무 힘들고 공허하게 느껴질 때는 아무것도 소용 없다는 생각이 듭니다. 그럴 때 ‘너는 언제라도 죽을 수 있어. 그러면 안식을 얻게 되지.’라는 생각이 떠오르면 늘 큰 위안이 돼요.”(36세 의사).

조력자증후군의 범위 안에서 우울증과 자살의 문제는 조력자 자신이 도움을 받아들이기가 극히 어렵기 때문에 첨예화된다. 자신의 본능적 욕망을 희생하여 다른 사람을 돕는 것이 그의 방어구조이기에 자신이 도움받는 것을 거부하며, 부득이한 경우에는 자신의 조력 능력을 더 완벽하게 하기 위한 ‘재교육’의 형태로 도움을 받아들인다. 신경증 환자가 건강해지기 위해서가 아니라 자신의 신경증을 완벽하게 하기 위해서 치료를 받으려 한다는 신랄한 농담이 여기에도 해당된다. 좀 더 공감적으로 보자면, 어린 시절의 위협적인 상황에서 정신적 생존을 보장받을 수 있는 유일한 방법이 자신을 제한하고 손상시키는 방어기제의 구축이었기에, 신경증 환자는 제한과 방어의 이 시스템을 보다 완벽하게 만드는 것 외에는 다른 어떤 형태의 도움도 상상할 수 없다. 그는 그것을 포기하면 자신을 완전히 잃게 될 것 같아 두렵다.

조력직 종사자들은 도움을 받는 게 절대 수치가 아니라는 것을 클라이언트들이 믿도록 노력하는 반면, 그들 자신은 이 말을 거의 믿지 않는다. 신체 그리고/또는 정신이 병든 의사들을 치료하는 의사들 대부분이 여기서 발생하는 커다란 문제를 지적한다. 정신병이 치료 가능하며 절대 오점이 아니라는 것을 계몽하는 데 공공연한 성공을 거둔 정신과 의사들도 그들의 동료들을 납득시키기가 분명히 제일 어려울 것이다. 베일런트는 많은 의사들이 도움받는 것에 대해 신경증적 공포를 느낀다고 말한다. 의사들의 자기진단과 자기치료를 막으려고 계속 교육하지만, 실제 그런 행동은 비일비재하다. 그 결과 자기 병을 대수롭지 않게 여기며 부정하고, 약물을 불규칙하게 또 지나치게 소량 복용한다.[7]

정신적인 문제가 있는 의사들의 상황을 분명히 나타내는 워링 (E. M. Waring)[8]의 몇몇 사례들을 보자. 어느 중년의 신경과 의사는 식욕 부진, 체중 감소, 변비, 기분 변화, 임포텐츠, 정신적 둔감, 슬픔과 자살에 대한 생각 등의 명백한 중증 우울증 증상을 겪었음에도 6개월 동안이나 치료받기를 주저했다. 그는 치료를 회피한 6개월간 결혼생활이 망가지고 매우 만족스러워했던 직장에서의 직위를 잃었음에도 불구하고 수면장애를 겪지 않았다는 이유로 자신의 상태를 심각하게 여기지 않았다. 그 외에도 그는 치료에 필요한 일반적인 용량보다 훨씬 적은 양의 항우울제로 자신을 치료해왔으며 증상이 조금 호전된 듯이 느껴지면 바로 치료를 중단하곤 했다. 그 사이 그의 음주량은 현격히 증가했다.

어느 고령의 의사는 2년여 동안 자신에게 바비튜레이트 계통의 수면제를 다량(하루에 800밀리그램 이상) 처방해왔다. 하지만 자신이 약물에 중독되지 않았으며, 정신과적 도움도 필요치 않다고 여

7　　　N. Gold, The doctor, his illness and the patient, Aust. N. Z. Journal of Psychiatry 6, 209-213, 1972

8　　　E. M. Waring, Psychiatric illness in physicians: a review, Comprehensive Psychiatry 15, 519-530, 1974

겼다. 그가 병원에 입원하게 된 계기는 전에도 여러 번 자살 시도를 했던 아내의 자살 때문이었다. 그러나 그는 자신의 아내 역시 정신적으로 건강했다고 여겼다.

요약

조력자증후군은 자신의 발달을 희생하여 사회적 조력을 경직된 생활방식으로 삼는, 독특한 성격 특성의 결합이다. 서론에 제시한 일화들이 이를 구체적으로 보여준다. 이어서 조력직, 특히 의사들의 정신건강에 대한 통계자료의 첫 번째 분석이 이루어졌다. 조력자증후군이 있는 사람들의 근본 문제는 높고 경직된 자아이상을 지향하는, 그 기능이 비판적이며 악의적인 초자아에 의해 감시받는, 사회적 외형이다. 자신의 약점과 결핍이 부정되며, 관계에서 상호성과 친밀함이 제외된다. 조력자의 구강적, 자기애적 욕구는 크지만, 그 전체 또는 부분이 무의식적이다. 즉, 욕구의 표현방식이 발달되고 분화될 수 없었기에 원시적인 수준에서 작용한다. 따라서 자신의 욕망을 실현할 수 있도록 표하는 데에는 미숙하다. 오히려 쌓인 욕망이 아직도 주로 간접적으로(예를 들어 타인의 관심과 도움을 얻기 위해 중독, 자살 또는 정신신체 질환과 같은 자기파괴적인 호소로) 표출되는 경우를 제외하면, 주변을 비난하는 형태로("내가 너희를 위해서라면 무엇이든 다 했는데, 돌아오는 게 고작 이것뿐이라니!") 나타난다.

다음 장에서는 우선 사회적 역동과 공동체적 기원, 조력자증후

군의 개인사적 생성 과정을 설명하겠다. 나아가서 조력자증후군이
의학, 사회복지, 심리치료 또는 (평생)교육의 실제에 미치는 영향에
대해 살펴보겠다. 이어서 조력직 전반에 걸친 치료적이며 예방적
인 조처와 정신건강에 대한 논의가 있을 것이다.

2

이타주의의
인류학

"아마 잘해야 자손들이 카스틸리엔의 농민처럼 살 형편이 될 것이다. 그렇지만 원주민들이 너무 방탕해서 이것이 가능할지 의심스럽다. 그들은 한편으로는 스페인 사람들을 기피하며 대가 없이 일하는 것을 거부하고, 다른 한편으로는 이따금 그들의 전 재산을 선사할 정도로 도착적이다. 그 외에도 그들은 스페인 사람들의 귀를 자른 자기 동료들의 추방을 거부한다."

히에로니미텐 수도원 위원회를 위한
스페인 이주민의 사전 보고 1515년경.[1]

1　C. Levi-Strauss, Traurige Tropen, Köln 1960

이타적 행동방식은 생물체들 간에 널리 퍼져 있다. 윌리엄 해밀턴(William Hamilton)[2]의 제언에 따라 나는 이타적 행동은 종족을 돕고자 자기 안녕의 위협을 받아들이려는 준비로, 이기적 행동은 개인의 생존 기회를 늘리고자 종족의 손해를 감수하는 것으로 정의하겠다. 이타적 행동의 생물학적 이유는 '생존투쟁'에서 당연한 이기주의의 이유보다 일견 더 복잡해 보인다. 그러나 극도로 이기적인 행동이, 예를 들어 '이기주의 유전자'의 발현이 우월할 때, 어떤 종의 성숙한 개체가 다른 동물들을 보살피기보다는 죽임으로써 한 개체군이 멸종된다는 것을 집단유전학의 수학적 방법을 통해 알 수 있다. 다른 한편, 자연도태에서 이타적 행동은 '보호된' 종의 유전자가 개체군에게 전해질 확률이 더욱 높아짐으로써 보상된다. 이런 이유로 이타적인 행동은 무엇보다도 어린 동물에게 유리하다.

진화에서 이기주의-이타주의 문제는 한 동물이 같은 종의 동물을 어떤 방식으로든 동일시할 수 있을 때 비로소 등장한다. 그런 까닭에 동물의 집합체를 아직 이타적으로는 볼 수 없다. 군집행동을 조사한 일련의 연구들은(해밀턴의 앞의 책에서 인용) 군집(예를 들어 어류와 물속 바다포유류의 '떼')의 대부분이 위험 상황에서 자신과 약탈자 사이에 항상 같은 종의 동물을 데려오려는 시도임을 밝혔다. 성난 개가 덤벼들 때 인간집단에서도 이와 매우 유사한 형태의 행동이 관찰된다. 양 떼와 (북극 지방의) 사향소 떼는 위험에 처했을 때 결정적인 차이를 보인다. 양들은 적에게 등을 돌리고 무리

<hr>

2 W. D. Hamilton, Selection of selfish and altruistic behavior, in J. F. Eisenberg et al. (Ed.), Man and beast, Smithsonian Institution Press, Washington 1971

속으로 몸을 피하려 하는 반면, 사향소들은 밖으로 나가서 적과 싸운다. 순식간에 도망가는 동물들이 어린 것을 방어해야 할 경우에 보이곤 하는 그런 행동이, 사향소들의 경우에는 더욱 발달된 것이다. 일반적으로 무리에서 이탈된 소는 불안해하고 겁에 질려 있다. 그러나 새끼를 낳기 위해서 무리를 떠난 경우에는 모든 약탈 동물로부터 자신을 방어한다.

흔히들 종족 보존이 이타주의의 가장 중요한 생물학적 기원이라고 한다. 이타주의는 선발로 직접 보상되며, 개체의 성장기간이 길고 유약할수록 더욱더 필요해 보인다. 우리가 여기에서 후각 자극 물질과 본능적(유전적) 행동인자를 통해 조종된 사회성 곤충의 매우 복잡한 행동방식을 고려하지 않는다면[3], 인간의 이타적 행동방식의 전조를 설명하기 위해서는 영장류에 대한 관찰이 무엇보다 중요하다. 다양한 원원류(原猿類)와 원숭이(여우원숭이, 고함원숭이, 레수스원숭이, 마카크원숭이, 개코원숭이) 그리고 유인원 중 어른 암컷이 친족이 아닌 어린 원숭이에게 이타적 관심을 보이는 것이 관찰되었다. 힌데(R. A. Hinde)[4]는 특히 이 행동을 면밀히 조사했다. 어른 암컷들은 우선 어미에게서 여러 번 내침을 당했지만 점차 긴밀한 협력관계를 발전시켰다. 한 레수스원숭이 새끼가 8개월이 되었을 때 어미가 죽자, '아주머니'가 새끼 양육을 별다른 어려움 없이 맡았다. '아주머니들'은 아기를 일찍부터 보살피려고 꾀를 내는데,

---

3 Vgl. E.O. Wilson, The insect societies, Cambridge(Mass.) 1971

4 R. A. Hinde et al., The behaviour of socially living Rhesus monkeys in their first two and a half years, Animal Behaviour, 15, 169-196, 1967

예를 들어 어미의 이를 잡아주며 어미의 신경을 다른 곳으로 쏠리게 한 다음, 어미가 다시 주의를 돌려 자기를 쫓아낼 때까지 아기를 상대한다. 수컷 마카크원숭이의 경우에도 유사한 행동방식이 나타나기는 하지만, 물론 드물다. 이타니(J. Itani)[5]는 이런 행동방식을 특정 집단에 국한된 현상으로 보았다. 그가 조사한 18개의 집단 중 3개의 집단에서 어른 수컷이 마카크원숭이 새끼를 돌보는 일이 매우 자주 관찰되었고, 다른 7개의 집단에서는 드물게, 나머지 집단에서는 전혀 발견되지 않았다. 따라서 이것은 전통을 통해 전수되는 지역적, '문화적' 행동으로 볼 수 있다.

이타적 행동의 이 '문화적' 원칙이 인간 사회에서 생물학적 입지를 매우 심하게 변형시켰다. 더구나 이것인가 아니면 저것인가, '생래적'인가 아니면 '학습된' 것인가에 대한 의문 제기가 무의미하다는 것을 기본적으로 확인할 수 있다. 유전인자와 연계된 생래적 토대가 완전히 배제된, 학습된 행동방식은 생각하기 어렵다. 유전인자는 절대 생물학적 구조의 유일한 요인이 될 수 없다. 유전인자에서 이 구조가 발전할 수 있으려면 다른 조건들이 관여해야 한다. 생물학적 진화와 문화적 진화에서 완전히 유사한 원칙들이 작용하는데, 그 원칙 중 하나가 경제다. 즉, 펭귄과 같은 새가 바다 서식이 우세한 형태로 되돌아간다면, 날개와 발은 지느러미와 유사한 구조가 된다. 즉, 펭귄의 날개와 발이 사라지는 반면, 새로운 지느러미는 자라지 않는다. 이는 당연하다. 그러나 편견에 의해 강하게

5　　J. Itani, Paternal care in the wild Japanese monkey, Macaca mulatta, in : C. H. Southwick, ed., Primate social behaviour, Princeton 1959

규정된 동물-인간-과도기의 검사에서 이런 관점을 견지하지 못하는 경우가 많다. 우리는 인간의 행동이 '타고난' 정서적 소인과 '학습된' 정서적 소인, 그리고 이 둘의 결합에 의해 동기화된다는 것을 받아들일 때에만 이것을 이해할 수 있을 것이다. 물론 이때 같은 행동영역에서 유전적 소인의 원래 흔적과 동일시를 통해 얻어진(즉, 모방학습의 경향이 다시금 유전적인 토대가 되는) 흔적이 협력하거나 서로 모순될 수도 있다. 인종학의 연구 결과는 모든 중요한 행동영역에서 동일시가 결정적인 역할을 한다는 걸 보여준다. 이를 통해 인간의 문화는 생활을 극복하는 가장 효과적인 수단이 되었다. 사회행동의 근본적인 변화는 고작 수십 년 사이에 사회의 모습을 완전히 변모시켰다. 이 가변성이 우리의 생물학적 진화에서 문화적 재정립의 매우 중요한 결과이다.

이를 통해서, 로렌츠(K. Lorenz)의 모순에도 불구하고 그 표현을 의미 있게 여겨 내가 1971년 본능의 표현형모사라고 이름 붙였던[6] 무언가가 생성될 수도 있다.[7] 예를 들어 "아이와 여성은 보호해야 한다" 또는 "내 영역을 침범하는 자는 몰아내야 한다"처럼, 동물과 인간사회가 요구하는 적응이 특정 분야에서(예를 들어 종족 보존) 매우 유사할 수 있기에, 어떤 문화적 이상이 동물적 본능을 모사한다고 충분히 예견할 수 있다. 그런 유사성에서 유사한 생성방식을 (이를테면 인간의 '본능'으로) 유추하는 것은 아직 옳다고 볼 수 없다.

6 W. Schmidbauer, Methodenprobleme der Humanethnologie, Studium generale, 24, 462–522, 1971

7 K. Lorenz, Der Mensch, biologisch gesehen, Studium generale, 24, 522, 1971

이것이 자발적 감정이나 특정 행동표본의 간문화적 확대로 유추되기 어려운 것처럼 말이다. 이미 다른 곳에서 밝혔듯이,[8] 문화적 진화의 생물학적인 면은 평범한 호기심 활동이다. 이 활동은 아동기에 동일시를 통해서, 문화에 의해 규정된 행동유형을 형성하는 특정한 정서반응들을 습득하려는(그중 한 결과가 심리치료에서의 '전이'다) 각오와 연결되어 있다. 본능적인 고유의 유산이 이 과정에 대부분 순응한다. 정신적으로 건강한 성인은 사회의 적응 요구에 따라 자신의 욕구를 충족시키려 한다. 즉, 사회가 허용하는 것을 자신에게 허용하고, 금하는 것을 자신에게 금지시킬 준비가 되어 있다. 그렇지만 이 그림(프로이트가 표현한 것처럼)에, 인간의 행동 조절에 애초부터 필수적인 문화적 장치가 보완되어야 한다. 인간은 문화에 적대적이긴커녕 중독되어 있다. 환경의 상징적 구조화와 만족스러운 동일시의 기회가 차단된다면, 인간은 생존하고 번식할 수 없다. 그러므로 인간의 가장 강력한 동인은 타인과 관계를 형성하고 유지하는 것이다. 우리는 이것을 아동기 초기에 분명히 관찰할 수 있다. 예를 들어 군중 속에서 어머니를 잃은 어린아이는 어머니를 되찾기 위해서 무엇이든 한다. 아이는 어머니가 사라진 동안 어머니를 되찾는 것 외의 호기심, 배고픔, 갈증과 같은 모든 욕구 충족에는 관심이 없다.

어머니나 관련 인물이 아이에게 만족을 주는 다른 원천들과 구

<hr>

[8]　W. Schmidbauer, Vom Es zum Ich, Evolution und Psychoanalyse, München 1975

분되는 지점은 아이와 대화할 수 있는[9], 즉 아이의 행동에 반응할 때 주고받는 과정의 항상성을 유지하는 그들의 능력이다. 여기에서 항상성이란 관련 인물이 기본적인 생물학적 욕구(배고픔, 목마름, 보온 등)의 만족도 보장해주지만, 그것을 넘어 과도한 자극으로부터 아이를 보호하거나 불안 상황에서 아이와 공감하며 융합하는 등 자극으로부터 보호하는 과제를 책임지는 것을 의미한다. 그러나 이에 못지않게 중요한 점은 관련 인물이 대화를 통해 아동의 자기실현 욕구를 촉진하는 것이다. 인간의 발달을 위해서는 항상성의 유지만으로는 충분치 않다.

다른 사람과 관계 맺으려는 강력한 동기를 보이지 않고 오히려 거리를 두는 예외적인 경우를 여기서 더 길게 다룰 필요는 없다고 본다. 이런 행동은 거의 태어나면서부터 사회적 관심이 명백히 결핍된 유아자폐증의 경우에 드물게 관찰된다. 발달 과정에서 아직 밝혀지지 않은 결손으로 인해 다른 사람들에게 관심을 갖고 그들과 상호작용하는 능력이 아동에게 주어지지 않았다. 그래서 자폐증 아동들은 자주 고정된 환경을 고집하고 무언가 새로운 것이 시야에 들어올 때 엄청난 불안에 시달린다. 자발적으로 이루어지지 않는 상호작용의 촉진을 위해 부모와 치료자의 많은 노력이 요구된다. 다른 경우에(정신적 친밀함[10]에 불안을 느끼는 많은 사람들의 경우에도 완화된 형태로) 애초부터 지니고 있는 관계 맺을 준비가 손

---

9   R. A. Spitz, Vom Dialog, Stuttgart 1976

10   이 주제에 대해서는 다음의 책에서 자세히 소개했다. *"Die Angst vor Nähe"*, Reinbek 1985 (『가까워지는 것에 대한 두려움』, 생각의나무, 1999)

상되면, 새롭게 상처 입을 위험이 있는 가까운 관계를 회피하게 된다. 가까움에 대한 불안의 이면에는 관심과 자기애적 확인에 대한 욕구가 내포되어 있다. '차라리 혼자 노는' 아이, 지속되는 고독 속에서 가장 행복을 느끼는 어른은 아동기에 자기애적 상처를 입었을 것이다. 이런 상처의 가장 기본적인 형태는 아는 사람들로부터 완전히 격리된 채 오랜 병원생활 끝에 집으로 돌아온 어린아이에게서 볼 수 있다. 아이는 전에는 '어머니'의 결핍을 안절부절못함, 고통, 불안 등으로 표현했지만 이제는 외면한다. 전에 그토록 사랑했던 대상을 이제는 모르는 것처럼 행동한다. 이렇게 급격하게 입은 상처는 대부분의 사람들이 극복한다. 반대로 부모-자녀 관계의 장애로 인해 상호작용에 대한 아동의 욕구가 만성적이고 지속적인 손상을 받으면, 성격에 영향을 미치는 대화 기능에 장애가 발생한다. 바로 이 장애가 조력자증후군에서 중요한 역할을 한다.

사회적 분배 — 이타적 행동의 원형

진화의 특정 시기에 상징구조를 갖춘 사회에서 집단으로 거주하는 어떤 영장류의 생존기회가 특히 유리했다면, 이런 '원래 문화적인 존재'를 위한 생물학적 기반이 생성되었음에 틀림없다. 그것의 특징은 다음과 같다.

1. 인간은 아동기 동안 무조건 어른의 보호를 필요로 한다. 아동은 어른들과의 대화를 통해 사회적 관계를 형성할 기본 틀을 만들어

간다.

2. 기술적 숙련(수렵, 채취, 요업, 무기와 연장 제조)은 사회적 인식처럼 동일시를 통해 획득되며 사회적 인정을 통해 확립되고 강화된다. 동일시 능력과 사회적 인정에 대한 의존, 이 두 요소가 인간 행동을 가장 풍부하고 다양하게 만드는 생물학적 원동력이다.

3. 사회적으로 이미 주어진 각 문화의 상징구조와 동일시를 통해 배고픔, 갈증, 리비도, 지향, 일정한 환경 등과 같은 생물학적 욕구가 재구성되고 형성된다.

4. 해결장치(예를 들어 언어, 기술적·사회적 숙련)의 습득과 확장을 꾀하는 자신의 동력, 호기심 활동이 있다.

인간의 일차적 사회적 관련성이 정신분석에서 자기애 연구로 비로소 다시금 더욱 명확하게 조명되었다. 프로이트에게 자기애 연구는 문화와 마찬가지로 일종의 이식된 현상이었다. 자기애적 조절, 내적 안정과 관련된 정서적 균형, 유쾌함, 자기안정은 욕동의 해소를 통한 긴장 이완과는 구분되어야 한다. 동시에 자기감은 관계, 아동기의 자기애적 확인, 현재 확인받고 그것을 수용할 가능성에 따라 좌우된다(당연히 유아적 자기애의 발달에 의존적이다). 자기애를 연구한 정신분석 이론가들 중에서 발린트(M. Balint)만이 처음으로 아동의 '일차적 사랑'에 대한 개념, 다른 사람에 대한 타고난 관심에 주목했다. 자기애적 장애를 매우 섬세하게 묘사한 코헛(H. Kohut)도, 자기감의 발달이 대화적 집단과정으로서 분명히 입증된 그의 환자 증례 연구를 통해 자기애 개념을 사실상 완성했다.

프로이트는 특히 「집단심리학과 자아분석(Massenpsychologie und Ich-Analyse)」(1921, GW XIII)에서 사회적 동기를 다루었다. 그는 친밀한 사람의 의미(이방인과 반대되는)를 매우 명확히 알고 있었다. 친밀한 사람만이 혼자가 된 아동의 불안을 없애줄 수 있다. 그러나 프로이트는 이런 불안을 계속 추적하지 않고 "아동이 그것을 불안으로 변화시키는 것 외에는 아직 어떻게 다루어야 할지 모르는, 충족되지 않은 그리움의 표현"(GW XIII, 132쪽)이라고 모호하게 설명했다. 이 그리움이 어디에서 오며, 어떤 의미가 있는지에 대해서는 언급하지 않았다. 나중에 아동에게서 '군집본능이나 집단감정', 즉 사회적 동인에 대한 그 어떤 것도 감지하지 못할 것이라는 그의 주장 또한 유지될 수 없다. 아동들은 "손위의 아이가 동생을 맞이할 때 느끼는 최초의 시기심에 대한 반응"을 넘어서는, 매우 집중적인 사회적 관심을 갖는다. 이 반응은 프로이트가 인정한, 무리를 짓는 유일한 사회적 동기이다. 즉, 아동은 모든 경쟁자에 대한 적대감을 유지할 수 없기 때문에 그들과의 동일시를 통해서, 무엇보다도 모두를 위한 평등하고 공평한 대우를 요구하는 데서 표현되는 연대감을 형성한다.

프로이트에게 시기심은 명백히 이기적인 부러움, 일차적 사회적 동기이다. 이기적인 목표를 달성할 수 없다는 것을 알아차리고, 그에 대한 반응으로 공평함에 역점을 두는 동기가 발달한다는 것이다. 이런 이해는 진화론적 숙고에서 지지받을 수 없다. 사회적 분배에 관한 한, '이타적' 행동의 원래 동기를 의심하기에는 유인원과 수렵·채취의 원시문화 사이에 너무 많은 일치점이 존재한다.

침팬지는 과일이나 다른 식물성 양식은 나누지 않지만, 정식 기원 의식이 있을 때에는 노획한 고기를 거의 정기적으로 나눈다.

구석기 시대의 수렵 · 채취사회에서 분배 과정은 사회규범에 의해 확립되었다. 이 문화 어디에서도 그것은 빠지지 않았으며 자신들의 선입견이라는 안경을 통해 볼 수밖에 없던 유럽인들은 그것을 이해할 수 없는 관대함으로(33쪽의 스페인 이즈민들의 표현 참조), 절도로(원주민은 손님도 자신처럼 모든 것을 나눌 준비가 되어 있다고 추측하기 때문에) 또는 배은망덕으로(나눔이 당연한 일이기에 원주민들은 선물에 대해 전혀 고마워하지 않았다) 이해했다. 다양한 조치[11]에 의해 아동, 임산부, 환자, 노인의 부양이 분배규칙의 기본 원칙이 되었다. 사냥꾼 가족들은 빈번히 한 쌍씩 나눔의 의무를 지어, 거의 항상 친척들과 나누게 된다.

구석기 시대는 문화적 진화의 시발점이다. 그것이 대략 100만 년 동안 지속된 반면, 1만 년 전에야 비로소 도시와 노동 분배의 정착사회가 등장했다. 구석기 시대에 이타주의는 생물학적이고 문화적인 진화가 수렴된 산물이다. 원시문화에서 배회하는 사냥꾼과 채취자[12]들의 생활양식을 정리해보면 다음과 같다.

1. 저장경제가 가동되지 않고 지역적 생계 밑천이 급속히 소진되기 때문에 남자와 여자들은 신속하게 주거지 이전을 해야만 한다. 소

---

[11] 예를 들어 탄자니아에서는 많은 사냥꾼들이 빌린 화살을 사용하며 전리품의 일부는 이 화살을 빌려준 사람에게 돌아간다.

[12] Vgl. W. Schmidbauer, Jäger und Sammler, München-P.anegg 1972

유는 무엇보다도 짐일 뿐이다. 인류 발달의 유구한 역사에서 소유의 구분은 대결의 원천으로서 폐지된다. 착취도 없고 노예도 없다. 일반적으로 획득한 것은 분배하는데, 이 분배가 저녁나절 남녀 모두 찾아오는 공동의 창고에서 시행된다는 점이 중요한 발달의 시작을 의미한다. 침팬지의 경우에도 분배가 이루어지지만 그것들은 항상 즉석에서 나눈다.

2. 성적으로 성숙한 남자와 여자의 짝짓기는 가장 원시적인 인간 사회의 두 번째 중요한 변혁으로, 어머니와 자녀 내지는 형제자매 간의 관계가 사회 구조를 결정하는 영장류와는 대조를 이룬다. 인간의 짝짓기는 보다 큰 사회적 맥락에서, 다른 쌍과의 관계에서 이루어진다는 점이 특징이다. 원숭이의 짝짓기는, 예를 들어 긴팔원숭이의 경우 성장한 새끼를 추방하는 등, 일정 영역에서는 배제된다.

3. 생태학적 연구에 의하면 인간의 진화를 추정할 수 있는 열대와 아열대 지역의 사냥꾼과 채집자들은 매우 안전하며 고정적이고 비교적 적은 시간의 노동을 하는 생활 형태를 누렸다. 기아 상황에서 '최소한의 생존'을 해왔다는 견해는 '미개인'의 태평함을 이해할 수 없었던, 경작과 동물 사육이 각인된 이웃이나 백인 관찰자들이 고안해낸 것이다.

4. 사냥꾼과 채집자들이 노인이나 중환자들을 쇠약해지도록 방치했다는 보고는 매우 과장된 것이다. 그런 돌발적인 사건은 자신이 뿌리내린 열대나 아열대 기후의 고향을 떠나 매우 열악한 환경조건을 헤쳐나가야 할 때에만 발생한다. 사냥꾼과 채집자들이 대부분 구하기 쉬운 풍부한 식물성 음식으로 살아야 했던 반면, 예를

들어 에스키모들은 단지 사냥과 고기잡이에 매달렸다. 하지만 그들의 경우에도 노인들이 버림받는 일은 매우 드물었다. 설령 그런 일이 일어났다 하더라도, 그것은 집단의 젊은이들과 쇠약한 노인들의 생존이 저울질될 때에 국한된 것이었다. 이런 상황에서 노인들은, 예를 들어 기아 상황에서 이동하게 될 경우 자신이 남겨지는 것을 거의 항상 받아들였다.

5. 죽음, 질병, 지체장애에 대한 태도는 감상적이기보다는 현실적이었다. 중증의 신체적 손상을 입은 사람들은 지원했지만, 너무 오랫동안 치유의 가망 없이 집단의 비생산적인 구성원으로 남아 있게 되면, 주위 사람들을 비롯한 친척들은 그들과 점차 거리를 두었다. 반면에 핵심 가족은 오직 극단적으로 어려운 상황일 때에만 그들을 유기했다.

6. '돕는 직업'은 샤먼이나 주술치료사가 유일했다. 그들의 과제는 사회체계가 과장되고 이상형적으로 반복되는 신화 구조와 일상의 현실 사이를 연결하는 일이었다.

조력자의 (선)역사적 모델: 샤먼, 성직자, 의사

원시·선사시대의 샤먼의 역할은 인간의 사회적 조력이 문화와 밀접한 연관이 있으며, 문화에 의해 각인된 행동이라는 견해를 입증한다. 이웃과의 사회적 관계라는 영장류의 유산은 자기애적 확인의 원천으로서 경제적 압박이 극심할 때 완전히 다른, 즉 지나치게 이타적인 행동방식을 취하게 할 수도 있다. 그러나 일반적으로 사회적 관계와 경제적 유용성은 일치한다. 집단의 상징구조를(부모의 유전자뿐만 아니라) 전수하는 아동들은 양육되고 보호받는다. 그런 아이들을 출산할 임신부나 마치 살아 있는 도서관처럼 30년이나 50년마다 한 번씩 나타나는 사태(극심한 가뭄, 화산 폭발, 지진)에 대한 소중한 지식을 갖고 있는 노인들도 마찬가지이다.

샤먼은 일반적으로 집단의(원시적 상황에서 그 문화의 모든 구성원들과 대표자는 개인적으로 서로 아는 면대면 집단이다) 이상적 상에 대해 가장 막중한 책임을 지는 종족 구성원이다. 예를 들어 부시맨의 경우 많은 성인 남녀들이 황홀경에 빠져 샤먼의 의식을 행할 수 있다. 이 역할에 책임을 지는 특정 인물이 없으며 일련의 집단 구성원들이 동시에 이 과제를 수행한다.

샤먼의 과제는 다양하다. 그들은 공통적으로 종족 구성원들이 기근, 가뭄, 질병, 죽음, 난산 등과 같은 긴급상황을 적절히 해소할 정신적 · 정서적 능력이 없을 때 관여해야만 한다. 샤먼은 비의 정령과 맹수의 지배자를 불러낸다. 황홀경에 빠져 바다에 잠수하고 바다표범의 왕과 얘기를 나눈다. 죽은 자들을 저승까지 인도하고, 동물정기[*]와 연합하여 귀신 들린 병자를 치유한다.[13] 사회적 조력의 근본적인 상황은 흥미로운 구조를 갖고 있다. 샤먼이 그 안에서 또는 그것을 통하여 자신의 환자나 전체 집단과 얘기를 나누는 신화적 각본이 사회적 가치와 이상을 이상적으로 구현해낸다고 본다

---

*   인체 내를 순환하는 액체로, 미묘한 생명 기능을 영위한다고 여겨졌다.—옮긴이

13   Vgl. M. Eliade, Schamanismus und archaische Ekstasetechnik, Zürich 1956

면, 조력자는 문화적 이상과 인간의 개별적 실패 사이의 중재자가 된다.

인류의 역사를 보면 조력자와 상황 간의 이 구조가 끊임없이 지속되어왔다. 조력자가 권력과 영향력을 얻는 것은 그가 사회적 행동의 근본적인 문제에 대해 '더 잘 알기' 때문인데, 이것은 숙련된 조각가가 서툴고 경험 없는 친구로 하여금 화살을 더 잘 깎을 수 있도록 돕는다는 의미가 아니다. 여기에는 실제 입증할 만한 장점을 지닌 해결책이 없는 경우가 많다. 인간 사회는 너무도 다양하며 시대에 뒤떨어지고 원래 의미가 퇴색된 전통에 의해 사회행동이 지나치게 규정되었다. 실제 급박한 상황에 어떤 분명한 해결책도 제시하지 못해서 불안해지는 바로 그 지점에 조력자가 나타난다. 그의 활동영역은 질병과 사회적 한계상황이다. 앞에서 아동발달에 대해 언급한 것이 꼭 그 부분에만 해당되는 것은 아니다. 지나치게 많은 자극을 감당해야 하는 인간의 복잡한 뇌는 진화의 위험도 나타낸다. 판타지 속에서 과거와 미래를 연결하는, 상상만으로도 두려움과 희망, 걱정과 고통을 느끼는 인간의 능력은 위협적인 성향도 갖는다. 모든 도구들이 그렇듯, 의식의 경우에도 믿는 도끼에 발등 찍히는 상황이 일어날 수 있다. 심리치료자는 거의 매일 상담소에서 사람들이 얼마나 자신의 지적 · 정서적 능력을 바로 그것을 손상시키는 데 사용할 수 있는지 관찰하게 된다. 상상 속의 위협과 삶의 위기를 그럴싸하게 꾸며내는 데, 그리고 풀이 죽어 그에 반응하는 데 그들의 계획적인 지능을 이용하며, 자해적인 방어책으로 그에 대한 선수를 쳐야만 하는 끔찍한 모욕을 고안해내는 데 그들의 상상력을 동원한다. 원시문화에 대한 많은 보고들을 살펴보면 인간은 실제 위험보다는 상상 속에서 만들어진 생각으로 훨씬 더 큰 두려움을 느꼈다. 나는 인간에게 그러한 어두운 면이 없었다면, 돌연변이와 도태의 원칙에 따라 진행되는 변화를 줄이려는 압박으로 인해서 행동의 정서적 토대가 지적 상부를 통해 완전히 재형성될 수 없었기 때문에, 지능 구조의 진화가 불가능했으리라 추측한다.

여하튼 분명한 것은 바로 불안, 걱정, 무력감에 대한 상상에 의해 의식이 점령될 위기에 처했을 때, 주술과 무속행위가 정신적·사회적 안정에 기여한다는 점이다. 샤먼뿐만 아니라 다른 조력자 역할도 이런 측면에서 이해할 수 있다. 우리가 아는 가장 오래된 형태의 사회적 조력에서도 조력자는 이미 사회의 내재화된 상징체계에 대한 책무를 지고 있었다. 그의 일은 한 개인이 위기 상황이나 좀 더 오랜 동안의 잘못된 발달로 인해 이루지 못한 문화가치를 실현하도록 돕는 것이다. 예를 들어 그가 종종 사용하는 선인장 가시, 뱀의 이빨, 유리 조각, 피 묻은 깃털, 동물의 발톱 등, 병의 원인으로 제시되는 피상적이고 암시적인 술책으로 인해서 그 점을 착각해서는 안 된다. 그의 일은 언제나 교란된 사회질서를 다시 '회복'시키고, 집단 구성원의 과오를 계몽하는 것이다. 마치 금지된 시기에 딩고*를 사냥하여 토템에 대한 금기를 거스른 죄를 짓고는 복통으로 쩔쩔매는 사냥꾼의 배에서 딩고의 앞발을 꺼낸 오스트레일리아의 샤먼처럼.

*　　　오스트레일리아산 들개―옮긴이

기원전 12000년부터 8000년 사이의 수천 년에 걸친, 이른바 '신석기 시대 혁명'의 과도기에 이제껏 분화되지 않은 채 있었던 샤먼의 조력자 역할이 나뉘었다. 인간의 특정 상황을 이해하기 위해서는 이 발달 시기의 의미를 간과할 수 없다. 수렵·채취인들은 무소유로 유랑하던 시기를 지나 이제 정착하게 되었다. 명백한 위계질서, 노동의 분배, 소유에 대한 지향, 요새화된 도시와 정복전쟁과 같은 특징을 지닌 완전히 새로운 가치체계가 발달되었다. 소유(토지, 가축, 집)가 큰 의미를 갖게 되면서 상속순위가 더욱 중요시되었다. 남녀 간의 원래 동등한 권리(에르네스트 보르네만[14]이 명명한 것처럼 '모계'사회)에서 가부장제가 생겨났다. 그것은 정복전쟁으로 건립된 사회가 필요로 하는, 공격적인 남성의 이상적 상과 연결된다. 경쟁적 사회체제 간의 대결로 그 가치가 결정되는 문화적 도태 압력하에서는, 단지 공격적인 남성의 이상적 상을 표방하는 체제만이 유지될 뿐이다. 여성의 문화생산성은 확연히 협소해져서 남성들에게 정서적 안정감을 지원하는 것에 그쳤다.

고대 문화에서도 사회적 조력은 종교적·주술적 또는 신비적 맥락과 상징에 관한 지식과 밀접하게 결합되었다. 샤먼이나 주술사가 병으로 무력해진 사람들을 주술적·신화적 의미 부여와 상징활동을 통해 '치유'하는 것처럼, 성직자도 여러 신, 신성한 계시, 내세에서의 상과 벌에 대한 다양한 신화와 같은 거대하고 환상적인 상들을 만들고 그것들과의 연결을 매개하면서, 그 사회적 맥락 안

---

14   E. Borneman, Das Patriarchat, Frankfurt 1975

에서 인간의 삶을 자리매김하는 과제를 부여받는다. 실제 인생은 자기 자신을 기획하기에는 너무 짧고 초라하며 지나치게 의존적이다. 인생의 사회적 과제는 사회의 유지를 위해(그럼으로써 인간의 생존을 위해) 필수불가결한 상징체계를 지속시키는 것이다. 언어의 혁명적 의사소통체계가 인간에게 무엇을 가져왔는지에 대한 성찰은 그다음에 무엇이 일어날 것인지, 그것의 사회적 관계와 그 자체적 성과의 사회·경제적 조건에 대해 파악할 수 있기까지 오랜 발달과 설명을 필요로 했을 것이다.

모세와 같은 의미의 성직자는 지도자이며, 사회적 입법자이기도 하고, 놀랄 만한 힘을 지닌 조력자이다. 그러나 종교적 권력과 세속적 권력의 이러저러한(예를 들어 그리스도교인 박해의 동기로, 황제와 교황 간 다툼의 이유로) 연결이 커다란 역사적 의미가 있다 할지라도, 성직자는 점차 지도력을 잃어갔다. 예나 지금이나 종교적인 이유로 전쟁이 발발할 위험은 상존하지만, 언제나 그 원인을 이성적·경제적 동기로 환원하는 것은 궤변이다.

우리 문화권에서 조력직의 갈등과 대면하는 사람은 그리스도교와 사회윤리의 분석을 회피하지 않는다. 우리가 종교를 사회적 유용성에 따라 발생, 확장, 소멸이 이루어지는 사회적 상징체계로 본다면, 그리스도교적 특정 문화가 오늘날 전 세계를 뒤덮은 공격적인 기술문명을 발생시켰다는 사실과 마찬가지로 그리스도교의 성장을 해명할 필요가 있다. 공격적인 기술문명은 외적으로는 오래전부터 그리스도교 윤리에 의존하지 않는다. 그러나 그리스도교와 산업문명 간의 역사적 연관성을 부인하기는 어려워 보인다. 이 자리에서 그리스도교에 대해 포괄적인 분석을 하기란 불가능하다. 우리는 단지 조력자증후군과 본질적인 연관이 있는 몇몇 요소만을 끄집어낼 수 있을 뿐이다.

첫째로 인간의 원죄에 대한 이해를 들 수 있다. 인간은 태어나면서부터 죄를 지은, 즉 신앙이나 교회의 은총을 통해 구원받지 못하면 지옥에 떨어질 악한 존재이다. 이런 견해는 양육의 상징적 배경으로, 아이에게 자신이 처음부터 지금과 마찬가지로 그리 선한 존재가 아니었다는 점이 전달된다. 따라서 원죄의 신학적 개념에 드리워진 심리학적 그림자는 지속적인 죄의식으로. 이것은 내재화된 요구의 거절에 대한 불안과 연결된다. 하찮고 선하지 않다는 느낌은 무엇보다도 성과를 통해 극복된다. 자아는 엄격한 초자아와 융합된다. 링케(H. Lincke)[15]는 이런 해결이 삼위일체의 교리에서 주어진 것임을 밝혔다(아버지와 아들은 하나의 신이다―초자아와 자아는 서로 동일시된다). 유대교(아브라함은 이삭을 제물로 바쳤다)나 그리스도교에 내포된 아들희생의 모티프도 그것과 연관이 있다. 아이슬러(K. R. Eissler)[16]는 이 아들희생의 신화를 '아버지들'이 '아들들'을 주기적으로 전장에서 희생시키는 그리스도교인들의 각인된 호전성과 연결 지었다. 원래 초자아가 자아에 대해서, 또는 부모의 초자아 구조가 자녀에 대해서 그러하듯 초자아와 동일시된 자아는 환경에 대해 독단적이고 냉혹하다(프로이트는 부모의 전체가 아

---

15   H. Lincke, Das Über-Ich―eine gefährliche Krankheit, Psyche 24, S. 375f, 1970

16   K. R. Eissler, Zur Notlage unserer Zeit, Psyche 22, S. 641f, 1962

니라 대체로 그들의 초자아가 내면화된다고 했다). 초자아와의 동일시를 통해서만 힘을 받는 제한된 자아가 이제는 환경을 지배하고자, 부단한 활동으로 환경을 바꾸고자 한다. 현 상태는, 아직 능력이 부족한 아동이나 늘 원죄의 오점을 지닌 영혼이 겪는 것과 유사하게, 불완전하게 체험된다. 서양의 산업문명, 식민지주의, 경제 성장과 환경 파괴는 이 성장 압박 덕분이다. 거기에다 이 성장증후군은 오랫동안 문화의 '도태 프리미엄'을 통해 보상되었다. 지상의 모든 도시들은 오늘날 서양의 기술적 성과에 의해 각인되었다. 그리스도교와 (부분적으로) 단절한 마르크스주의의 강력한 가르침에서조차 성장에 대한 신념은 고스란히 유지되었다(나는 이런 기제가 포함되지 않은, 그것에 대해 의식적으로 투쟁하는 마르크스주의나 그리스도교의 견해가 있다는 것을 충분히 믿는다. 그러나 그것은 사회적 영향력이 없다).

둘째로는 그리스도교가 매우 명백하게 이기적인 가치 위에 이타적인 가치를 둔다는 점이다. "이웃을 네 몸처럼 사랑하라!"—"네 친구를 사랑하라. 너를 증오하는 이들에게 선을 행하라!" 그러나 역사는 십자군, 이단전쟁, 종교재판, 마녀사냥을 통해 이웃에 대한 잔혹함을 '그리스도교적'으로 증명했다. 이런 사건은 단지 상징체계의 이기주의가, 즉 경쟁적인 상징체계—교리—에 대항해 자신을 관철하려는 압박이 그 내용보다 더욱 강력함을 나타낼 뿐이다. 믿음을 존속시키기 어려울 때, 폭력을 사용해서라도 이교도나 이단을 개종시키거나 처단하는 것이 이웃사랑의 표현이라는 환상을 갖게 된다면, "원수를 사랑하라."는 "미치광이들을 잘못되게 두기

보다는 없애는 편이 더 낫다.”로 쉽게 변질된다. 그럼에도 이웃사
랑에 대한 의무가 지속된다. 그것은 자신과 타인이 애초부터 가지
고 있는 악, 즉 원죄에 대한 가르침과 기이하게 결합한다. 말하자
면 이웃사랑을 추구하는 도중에 자기증오에 도달하게 된다. 아동
기에 유래된 무의식적 죄의식과, 성과지향과 초자아와의 동일시에
연결된 의식적 이웃사랑 간의 협력이 조력자증후군의 역동에 중요
한 부분을 차지한다. 종교심리학적으로 본다면 믿음은 여기서 이
미 부분적으로 세속화되었다.[17] 초기 그리스도교에서 그토록 강력
했던 금욕적 · 도피적 경향은 후퇴했고 실천적 이웃사랑이 매우 중
요해졌다. 가난하고 약하고 무력한 자들에게 내세의 위로가 아니
라 현세에서의 의식주 해결과 심리적 지원이 제공된다. 거기에는
드물지 않게 앞에서 설명한 초자아와의 동일시와 유사한 내부변
형적 · 성과지향적 태도가 자리하고 있다. 효과적인 지원의 요구가
설파된 윤리관과 모순될 때 갈등이 생긴다.

　서양 역사에서 오랫동안 그리스도교에 의해 각인된 지배적인
가치체계와, 이것과 모순되는 사회부조에 대한 요구 사이의 이런
이해갈등에서 ‘성직자’와 ‘의사’의 역할분담은 잠정적인 해결책이
된다. 사람들의 이익을 대변하는 것으로 여겨지는 실천적 이웃사
랑이 신체적 돌봄 영역에서 효과가 있는 반면, 정신적 도움은 종교
의 윤리적 규범 때문에 유보된다. 여기서 도움이 필요한 고통은 신

17　　여기서도 역시 세계관의 생존법칙이 분명해진다. 그리스도교에도, 예를 들어 마니
교처럼 신앙의 사회적 존속을 위협할 수 있었을 움직임들이 꽤 있었으나, 그것들은 즉각 이단
으로 거부되었다.

체적 손상 등의 '신체적 원인'이 증명되는 경우에만 인정된다. 이런 견해는 오늘날까지도 광범위하게 퍼져 있다. 이런 인식이 일반의를 찾는 환자 중 적어도 절반가량이 갖고 있는 정신신체적 고통의 효과적인 치료를 자주 가로막는다. 동시에 성직자와 심리치료자의 관계에서는 예전에 성직자와 의사의 관계에서 그랬던 것보다 더욱 긴장이 고조된다(성직자들과 의사들의 윤리관은 동일한 경우가 많다. 근래에 여러 의사 단체는 대다수 사람들이 낙태 처벌법의 폐지를 지지하는 것과 달리, 그리스도교 종파의 입장에 찬성한 바 있다). 임상에서는 신체적인 고통을 진지하게 여기며 병든 사람을 관대하게 다루고 동정받을 가치가 있다고 여기는 반면, 정신적인 병은 평가절하되며 병든 사람은 정신 차리라거나 더 노력하라는 요구를 받고 사회적 지위를 잃는다. 이런 편견을 부수고 정신과 신체의 병이 대등함을 주장하는, 심리학 교육을 받은 의사들의 노력이 절대다수의 의사와 환자들 앞에서는 결실을 맺지 못한다. 요즘도 의사들과 환자들은 일반적으로 정신적 문제로 인한 신체의 병을 신체기관의 손상으로 인정하고 치료하는 데 동의하고 있다.

의사들이 수천 년 동안 자신들의 입장에 적합하고 환자들의 갈망으로부터 자신들을 여러 면에서 보호해줄 윤리를 만들려고 고심해온 점은 흥미롭다. 히포크라테스 선서는 임신 중절을 금하고 어느 누구에게도 치명적인 약물을 요구에 따라 투여하지 않을 것을 규정하고 있다. 이 의사윤리의 지속력은 매우 강하다. 그것의 외형은 비록 산업사회의 요구에 의해 이미 많은 부분 구멍이 뚫렸지만 오늘날까지 굳건히 유지되었다.

의사들의 조력과 초자아에 의한 행위 사이의 긴밀한 관계는 의학사에서 더욱 분명해진다. 목사와 비슷하게 의사도 오랫동안(현대에 와서 증명할 수 있을 때까지) 자기 환자들의 다양하고 생생한 욕구를 이론적이고 경직된 체계에 적용하려 해왔다. 의사의 도움을 강간과 구별하기 어려운 경우가 자주 있었다. 예를 들어 허약해진 환자들을 수백 년 동안 사혈이나 설사약으로 다뤄서 많은 사람들이 사망했다. 팔츠(Pfalz)의 리제로테(Liselotte)의 편지에 의하면, 프랑스 궁정에 창궐한 전염병을 치료받던 왕자들이 예외 없이 모두 사망한 반면, 같은 병에 전염된 황태자는 의사들에게 노출되지 않았기에 아무런 손상 없이 생명을 건졌다. "아프면 의사를 멀리하라."는 레오나르도 다빈치의 일기 메모는 15세기에 확실히 주요했다. 효과가 없는 것이 분명한 방법에 반대하고 전통에 반기를 들 용기는 매우 소수의 선동적인 사람들만 갖고 있었다(예를 들면 파라셀수스)[*]. 이 조력자가 왜 모든 항변과 거부할 수 없는 빈번한 반박에도 불구하고 어떤 확신을 견지하고 있었는지 살펴보면, 이 확신이 중요한 보호 기능을 갖고 있었음을 알 수 있다. '학문적' 전통이라는 초자아와의 동일시는 자아가 무능함을 맛보지 않도록 지켜준다.

[*]   Paracelsus 스위스의 의학자이자 화학자로 학문 영역에서 중세적 풍습의 타파에 주력했다.—옮긴이

3

자기애적 상처와
자기애적 필요

"나는 여자가 되고 싶지 않았어요. 여자들은 우리 어머니처럼 너무 약하기 때문이죠. 그렇다고 남자가 되고 싶지도 않았어요, 남자들은 우리 아버지처럼 군림하고 나쁘니까요. 나는 그 이상이 되고 싶었어요. 그 둘을 능가하는 무언가가……."

아그네스

"천사가 되고 싶었나요?"

집단 구성원

조력자증후군을 이해하기 위해서는 조력에서 자기애적 만족을 면밀히 살펴볼 필요가 있다. 이는 증후군의 발달 법칙을 밝히는 데도 필요하다. 정신분석의 자기애 이론은 리비도의 발달 이론보다 잘 알려져 있지 않기에, 조력자증후군의 자기애적 측면을 설명하기에 앞서 이 점을 간략하게 언급하겠다.

일차적 자기애[1]

우리가 자기애를 한 사람의 자기 자신에 대한 정서적 표상 또는 개인의 자기감의 역할로 이해한다면, 태내 생활의 표상에 따라 선택되는 원형을 그 출발점으로 잡아야 한다.

이 원초적 상태에서 어머니와 태아의 합일이 이루어진다. 태아에게는 지속적으로 영양분과 온기가 공급된다. 태아는 어머니라는 유기체의 일부이지만 어쩌면 이미 자신의 감정을 느끼는 상태일 것이다. 임신 기간 동안 어머니라는 유기체는 자동적이며 필연적으로 태아의 요구가 만족되도록, 아기가 안전하고 따뜻하고 배부르고 조화롭게 느낄 수 있도록 해준다. 어머니가 굶거나 물을 마시지 않아야 하는 상황에서도 태아에게는 구성물질과 영양소, 물이 얼마 동안은 충분히 공급된다.[2]

이 시기에 아기는 아마도 자기와 외부 세계, 자기 몸과 어머니 몸 사이의 경계를 심리적으로 지각할 수 없을 것이다. 이러한 상태

1　　　M. Balint, Die Urformen der Liebe und die Technik der Psychoanalyse, Frankfurt 1969

2　　　아기가 자궁 내에서 심리적 외상을 입을 가능성을 배제하지는 않지만 그것의 사변적 특성 때문에 여기서는 굳이 그에 대해 언급하지 않겠다. 아기가 출생 후 정신적·신체적 상처를 입게 될 기회가 대략 증가하는 것으로 보이기에, 태내의 외상은 그다지 부각되지 않는다.

는 물론 출생의 체험과 그에 따른 일련의 과정을 통해 빈번히 균열을 일으키지만, 신생아기 초기까지 지속된다. 신생아는 태어나자마자 관련 인물과 자궁 내 상황과 큰 차이가 없는 원초적인 관계를 맺을 수 있도록, 자아 기능의 생래적 예비 단계로 무장된다(예를 들면 자동적인 젖 찾기, 빨기 본능).

생후 초기에는 아기가 관련 인물을 반드시 밀접하게 느낄 수 있어야 한다. 점차 운동성이 발달하고 호기심 활동이 왕성해지면서 아기는 자극이 과도한 상황에서만 관련 인물을 찾고 평소에는 거리를 두는 시기에 도달한다. 여기서 공생과 개별화의 원초적 갈등이 나타난다.[3] 조화로운 일차적 상태는 특정 체험에서 유추되며, 자기애적 장애가 있는 사람에게는 드물지 않은 일이지만 그것에 대한 매혹이 특히 강렬하다. 따뜻한 목욕, 항해, 수영, 비행, 일광욕 또는 스키 타기, 속도감 있는 자동차 운전이나 오토바이 주행의 느낌은 일차적 상태를 상기시킨다. 그것들의 공통점은 경계를 정할 만한 관련 인물의 부재이다. 프로이트의 언설이 이를 입증한다. "자아의 발달은 일차적 자기애에서 멀어져야 가능하며 이것을 다시 되찾으려고 맹렬히 노력한다."[4]

자기와 타인의 분리

아기는 곧 불쾌함과 고통이 있음을 알게 되며 서서히 자신과 관련

---

3   M. Mahler, Symbiose und Individuation, Stuttgart 1972

4   S. Freud, Zur Einführung des Narzißmus, 1914, Ges. W. Bd. 10, S. 167

인물(대상)의 상을 만들어간다. 대상이 믿음직스럽게 아기의 보호막을 지지해줄수록 이 구분이 더 잘 이루어진다. 아기의 보호막이 더욱 심하게, 자주, 오랫동안 파괴되면, 아기는 오히려 대상과의 관계를 부분적 또는 전체적으로 중단하고 자기애적 일차상태나 그 대용물로 되돌아가려 한다. 신생아가 불쾌한 경험을 피할 수 있는 상태가 아니기 때문에 모든 인간의 원초적인 체험에 고통, 포기, 무력감이 포함된다. 그것을 감소시키기 위해 자아가 형성되며, 여기에 대상이 개입되는 정도는 일차집단에서의 역동과 상호작용에 달려 있다.

자기감의 위협적인 동요를 막는 가장 단순하고 원시적인 방법으로는 일차적 자기애의 상태로 회귀하는 퇴행이 있다. 그것은 드물지 않게 수동성에서 능동성으로의 변동법칙에 따라 이루어진다("누가 네게 하지 말았으면 하는 일은, 차라리 너 스스로 해라!"). 획득된 자기의 경계와 일관성(즉, 내적 연관성)이 융합과 무한한 팽창에 대한 판타지나 행위를 위해 포기된다. 이미 좀 더 안정되어 퇴행할 준비가 덜 된 자아가 자기애적 상처를 입게 되면 무엇보다도 부정이나 억압 그리고 이상화의 두 가지 방어기제[5]가 사용된다.

예를 들면, 냉정하고 무관심해 보이는 한 집단 구성원이 이런 실제 느낌을 부인하며 "제가 아주 다감하고 사랑을 나눌 수 있다는 걸 알아요."라고 한다. 자신에 대한 이런 이상화는 다양한 측면이 있다. 아이는 자라는 동안 자신이 약하고 무력하다는 애기만 듣거

---

5   A. Frued, Das Ich und die Abwehrmechanismen, München 1963, H. Henseler, Narzißtische Krisen, Reinbek 1974

나 그렇게 느끼지만은 않는다. 아이는 자신이 독특한 멋을 풍기며, 현명하고, 강하다는 것을 자주 경험한다. 동시에 부모는 아이에게 자신들이 무결점의 막강한 존재라는 느낌을 전달한다. 아마도 막강한 부모의 이런 이상화가 아이의 전능 판타지와 거대 판타지의 시발점이 될 것이다. 판타지는 관련 인물과의 원초적 융합을 통해 생겨난다. 평균적인 부모들은 아이의 욕구를 충족시키는 면에서 실제로 전능하다. "우리는 아이가 현실을 지각하지 않기 위해서 매우 이상적인 사람들로 둘러싸인 거대한 존재가 된 느낌을 오랫동안 필요로 한다는 것을 뚜렷이 감지한다."[6] 그러므로 아이의 실제 자기상은, 억압되었든 아니면 의식에서 유리되었든 성인의 생활에서도 증명할 수 있는 거대자기의 상과 자기의 일부로 여긴 이상화된 대상의 상과 같은 예비단계에서 단지 서서히 발전할 수 있다. 자기애의 발달이 방해받으면 거대자기와 전능한 자기대상이 분리된다. 그러면 초기의 관련 인물이 전능하지는 않지만 호의적이라는 인식이 생길 수 없게 된다. 그러므로 관련 인물에게서 의식적이거나 무의식적으로 거부된 아이는 안정된 자기의 예비단계에 매인다.

거부된 아이

부모가 아이를 거부하는 데는 다양한 측면이 있을 수 있다. 관련 인물의 태도는 대부분 양가적임을 인식하는 것이 중요하다. 각각

6   H. Henseler, a. a. o., S. 76

의 경우가 '거부'와 '수용'의 양 극단 사이에 자리하고 있다. 거기에는 수용되고 거부당할 수 있는 아이의 체험과 행동의 범위, 마침내 거절이 드러나는 다양한 양식도 있다. 아이가 처음부터 원치 않던 아이였을 경우가 있다(서독에서 맏이로 태어난 아이들의 반 이상이 혼전 임신이라는 사실은 이런 상황이 얼마나 빈번히 발생하는지 말해준다). 그러나 이 아이들은 나중에 대부분 받아들여진다. 관련 인물은 아이를 마음에서 우러나서가 아니라 단지 자신의 초자아에서 받아들일 수 있다. 그가 자신의 문제로 인해서 또는 관심이 다른 곳으로 가 있어서 아이에게 관심을 돌릴 수 없으면, 아이는 자신을 환영받지 못하고 거추장스러운 존재로 느낀다. 예를 들어 어머니가 젖먹이는 수용할 수 있지만 호기심 많고 매우 활발한 유아를 어떻게 대해야 하는지 모른다거나, 아기를 못 견뎌하는 대신 잘 읽고 빨리 걷는 어린아이는 좋아할 때, 아이는 특정 발달단계에서만 거부된다.

아이는 이런 다양한 형태의 거부로 인해 그에 상응하는 크고 작은 자기애적 손상을 받는다. 거대자기와 전능한 대상에 대한 판타지가 자기감을 조절할 수 있게끔 더욱 성숙하고 현실적인 형태로 변화되지 않는다.(다음에 제시될 게오르크의 사례가 그 예가 될 것이다. 그는 "조화와 사랑에 대한 나 자신의 열망이 너무도 강해서 종교 외에는 어느 누구도 그것을 충족시켜줄 수 없습니다."라고 얘기한다. 68쪽 참조) 그와 더불어 전능한 대상과(실제 가족 상황이 견딜 수 없게 되었을 때 아이가 돌아갈) 융합하려는 시도가 실제 관계로 발전하자마자 극도의 실망감으로 불안이 커지기 때문에, 상호성에 바탕을 둔 대상관계는 절대 불가능하다.

　게르다는 50세의 교사로 두 가지 어려움을 겪고 있다. 그녀는 다른 사람들과의 관계에서 벽을 느끼며, 남편과 사별한 후 불행하게도 가톨릭 신부를 사랑하게 되었다. 자기체험 프로그램을 통해 그녀가 살아온 삶의 맥락이 윤곽을 드러냈다. 그녀는 10명의 형제 가운데 한 명이었다. 일찍부터 무언가 얻으려면 자신의 자기애적 욕구와 구강욕구를 부정하도록 배웠다("식탁에 고기가 차려지면 저는 항상 맨 나중에 집었어요. 아예 제 차례가 돌아오지 않을 때도 자주 있었죠. 그때 어머니께서 '게르다가 하나도 못 먹었으니 나눠주렴.' 하고 다른 형제자매들에게 말씀하시면, 저는 '아니야, 그냥 먹어. 난 고기를 안 먹어도 괜찮아.'라고 얘기했어요."). 그녀는 남자들과의 관계가 몇 번 깨진 후, 나이 많은 사람과 결혼했다. 그와의 관계에서 그녀는 아이를 낳지 않아도 되었다(여기에서 어머니와의 반(反)동일시가 분명히 나타난다). 남편이 세상을 떠났을 때 그녀는 '마치 죽은 사람' 같았는데 한 신부를 만나면서 활력을 되찾게 되었다. 그와의 관계에서 게르다는 고통스러운 성적 판타지에 시달렸으며 그를 무조건 차지하고 그와 결합하려 했다. 반면에 다른 사람들과의 관계에서는 전과 다름없이 벽을 느꼈다(다른 사람과의 융합이 마치 자기애적 손상을 초래할 것 같은 불안을 야기하기 때문에, 친밀함을 방어하기 위해 항상 가망 없는 관계를 맺는다고 볼 수 있다. 이때 두 사람 중 관계를 가망 없게 만드는 자가 누구인지는 중요치 않다). 관심을 받아들이지 못하는 것과 관련된 그녀의 자기애적 필요는, 그녀가 집단 내에서 받는 주목을 무척 필요로 하고 요구하는 것에서, 그렇지만 그 시간이 너무 짧다고 항상 한탄하는 것에서 분명해졌다. 집단활동 중 고깃국 사진을 집어 들자, 그녀는 다음과 같은 어머니와의 언쟁을 재현했다.

어머니 | 게르다, 네가 너무 조금 받아서 가엾구나. 이 고깃국을 다 먹어도 된단다.

게르다 | 진작 그렇게 생각하셨어야죠. 이제는 고깃국을 먹고 싶지 않아요.

게르다는 어머니를 벌주기 위해 혼자 배고픈 채로 남아 있다. 자기대상과 마찬가지로 자기에게도 상처를 주는 자기애적 복수는 자기의 경계가 불충분함을 암시한다. 동시에 복수하려는 소망은 전능한 대상과 융합된 상태에서 열망한 만큼 두려워한 해체를 겪지 않도록 자기를 보호해준다. 게르다는 신부와의 관계를 통해 어머니와의 관계를 다른 차원에서 반복한다. 그녀가 기억하기로 모든 아이를 똑같이 사랑하던 사람으로서, 어머니는 마치 신부처럼 그녀에게 때때로 사랑을 주었다.

거대자기와 전능한 부모에 대한 자기애적 판타지의 실망이 긍정적 대상관계를 통해 상쇄될 정도로 사소하다면, 내면화(내재화와 내사)를 통해 이 상실을 일부 보상할 수 있다. 내면화, 즉 대상의 특질을 받아들이는 것은 분명 문화적 전통을 이루는 기본 원리이다. 이때 내사는 분리와 독립성과 함께 나타나는 것처럼 보인다. 프로이트가 묘사한, 사랑하던 강아지를 불시에 잃은 후 갑자기 자기가 바로 강아지라고 주장하는 어린 소녀가 그 예가 될 수 있다. 동일시를 통해 부모로부터 독립하는 전형적인 발달 역시 이목을 덜 끌긴 하지만 비교할 수 없을 만큼 중요한 예가 된다. 자기애적 발달에서 자아이상은 거대자기에 대한, 그리고 관련 인물의 이상적인 면을 내면화한 전능한 자기대상에 대한, 통합될 수 없는 판타지에서 생겨난다. 초자아 역시 거대하고 박식하고 전능한 부모의 판타지와 유사한 이상적 측면을 나타낸다. 자신의 가치와 규범적 상에 대한 이런 정신 내적 이상화는 이제 자기감에 안정적이고 조화로운 작용을 한다. 사소한 상처로 인해서 자기애의 균형이 깨지지 않도록 막아준다. 자신의 내면이 충분히 이상화한 리비도로 충만한 사람은 "오늘 일은 잘 못했지만 그걸 제외하면 나는 썩 괜찮아."라고 얘기할 수 있다.

거부된 아동은 이상화되고 내면화된 가치와 결합된 건강한 자기애의 위안 기능을 발달시킬 수 없다. 여기서 우리는 '거부된' 아동이란 아동기 동안의 매우 다양한, 종종 외적으로는 호강, 고도의 관심, 완벽한 돌봄으로 보이는 발달 조건도 포함해서 통칭함을 확실히 해야 한다.[7] 공통점은 아동이 관련 인물의 공감적 반영과 동행을 통해서 충분한 안정감을 얻지 못했기 때문에 거부되었다고 느낀다는 것이다. 공감은 내적인 반향과 공명이 가능한 사람의 관심이 주어졌을 때, 초자아의 명령과 본능의 충동을 감시할 만큼 자아가 충분히 강할 때 비로소 가능하다. 자아가 초자아와의 동일시를 통해서만 힘을 얻는다면, 공감 능력은 사라지고 경직된 상으로

7　　　조력자의 동기는 유아기의 공생에 대한 그리움이 부분충족으로 되살아나고 이상적인 관계에 대한 그리움이 부분적 (욕동)만족에 대한 소망을 장악한다는 점에서 여성 특유의 발달특성과 일치한다. Vgl. W. Schmidbauer, "Du verstehst mich nicht...!" Die Semantik der Geschlechter, Reinbek 1991.

대체된다. 아이가 이런(여기서 극단적인 유형으로 묘사된) 상황에서 자라면 자기가치 조절에 다소간의 뚜렷한 손상을 입는다.

초자아의 발달은 조력자증후군에 커다란 의미가 있다. 초자아와 자아이상과의 동일시를 통해서 이루어진 강박적인 조력은 공감 능력의 심각한 상실을 보이며 이를 통해 여러 상황에서 그 본연의 목표를 방해한다.

자기애적 균형을 이룬 사람이 긍정적인 자아이상[8]의 내면화를 통해 자신에게 줄 수 있는 것을, 자기애가 손상된 사람은 외부에서 찾아야만 한다. 나는 조력자증후군이 이러한 초기의 자기애적 손상을 해결하는 한 방법이 될 수 있다는 것을 밝혀보겠다.

"방학 중에 저는 시험 준비를 해야 했어요. 하지만 동료가 휴가를 받았기 때문에 그의 집단과 종교 수업을 맡게 됐죠. 게다가 주방에서 일하는 아주머니가 아파서 큰 냄비들을 닦는 일도 떠맡아야 했어요. 그래서 항상 저녁 늦게야 비로소 제 시험 준비를 할 수 있었죠. 그러던 어느 날 상사가 사소한 일로 제게 경고를 하자, 제가 폭발하고 말았어요. 소리를 지르고 문을 쾅 닫고는 하루 종일 울었어요……. 나중에는 제가 담당하는 수업 시간이 24시간에 달했고 청소년 집단도 맡았죠. 또 가능성이 많다고 판단해서 장서가 6000권이나 되고 하루 평균 대여가 120건에 이르는 청소년 도서

8　샌들러(Sandler), 홀더(Holder), 미어즈(Meers) 그리고 그 이후 헨젤러(앞의 책 참조)를 비롯한 여러 저자들이 거대자기의 규범 변수로서 '이상적 자기'의 개념을 추가로 소개했다. 나는 자아이상이라는 개념으로도 상응하는 정신적 기능을 충분히 설명할 수 있다고 본다.

관도 맡아서 운영했어요. 그러다 거의 심장발작을 일으킬 즈음에
서야 일을 중단했지요."(게오르크, 77쪽 참조)

이 사례는 지칠 줄 모르는 인정욕구로 자신을 해칠 지경까지 계
속 활동을 늘려가는 모습을 단적으로 보여준다. 동시에 외부의 확
인에 매우 의존적이며 사소한 비판에도 깊은 상처를 받는다. 부단
한 활동은 거대자기의 영향이다. 불가능해 보이는 일은 없다. 동시
에 이 판타지는 자신의 강함뿐만 아니라 실수 또한 거대하게 부풀
린다. 전능감과 무력감, 비현실적인 거대한 상 그리고 그와 마찬가
지로 비현실적인 과도한 열등감, 즉 부정적 거대 판타지 사이의 부
단한 동요가 있다. 자아이상은 현실과 괴리된 채 천진하게 이상화
된 상태이다. 그러므로 그의 모든 성과물은 그의 불충분함에 대한
증거가 된다. 다른 사람들의 성과가 그보다 못하다는 확인이 드물
지 않게 필요하지만, 그런 위안만으로는 충분치 않다.

조력자증후군의 특징은 한 개인이 자기감을 다른 사람과 상호적
이 아닌 일방적 관계를 통해서 조절하려는 데 있다. 어릴 때 그 당
시의 개인적 감정과 특성 때문이 아니라 관련 인물의 이상화된 상
에 적응하려는 행동방식 때문에 사랑받았으므로, 그는 자신의 존
재 자체로서가 아니라 자신의 행동으로 인해 사랑받는다고 믿는
다. 이런 태도의 이면에는, 억압되었기에 허기져서 그만큼 욕구가
거대해진 깊은 자기애적 상처가 자리하고 있다. 그 상처는 원래 아
동이 그의 관련 인물을 만났던, 바로 그 의존과 친밀함의 상황에서
돋아난다.

이 '일차적 사랑'(발린트)은 당연히 일차집단이 아동을 공감적으

로 대할 때에만, 즉 아동을 있는 그대로 그리고 자기 욕구를 실현하려는 존재로 받아들일 때에만 지속되고 발전한다. 일차집단의 이상과 동일시하고 그것을 자기애적으로 차지하려는 아동의 이 최초의 사랑이 공감이 결여된 거부적인 태도에 부딪히면, 점차 실제 상호성을 발전시킬 수 없게 된다. 결국 분열되어 원초적이며 미분화된 특성을 띠고, 성인들이 충족시킬 수 없는 상태가 된다. 이와 동시에 증오가 생긴다. 아동은 이를 이해하지 못하는 관련 인물들을 파괴하고자 한다. 사랑의 거부와 마찬가지로 아동을 고통스럽게 하는 것은 그들을 증오하고 동시에 그 증오를 억압하려는 강박, 즉 아동이 관련 인물들에게 완전히 의존하고 있으며 만약 그들을 파괴한다면 더 이상 살 수 없기 때문에 증오를 의식적 체험과 앞으로의 심리 발달에서 제외시키려는 강박이다. 그런 이유로 아동은 친절과 순종을 배운다. 그렇지만 이런 행동으로 얻게 되는 관심은 실제로 아동의 허기를 채워주지 못한다. 증오는 자기애적 확인을 받아들이고 자기 자신과 자기 가치의 이상화를 위해 이용할 수 있는 기회를 감소시킨다. 조력자증후군이 있는 당사자가 어떤 조력자-상호작용이 끝난 다음 스스로에게 "아주 잘했어."라고 얘기할 수 있는 경우는 매우 드물다. 그는 자신에게 "무엇이 부족했는지, 무엇을 간과했는지, 무엇을 잘못했는지?!" 묻는다. 시인하지는 않지만 그는 클라이언트나 환자들의 고마워하는 시선과 인정의 말에 굶주려 있다. 그러나 그것이 그가 받아들일 수 있는 유일한 자기애적 양식임에도 불구하고 그를 진정으로 충족시켜준 적은 없다.

일차적 사랑(또는 자기애적 일차상태)에 상처가 특징적인 것처럼 의존적이며 친밀한 상황에 원초적인 상처가 따르기에, 이 의존과 친밀함의 두 가지 감정은 무겁고 견딜 수 없는 정신적 고통과 연결되어 있다. 따라서 조력자는 이 감정을 그를 필요로 하는 피조력자에게 전가하여 전체나 일부를 기피한다. 이에 대한 사회학적 증거는 조력직과 수도원 서약의 역사적 결합에서 찾을 수 있다. 정결과 순명의 의무는 타인의 접근을 회피하기 위한 매우 안전한 수단이다. 전체 수도원이 구성원 개개인에 대한 책임을 지고, 꺼렸던 의존은 익명의 그러나 대단히 믿을 만한 '성모 마리아' 또는 대체가족에게 위임할 수 있기에, 개인적 의존감이 수도원에서 일어나기는 매우 어렵다.

자기애적-분열적 태도는 무엇보다도 친밀함을 회피한다. 자신이 의존하게 될 그 누구도 가까이 오도록 허락하지 않는 것이다. 자기애적-우울증적 태도는 친밀함을 갈구하고 체험할 수 있는 반면, 의존은 기피한다. 의존에 대한 기피는 항상 파트너가 더욱 의존하는(최소한 보기에) 관계를 만듦으로써 표현된다. 조력자들의 상황은 원래 이렇게 조성된다. 그러나 조력자들의 이른바 사적인 관계도 이런 구조를 갖고 있다. 파트너의 의존과 분리불안은 안전판처럼 작용한다. '더 약한 자'가 분리불안에 시달리고 매달리는 반면, '더 강한 자'는 스스로를 강하고 독립적으로 느낄 여유가 있다. 이런 방식으로 '더 강한 자'는 자신의 약함과 의존을 부정할 수 있다.[9]

9   가부장적 결혼생활에서 흔히 남편은 아내가 물질적으로 의존하기 때문에 자신의 정서적 의존을 의식하지 않아도 된다. 예를 들어 직업활동이나 심리치료 또는 그 밖의 이유로 원래 '약한' 파트너가 강해질 때 '강한' 파트너가 정신적 붕괴를 겪는 일은 관계에서 의존 회

　조력자증후군의 근간을 이루는 과정은 때때로 조력자의 직업 경로에서 반복된다. 아동은 그의 자기감을 위협하는 시기를 관련 인물과의 동일시를 통해서 극복하려 했다. 아동은 고독했고 어느 누구도 자신이 진정 바라는 바에 관심이 없음을 느꼈기에 다른 사람을 위해 진력하는 강력한 조력자의 역할을 맡았다. 그럼으로써 그는 자신의 욕망을 잊었다. 도움을 찾았고 예를 들어 심리치료를 시작했거나 자기체험 집단에 참여했던 조력자는 자주 이와 유사한 방식으로 그 스스로가 치료자나 집단 지도자가 된다. 치료자, 집단 지도자의 역할을 받아들일 정도로 공감과 관심에 대한 자신의 아동기적 욕구의 재생과 부분적 충족에 매혹된 것이다.

　이 점에서 치료적 접근방식이 그 자체에 대한 방해가 된다. 도움을 구하는 조력자의 변화 과정은 조력자증후군이 새로운 차원에서 반복되고 고착되면서 종식된다. 다른 한편 치료자나 집단 지도자는 일반적으로 자신의 세계관을 전수하고 그로써 자신이 일을 제대로 할 수 있을지에 대한 의구심을 종식시킬 추종자를 만들려는 원초적인 자기애적 욕구로부터 자유롭지 못하다

　여기에 모순이 있다. 예를 들어 정신분석이나 집단 자기체험을 실제 겪어본 사람만이 그가 이 과정을 적용할 것인지 판단할 수 있다. 그러나 동시에 이런 체험을 통해 그의 판단이 이미 변조된다. 이 딜레마는 해결할 수 없다. 조력자증후군의 기제는 여기서 현대 사회의 성과지향적이고 내재화된 구조의 구축과 중첩되며 변화에

피의 기본 구조를 여실히 드러낸다.

대항하는 저항력을 공유한다. 그럼에도 조력자의 직업적 변화를 통해 이미 시작된 해방의 과정이 중단되지는 않았는지 일일이 살펴보는 일은 의미가 있다. 여기서 눈여겨볼 것은 새로운 차원의 조력자 역할을 수행함으로써 정서 표현의 발달이 후퇴하고 제어 가능한 성취행동이 다시 부상하는지 여부다. 정신적으로나 사회적으로 억제된 교사나 사회복지사들이 집단역동 세미나에서 감정 표현과 인간관계를 발달시킬 새로운 기회를 얻는다면, 이것은 분명 일정 부분 자기해방이다. 그러나 이런 과정이 그가 집단역동의 전령사가 되거나 집단의 지도자가 됨으로써 조기에 종료되는 일이 잦다. 요즘 무심코 자기체험 집단에 발을 들여놓는 사람들은 거의 대부분, 누가 '교육을 위해' 참여하는지 묻는 질문에 몇몇 응답자가 있음을 발견한다. 이미 언급한 것처럼 이러한 교육적 관심은 많은 조력자증후군 조력자들에게 초자아의 묵인하에 자기 자신을 위해 무언가 하는, 피보호자 역할의 일시적 수락을 유일하게 정당화시키는 기회를 제공한다. 여기서 사회 변화에 그토록 특징적인 '누가 누구의 쓸모 있는 바보인가?'라는 문제가 반복된다. 치료자는 병든 보험중개인을 전향시키려 애쓰면서 믿음이 없는 상인은 안심한 채 버려두는 목회자의 운명을 짊어지는 경우가 드물지 않다. 조력자증후군의 변화는 항상 지금까지의 방어기제의 완성과 진정한 발전 간의 긴장 속에서 일어난다.

조력자의 이면

정신분석적 조사는 개인의 표현을 통해 비로소 명료함과 윤곽을 드러낸다. 어떻게 각각의 요소들이 함께 작용하며 전형적인 특징 이면의, 단지 사례를 기반으로 해서만 이해될 수 있는 성격이 드러나는지 여기서 더욱 분명히 보여준다. 분석적 방법에 의해 이루어진 유일무이한 상황은—자유로운 착상의 즉흥성이 허락되는, 정서적이며 몽환적인 일차과정을 의식적·언어적 통찰을 통해 이해하는—아마도 인간 체험의 발달법칙에 대한 가장 근원적인 인식을 가능케 할 것이다.

다른 한편으로 사례는 위험하다. 정신분석 치료에서 얻어진 체험자료는 극도로 다르거나 부분적으로 서로 모순되는 가설도 끌어낼 수 있을 정도로 다양하고 풍부하다. 정신분석가들은 누구나 자기 이론을 입증할 인물을 발견한다. 좀처럼 의식할 수 없고 완전히 상호적인 섬세한 적응 과정은 클라이언트로 하여금 분석가의 이해에 따라 자기 체험을 분류하게 한다. 반면에 분석가는 자기암시와 재구성을 클라이언트의 체험 방식에, 적절하거나 부적절한 답변에 다시금 적응시킨다.

객관화할 수 있는 규칙적인 이론에 관심을 갖는 연구자에게 이 경우 두 가지 가능성이 있다. 그는 심리치료에서 복합적인 상호작용을 의식하는 걸 거부할 수 있다. 그러면 그는 자신의 관심을 이른바 보증된 경험적 원칙으로 제한하고 그 외의 것들을 비과학적·실용적 활용으로 취급한다.

다른 가능성은 상호작용의 과정 자체를 조사하는 것이다. 클라이언트는 특정 자극에 정해진 반응을 하는 존재로 축소되지 않으며, 예전의 상호작용의 영향이 각인되어 이것을 치료 상황에 전이시키는 사람으로 발전해야 한다. 치료자는 치료자대로 이 전이를 클라이언트와 함께 해결하기 위해, 전이에서 일어난 감정을 설명하는 동시에 자신의 감정반응을 이 과정의 일부로 보려고 노력한다. 그럼으로써 치료자는 자신의 발달 과정에 클라이언트를 포함시키고 자기 자신의 미숙함을 인지해야 한다. 그는 자신의 신경증적인 면을 인식하고 이를 해결하기 위해 노력할 의무를 떠안는다. 심리치료에 대한 이런 견해는 치료자의 자기체험을 필수적인 부분으로 여겨 교육과 실무 위주의 수련에 포함시킨다. 이 자기체험은 한편으로는 치료자 자신의 정신 내적 과정, 방어 과정, 욕망에 대한 통찰을 촉진한다. 동시에 이것은 통찰을 통해 자유로워진 발달과 성장 과정을 신뢰하게 하며 타인에 대한 공감 능력을 자극한다. 그렇지 않았더라면 단지 치료자 성격의 도덕적 이상으로서 요구되었을 것이, 이런 방식으로 활성화될 수 있다. 이 이상은 통계적 목표로서가 아니라, 명료하게 진행되어 치료자가 해소하지 못한 자신의 문제로 클라이언트를 괴롭히지 않으면서 치료에 개입시킬 수 있는 과정으로서 이해된다.

여기에 제시된 사례들은 부호화하여 해당 인물을 알아차릴 수 없게 만들었다. 이 사례들은 사회적 직업에 종사하는 사람들의 재교육을 위한 자기체험 집단에서, 교육 목적으로 분석을 받았던 클라이언트의 자기체험에서, 심리치료의 도움을 청했던 사람들에게서 수집했다. 각 사례의 전기적 자료는 바꾸고 다른 사례의 유사한 자료로 보완하여 해당 인물을 식별할 수 없도록 했다.

주는 것이 받는 것보다 복되다—게오르크

중년의 게오르크는 20년 동안 보육시설의 생활교사로 일해왔다. 집단상담에서 그는 늘 친절했다. 그는 상대에게 공감하려 할 뿐만 아니라 달래려고 노력하며 "모든 게 그리 나쁘지만은 않아, 네가 얼마나 잘 해왔는지 한번 봐." 같은 표현을 자주 했다. 청소년 담당인 그는 아이들과의 분리가 얼마나 어려웠는지를 얘기하면서, 아이들이 그에게 대항하고 공격적일 때에도, 이를 통해서 다음에는 좋은 관계로 발전할 수 있을 거라며 스스로를 위로한다고 했다. 애기할 때 그는 부드럽고 나직한 목소리로 집단 지도자와 자주 눈을 마주쳤다. 그가 끊임없이 다른 사람들에게 다가가려는 노력을 기울인 두 번째 모임을 마칠 무렵, 집단 구성원들에게 자신이 꾼 꿈을 소개했다.

나쁜 난쟁이와 외교관 꿈에서 게오르크는 외교부 장관의 직속 부하직원이었다. 어느 날 오물이 잔뜩 묻은 지팡이를 든 한 난쟁이가 사무실에 침입했다. 그는 사악하고 매우 공격적이며 모두를 성가시게 만들었다. 난쟁이가 자신은 조금도 귀찮게 하지 않았지만 그를 내쫓아야 하는 일이 게오르크에게 주어졌다. 그 와중에 싸움을 하게 되었는데, 그 난쟁이가 긴 빵칼을 들고 있었던 반면에 그가 가진 것은 단지 작고 날카로운 부엌칼뿐이어서 게오르크는 매우 불안했다. 그럼에도 불구하고 게오르크는 이마에 상처를 입긴 했지만 난쟁이에게서 칼을 뺏을 수 있었다. 그 후에 난쟁이가 격렬한 파업을 계획하고 있다는 소문이 들렸다.

집단 구성원들은 게오르크로 하여금 그가 나쁜 난쟁이와 자신을 동일시했다는 점을 깨닫게 했다. 그는 자신의 어린 시절 성마름과 그를 한 번도 인정하지 않았던 아버지의 성마름을 기억했다. "내가 무언가 잘하면 아버지는 그저 '진작 그렇게 했어야지!'라고 하셨어요." 그는 지금의 모습처럼 더욱 차분하고 친절하도록 자기 자신을 무척 다잡았다고 했다. 그는 이런 태도를 단지 자신이 돌보는 아이들에게만 보였을 뿐, 상사에게는 그러지 못했다. 늘 인정받고자 투쟁한 그는 평범한 방식으로 일하지 않고, 항상 좀 더 나은 교육방법을 적용하려고 애썼다. 그것은 집단의 한 구성원이 덧붙인 것처럼 "지팡이에 오물을 잔뜩 묻힌 난쟁이의 싸움과 흡사한" 지속적인 싸움이었다. 게오르크는 이 해석을 받아들일 수 있었다.

초자아와의 동일시 게오르크의 확고한 인생관은 "주는 것이 받는 것보다 복되다."라는 성경 구절로 함축할 수 있다. 그는 자신의 욕구를 항상 억제하며, 자신을 다른 사람들보다는 집단의 도움이 그다지 필요치 않은, 훨씬 사소한 문제로 분투하고 있는 사람으로 묘사했다. 누군가가 그의 잘못을 지적하면 그는 아주 능숙하게 상대방을 모순된 상황에 빠뜨린다. "정의가 항상 내 편이기 때문에, 내가 늘 궁지에 몰리더라도 나를 건드릴 상사는 아무도 없습니다."

숨겨진 자기애적 욕구 집단에서 침묵이 흐르지 않게끔 계속되는 게오르크의 질문은 자신을 다른 사람을 돕는(어느 누구보다도 더욱 많이, 더욱 잘 돕는) 인물로 여기려는 그의 욕구를 증명한다. "조화와 사랑에 대한 나 자신의 열망이 너무도 강해서 종교 외에는 어느 누구도 그것을 충족시켜줄 수 없어요."

거부된 아이 그는 아버지가 자신을 전혀 받아들이지 않았다고 느낀 반면, 어머니를 이상화했다. 어머니는 그에게 일찍 자유를 주었고, 그는 어머니와 강한 일체감을 느낄 수 있었다. 그 예로 그가 아홉 살 때 하룻밤 숙박을 간청하는 군인이나 피난민을 위해 잠자리를 마련해주는 법을 어머니에게서 어떻게 배웠는지 설명했다. "어머니는 우리 집에 오는 사람은 누구든지 도와주어야 한다고 얘기하셨죠. 방마다 사람들로 넘쳐나서 정작 우리가 있을 자리가 없었던 적도 많았어요." 항상 다른 사람들을 생각하는 어머니의 아이는 자주 부담스럽고 버림받은 것처럼 느낀다는 점을 그는 전혀 모르고 있었다.

간접적 공격성 난쟁이 꿈과 그에 대한 게오르크의 생각은 사회적 증후군에서 방어-분열을 매우 분명히 나타낸다. 사교적 외형 뒤의 아이는 다른 사람의 마음을 상하게 하고 화나게 한다는 점에서 난쟁이와 같으며 매우 악의적이다. 그 아이는 발전해서는 안 되었다. 즉, 성마르고 비판적인 아버지는 거부되었고, 아무래도 똑같이 조력자증후군에 고통받았을 어머니가 유일한 동일시의 대상이었다.

관계와 상호성에 대한 방어 게오르크는 종교적인 이유로 결혼을 하지 않았다. 자신을 사랑했던 한 여성과의 관계에서 그는 늘 그녀에게 마지못해 다가섬과 다정함을 허락하는 쪽이었다("누군가 우는 사람을 보면 안아주지 않고는 견딜 수 없어요."). "어떤 사람과 매우 가까워지면 나를 필요로 하는 다른 사람들을 더 이상 받아들일 수 없을 겁니다." 이 판타지는 조력자증후군의 특징이다. 조력자는 다른 사람을 지원하고 이해하는 자신의 능력이 한 사람과의 진정 어린 친밀함 때문에 위협받을 것이라고 믿는다. 그는 이런 방식으로 자신의 조력활동이 친밀함과 상호성을 방어하도록 만든다. 실제 순서가 뒤바뀌어서 "내가 가까움을 견딜 수 없기 때문에 당신들을 돕는다."가 아니라 "누군가에게 너무 다가가거나 누군가와 은밀한 관계가 되어서는 안 된다. 그렇게 되면 나를 필요로 하는 사람들을 더 이상 힘껏 도울 수 없기 때문이다."가 된다. 이런 방식으로 자신의 의존을 회피한다(클라이언트는 조력자에게, 그 반대의 경우보다는, 더욱 의존적이다). 자기애적 확인이 실제 상호작용 없이 얻어질 수 있다.

제겐 그렇게 하면 안 돼요!—아그네스

젊고 스포티한 차림의 아그네스는 자기체험 집단에서 자신을 친구와 지인들 모두의 정신적 쓰레기통에 비유했다. 누가 그녀에게 자신의 문제를 얘기하면 그녀는 항상 깊은 이해심을 갖고 들어주었다. 그러나 정작 그녀 자신에게 문제가 생기면 그것을 털어놓을 사람이 없었다. 그녀가 아무런 도움도 받지 않고, 항상 강인함을 유지하려 해왔다는 것이 점차 분명해졌다(나는 그녀가 자신의 어려움을 해소하려고 거듭 노력한 면담을 통해 이런 결론을 얻게 되었다). 이런 태도 이면에서 그녀는 관심받으려는 자신의 욕구를 분명히 느꼈지만 끊임없이 평가절하하고 있었다. 관심을 받기 위해 부단히 투쟁해야 하고, 또한 관심을 그렇게 원한다는 사실로 인해서 가치를 잃는 느낌이었다. 점차 그녀의 조력자증후군의 원인 하나하나가 드러났다.

거부된 아이 그녀의 아버지는 원래 아들을 원했다. 그녀는 여자가 되지 않기로 결심했다. 여자는 어머니처럼 약하기 때문이다. 남자도 되고 싶지 않았다. 남자는 아버지처럼 나쁘기 때문이다. 차라리 이 둘을 능가하는 그 무엇이, 더 나은 존재가 되고 싶었다.

초자아와의 동일시 집단에서 무엇인가가 자신의 가치관에 어긋날 때 아그네스는 쉽게 화를 냈다. 모든 가치판단을 완강하게 거부하고 단지 개인적 감정 표현만 용인하려 했다. 집단구성원들은 그녀의 질문과 요구가 날카롭고 명확하지만 아무런 감정 없이 차갑게 느껴진다고 했다.

숨겨진 구강적 필요 아그네스는 집단 지도자에 대한 경탄과 비판을 반복했다. 지난 모임에서 있었던 지도자의 행동을 다시 한번 끄집어내서 지도자를 공격하는 일이 많았다. 그녀는 언젠가 한 집단 구성원이 울고 있었는데도 지도자가 모임을 끝낸 적이 있다면서 "제겐 그렇게 하면 안 돼요!"라고 비난했다.

가까움과 상호성에 대한 불안 집단에서의 관심이 아그네스를 혼란스럽게 만들었다. "어떻게 내가 이 지경이 됐는지, 무엇을 해야 할지 모르겠어요. 미치겠네요. 다시 머리가 정리되려면 어떻게 해야 할까요?"(지도자를 바라보며) 관심은 아동기 상처에 대한 불안을 다시 환기시키기에 기피되거나 교묘하게 거부된다.

도움이 필요 없는 사람에 대한 간접적 공격성 아그네스는 지속적으로 상사와 불화관계에 있었다. 사회복지사인 그녀는 일을 하면서 자기보다 많이 알고 능력 있다고 하는 남성들과 끊임없이 다퉜다. 그녀에게 승리란 그들을 거부하는 것이었다. 그녀는 집단 지도자에 대해서도, 아마 원래는 아버지에게 해당되었을 이 보복 행위의 일면을 보였다.

나 스스로 조절해야지 당신들을 믿을 수 없어—프란츠

내가 프란츠를 알게 된 것은 어느 집단치료에서였다. 그는 사회복지사로 평생교육 분야에서 일하고 있었다. 집단에서 그는 절대 감정을 내보일 수 없었지만 어려움을 나타내는 다른 구성원들을 위해 애쓰고 집단의 결속을 위해 노력했다. 여유 있는 날 오후에는 몇몇 집단구성원들과 새벽 한 시까지 이어지는 후속 모임을 주도하기도 했다. 그는 자기 내면의 감정과 불안을 거의 표현하지 않았지만 다른 구성원들과의 헤어짐을 매우 어려워했다. 다른 사람들의 감정에 정통한 합리적 외형 이면에는 관심받기를 바라는 그의 욕구가 숨어 있다는 해석이 그에게 매우 강한 인상을 남겼다. 마치 그가 적어도 판타지나 추체험을 통해 다른 사람들과 정말 가깝고 편안하게 느낄 기회를 새롭게 얻은 것과 마찬가지로.

프란츠는 집단에서 집으로 돌아왔을 때 자신이 어떤 상태였는지 얘기했다. "나는 거의 '다른 사람'이었죠. 아내가 이 점을 확인했고 나 역시 전부터 심히 경직됐던 감정적인 면에 다시 다가갈 수 있다고 믿었어요." 그는 아내와 깊은 감정 교류를 할 수 있었다. 그녀의 불감증은 사라졌고, 지인들과의 교류도 깊어졌다. 최초의 행복한 집단체험 후에 종종 그렇듯이 이런 변화는 충분히 지속되지 않았다. 예전의 피상적인 행동방식이 다시금 나타났지만 프란츠는 계속 개선해나갈 부분을 발견했다. 특이하게도 그는 아내에게 심리치료를 받도록 했다. 그의 변화에 감동받은 그녀는 집단치료에 1년 정도 참여했다.

부부관계 프란츠는 아내보다 나이가 많다. 여러 면에서 그는 그의 아내 마리아에게 결핍되었던 아버지의 역할을 했다(그녀의 아버지는 일찍 돌아가셨다). 그럼에도 이 관계에는 자주 긴장이 감돌았다. 감정 교류의 결핍을 성생활로 메울 수는 없었다. 아내와 대화할 때면 그는 자꾸 아내가 그녀 자신의 불안이나 우울, 다양한 어려움을 얘기하도록 몰아가곤 했다. 그녀를 도울 수 있게 되면 그는 한층 편안해졌다. 그러나 마리아는 이런 도움을 대부분 거절했다.

그녀는 매우 잘 지냈으며 그와는 일상적인 대화를 나누고 싶어 했다. 이런 상황에서 프란츠는 우울해지고 화가 나곤 했다. 그는 그럴 때면 항상 다급하게 마리아의 어려움을 화제로 끄집어냈다. 그녀가 드디어 감정적으로 반응하면, 예를 들어 그에게 대들면 그의 기분이 다시 호전되었다. 다른 한편 그는 마리아의 부모 역할을 이어받기를 희망했다. 그는 관심과 친밀함에 대한 자신의 그리움을 한편으로는 자신이 공격당하는 상황을 재현함으로써, 다른 한편으로는 집중적인 관심을 받을 수 있는 정신신체 질환을 앓음으로써, 직접적이기보다는 간접적으로 표현했다. 마리아는 집단치료 과정을 통해 점차 자신이 치료받기를 원한 것이 아니라 남편의 기대에 부응한 것임을 알게 되자 치료를 중단했다.

거부된 아이 프란츠는 외아들이었다. 결혼할 때까지 그는 과보호하는 어머니에게 뚜렷한 애증을 느끼고 있었다. 그는 어머니 집으로 전화를 자주 했지만 어머니와 대화를 시작하면 그것은 곧 말다툼이 되어 그녀의 몰이해와 예전에 자신을 키울 때 저지른 잘못에 대한 비난으로 이어졌다. 그는 어머니가 항상 자신의 옷이나 머리 모양, 직업 등을 못마땅해한다는 점을 끄집어내며 싸움을 시작했다. 어머니 집에 갈 때마다 항상 그의 정신신체적 증상이 심해졌다. 그럼에도 그는 어머니를 방문하는 일을 계속하고 있다. 그는 그녀의 조력자 위치에 서려고 하면서 그녀가 그의 어린 시절에 했던 과잉보호 행동과 유사한 행동들을 보였다. 어머니에게 심리학 서적이나 자기체험 프로그램 참가를 권했다가 거절당하면, 그에게는 이제 어머니를 비난할 구실이 새로 생긴 것과 같았다. 그의 어린 시절을 주도한 감정은 예측하기 어려운 어머니의 행동으로 인한 불안("어머니는 내 곁을 지나칠 때마다 마음에 들지 않는 점을 지적했어요. 나는 도저히 어머니 마음에 들 수가 없었어요. 부모님이 싸우고 어머니가 내게 죽어버리겠다고 위협했을 때, 나는 포크를 집어 들고 어머니에게 그만두지 않으면 이걸로 배를 후벼주겠다고 했지요."), 가정의 모든 일을 어머니에게 떠넘기고 뒤로 물러선 아버지에 대한 실망, 질병에 대한 끊임없는 매료였다("어머니는 언제나 아팠습니다. 해마다 새로운 암이 생기더군요.").

초자아와의 동일시 프란츠는 업무를 볼 때 만족감을 느낀다. 휴가 때면 신경질적이고 불안정해지며 몸이 아파온다. 그러다 다시 클라이언트를 상대해서 조언하며 무언가 가르쳐주게 되면 편안해진다. 일에서 그는 전혀 나무랄 데가 없으며 극도로 시간을 엄수하고 정확하다. 누군가가 너무 늦게 오고 약속을 등한시하거나 기대만큼 협조하지 않을 때면 화가 치민다.

숨겨진 자기애적 필요 여기서는 정신신체적 장애가 중요한 역할을 한다. 자기애적 확인을 받고 싶은 강렬한 소망은, 초자아가 용인하는 방식으로 오직 이렇게만 표출될 수 있다. 프란츠는 나중에 분석을 받을 때 오랫동안 자신의 신체 상태에 대해 설명했으며, 분석가와 한편이 되어 자신의 징징거림을 처벌하거나 이를 통해 처벌받은 듯이 느꼈다("제가 그런 얘기를 지껄이거나 징징댈 때 차라리 머리를 한 대 쳐주시면 좋겠어요. 저 같은 환자를 대하자니 정말 괴로우시지요."). 그는 항상 치료가 정확한 시간에 끝날 수 있도록 신경을 썼다. 약속된 시간인 50분이 지나도 치료가 끝나지 않으면 그는 초조하게 시계를 보다가 결국은 분석가에게 시간이 다 됐음을 알려주었다. 강력한 구조화와 정확한 시간 안배에 대한 욕구는 자기애적 허기를 둘러싼 장벽처럼 작용했다. 프란츠는 아주 작은 기회라도, 예를 들어 약속한 면담 시간이 5분 초과되거나 분석가가 실수로 청구서를 작성하지 않은 면담에 대해, 분석가를 돕거나 또는 최소한 '오류가 없도록' 노력했다. 다른 한편 분석가에게서 조금이라도 공감의 결핍이 보이면 주의를 기울였다. 그가 다른 한편으로 요청을 하면서 거듭 노리던 증거를 포착하면("선생님은 저를 더 엄격하게 다루셔야 해요. 언제 저 같은 사람을 결국 견딜 수 없게 될까요? 최근에 X에서 있었던 공개 토론에서 본 바에 의하면, 선생님이 그렇게 되리라는 것을 저는 압니다."), 그는 극도로 예민하게 반응하고 마음을 상하게 했다. 여기서 그의 조력자증후군이 자신이 도움을 필요로 하는 것에 대한 반동형성임이 분명해진다. 도움에 대한 필요는 어린 시절 냉정한 어머니에게서 입은 정신적 상처를 되살리기에, 불안을 야기하고 제어된다.

간접적 공격성 프란츠는 절대 공격성을 직접적으로 표출하지 않으며 화를 내지 않는다. 초자아와의 동일시가 이를 막고 있다. 사회적 입장을 갖는 사람들은 공격적이지 않다. 공격적인 판타지가 투사적으로 방어될 뿐이다. 그는 다른 사람을 의심하고 그에 대해 공격적으로 변하며, 주변에 투사된 이 공격성을 도발하려는 행동을 자주 한다. 그러다가 명백한 공격성을 마주하게 되면 눈에 띄게 안도한다. 그렇다면 자신의 공격성을 표출하는 데 죄의식을 덜어낼 수 있다. 그의 적이 부당한 일을 했기 때문이다.[1] 이런 기제를 통해서 분석 동안의 체벌 판타지와 기어이 아내의 화를 돋우어 그녀가 툴툴대도록 만드는 그의 행동을 이해할 수 있다. 이런 방법으로 얻을 수 있는 부차적인 이득은 "나 스스로 조절해야지 당신들을 믿을 수 없어."라는 신조에 따라, 초기의 자기애적 상처로 인해 위협적으로 체험한 친밀함을 피하는 것이다.

관계에서 상호성의 회피 조력자증후군이 있는 사람의 파트너는 유아화 그리고/또는 부모화된다. 누구나 주면서 받고, 받으면서 주는 동등한 차원의 관계는 없으며, 있다 하더라도 부분적으로만 성립된다. 이런 상황이 프란츠의 결혼생활에 어떤 영향을 미쳤는지는 이미 언급했다. 마리아는 돌보고 깨우치고 지지해야 하는 아이였거나, 정신신체 증상을 통해 표출된 돌봄과 보살핌에 대한 소망을 충족시켜야만 했던 이상적인 어머니였다. 그녀가 이 역할 중 그 어느 것도 지속적으로 만족시킬 수 없었기에 프란츠에게 마리아는 '심각한' 지경이며 심리치료를 받아야 하는 상태였다. 프란츠는 '그녀를 돕고자' 항상 그녀의 감정, 특히 불안과 공격성에 대해 세세히 알려고 했다. 즉, 스스로 더욱 안정감을 얻기 위해서, 아무도 모르게 양가적인 감정을 진정시키고 거절에 대한 불안을 조절하기 위해서. 이를 통해 정서적인 친밀함이 생기기는 어렵다. 왜냐하면 마리아에게 투사된 공격성이 원래는 어머니에게 향했던 것임이 규

---

1   에릭 번(E. Berne)은 이런 행동을 '넌 내 손아귀에 있어' 게임이라고 불렀다. 나는 누적되고 투사된 공격성을 풀어놓기 위해서 '이런 더러운 놈! 이제 드디어 너를 손봐주겠다'라는 신조로 상대가 실수할 때까지 기다린다. 여기서는 게임 상대의 무의식적 피학증이 전제조건이다. E. Berne, Spiele der Erwachsenen, Reinbek 1967. (에릭 번, 『심리게임』, 교양인, 2011) 참조.

명되지 않았기 때문이다.

아무도 내게 해를 끼칠 수 없다고 생각했어요—레온하르트

원래 가톨릭 신부가 되고 싶었던 레온하르트는 지금 평생교육 분야에서 활동하고 있다. 그는 더욱 효과적으로 일하고 학생들의 개인적 갈등도 도울 수 있도록 자기발전을 지속하기 위해 분석을 받고자 했다.

거부된 아이 레온하르트는 독자로 그의 아버지는 결혼 후 바로 돌아가셨다. 어머니는 시댁 식구들과 가까이 지내면서 남편을 이상화했다. 남편과 사별 후 그녀는 다른 남자와 전혀 교제하지 않았고 사무실에서 일을 하며 할머니와 함께 아들을 매우 종교적으로 길렀다. 레온하르트는 어머니를 어떤 상황에서든 부정적인 면을 부각시키고 현재와 미래를 어둡게 칠해놓는, 늘 침울하고 비판적인 여성으로 묘사했다. 어머니로부터 정서적인 확인을 받기 어려웠기 때문에 레온하르트 또한 정서적 공명이 제대로 이루어지지 않았다. 그는 이런 점을 높은 성적으로 보상받고자 모범생이 되었고, 정서적 불안정을 종교적·윤리적 가치를 과도하게 이상화함으로써 극복하려 했다. 어린 시절의 갈등에 대해 얘기할 때면 그는 말로 표현하지는 않지만 때때로 냉소적인 거리를 유지하며 아동의 불안과 무기력한 분노를 교화하려는 교육자의 태도를 분명히했다. 그는 어렸을 적에 원치 않던 유치원에 다니게 되자 너무 화가 나 길에 벌렁 누워버렸던 일을 얘기하면서, 이런 장면을 '자주 들었던 어린 시절의 사랑스러운 기억'으로 꼽았다. 그에게는 그 시절에 대한 감정이 결여되어 있었다. 어린 시절의 정서적 내용이 사라져 단지 그의 아이들과의 관계에서 이에 대한 연상을 할 뿐이었다. 가족들이 레온하르트가 사망한 아버지의 대리자로서 특히 그들의 자기애적 대상이 되기를 고대한 것을 볼 때, 그를 '거부된 아이'로 보는 것이 적절할 듯하다. 그 경우 관련 인물들은 나름의 감정이나 욕구, 발달 가능성이 있는 실제의 아이가 아니라 그들 자신의 기대를, 그들의 자기애적 리비도로 채워진 상상 속의 아이를 받아들인다. 그 결과 아이는 신경증이나 정신증을 앓지 않는 한 자주 '말할 수 없이 배은망덕'한 아이가 된다. 부모는 분통을 터뜨린다. "우리가 너를 위해서라면 어떤 일도 마다하지 않았는데……. 도대체 너는 은혜를 모르는구나!" 아이는 실제 거부되는 것을 느낀다. 부모가 오로지 자신들의 이상을 사랑하며 이 이상을 위해 무언가 한다는 것을 느낀다. 레온하르트의 어머니는 아들이 그녀의 기대대로 신부가 되지 않고 결혼하려 한다는 것을 알았을 때, 그러면 차라리 죽어버리겠다고 아들을 협박했다. 여기서 초자아와의 동일시를 통해, 물론 정서 발달을 대가로 일찍부터 획득한 독립성, 판단에서의 자주성이 입증된다. 레온하르트는 강한 압력에도 불구하고 어머니가 정해놓은 그의 역할을 뿌리칠 수 있었다. 조력자증후군이 있는 사람에게 이런 경우가 드물지 않다. 여기서 도덕적 행동에 대한 요구는 조력자가 초자아 측면에서 그것을 능가함으로써 자주 '제압된다'. 예를 들어 그는 그리스도 교회의 도덕적 요구와 성직자나 신자들의 실제 행동 간의 모순을 질책하는 반면, 규범의 윤리적 토대를 더욱 면밀히 숙고하지 않고 그것을 가혹하게 준수한다. 이 과정은 문제적인만큼 생산적이기도 하다. 형식적인 것이 된 경직된 윤리로부터의 탈주를 의미할 수 있으나 또한 구원, 용서, 자신과 타인의 결함에 대한 관용과 같은 특유의 그리스도교적(종교적) 동기가 결여된, 무자비하고 좌절시키는 강제적 도덕으로 이끌 수도 있다.

파트너 관계에서 상호성의 회피 사춘기에 레온하르트의 정체성 형성에 커다란 영향을 미친 인물들은 영웅이자 조력자였다. 기사들의 이야기는 늘 그를 매료시켰다. 그는 자신을 아이젠헤르츠(Eisenherz) 왕자와 거의 전능한 다른 조력자들과 동일시했다. 특히 그 왕자는 악당이나 용, 그 밖의 위험에서 여성들을 구출한다. 사춘기가 끝날 즈음에 신부, 신의 대리자, 영웅의 상에 대한 판타지가 만들어진다. 어느 날 마치 무의식의 재현처럼 레온하르트에게 사고가 일어났고, 그는 이 사고로 현재의 아내 에바와 가까워지게 되어 결혼까지 하게 되었다. 단체 등반 도중 그는 에바의 부주의한 행동으로 인해 밑으로 굴렀던 것이다. 그녀가 그보다 더욱 놀라고 충격을 받았기에 그는 그런 그녀를 돕고 위로를 하느라 그녀와 가까워졌다. 그녀는 그와의 결혼을 추진했다. 오래지 않아 그들의 관계에는 긴장이 감돌게 되었다. 에바는 레온하르트가 그녀에게 자진해서 다가오고 정말 그녀에 대한 관심에서 우러나는 감정을 전해주길 원했지만, 그는 단지 그녀가 도움이 필요할 때 지지해줄 뿐이었다. 에바 자신의 문제가 이에 일조했다. 그녀 또한 자기 자존감의 상당 부분을 다른 사람을 위해 무언가 함으로써 충족시켰다. 그녀는 자신이 주도해 결혼을 성사시켰다는 점에서 자신과 레온하르트를 용서하지 않았다. 자신이 사랑스럽지 않다고 믿었기에 결혼을 성사시키기 위해서 발 벗고 나섰으며, 자신이 그렇게 주도적인 역할을 한 것은 결국 자신이 사랑스럽지 않다는 증거가 되는, 어쩔 수 없는 상황으로 그녀는 자신을 몰아갔다. 바야흐로 결혼생활은 자신을 잊고 다른 사람을 돕기 위한 경쟁의 장이 되었다. 부부는 모두 지칠 줄 모르고 활동했다. 어린 자녀 4명을 돌봐야 했으며, 유치원과 부모회에서 일하고, 어린 자녀가 있는 이웃을 위해 자조모임을 만들고, 교회 공동체와 레온하르트가 종교교사로 일하는 교육시설에 참여했다. 이런 커다란 부담 속에서 레온하르트는 자신의 이상에 따라 항상 긍정적이며 확고하고 도울 준비가 되어 있는 태도를 견지하기 어려웠다. 예를 들어 일을 마치고 집에 돌아왔을 때 에바가 그에게 곧바로 집안일을 맡기면 자주 화가 치밀어 올랐다. 이 분노는 에바가 아니라 자기 자신에게 향했다. 레온하르트는 자신이 그 어떤 것도 거절하지 않고, 처리해야 할 일을 스스로 해치우기를 기대했다. 이런 상황이면 그는 자기 안으로 파고들어 감정적인 소통이 평소보다 더욱 어려워지곤 했다. 레온하르트와 에바의 경우 파트너 관계에서 회피된 상호성은 각자 상대편이 '위에서' 요구하고 비판하고 거부하는 듯이 느끼게 되는, 초자아 위치를 확보하기 위한 경쟁으로 나타났다. 여기서 생기는 긴장은 참여나 도울 준비가 덜 된 사람들을 구분하여 둘 사이에서는 금기시되는 공격성의 표적으로 삼음으로써 매번 해소된다. 두 사람 다 자신의 자기애적 확인을 부부 간의 정서적 교감을 통해서가 아니라 주로 결혼생활 외의 조력자 관계에서 얻으려 한다.

초자아와의 동일시 레온하르트는 나직하지만 힘이 들어간 음성으로 얘기하며, 매우 확고하고 안정적인 태도로 신뢰감을 준다. 그는 윤리적이며 이성적인 방식으로 차분하고 신중하게 난관을 해결한다. 분석을 받기 전에 그는 "아무도 내게 해를 끼칠 수 없다고 생각했어요."라며 비난이나 모욕에 대해 자신이 무감각함을 확신했다. 이런 철벽 같은 무감각은 초자아 동일시의 확실한 징표이다. 감정적이고 즉흥적인, 또 그로 인해 일어날 수 있는 '잘못된' 행동과 판타지에 대한 온갖 항변이 이미 준비되어 있다. 물론 창조성과 풍부한 체험을 대가로 지불하고서 말이다. 레온하르트는 심사숙고하며 어떤 경우에도 침착하고 항상 친절하게 도움을 주는 일 외에는 할 수가 없다. 초자아 동일시에 어긋나는 감정은 애초부터 본격적으로 차단되었다. 이런 점은 분석을 받을 때 자유로운 생각의 흐름에서도 나타났다. 그는 언제나 조리 있고 정연하게 얘기했지만 행간의 '감정에 따른' 연상이나 즉흥적으로 떠오르는 상의 의미에 대해서는 침묵했다. 또한 자신의 꿈 장면과 자동적으로 드는 생각을 연관시키기가 거의 불가능했다. 그는 꿈을 이미 짜인 의미대로 바로 해석하거나 분석자가 해석해주기를 가장 바랐지만, 이런 도움이 없으면 슬며시 실망했다. "도움을 더 많이 받을 거라 기대했어요."라는 말을 겨우 뱉어내면서 분석가에 대한 무언의 감정을 알려주지만, 금세 "결국 제 힘으로 해야 하니까 선생님이 그렇게 하신 것이 분명 옳아요."라고 무마했다. 이성적인 보고를 할 수 없게 될 때면, 그는 웬만한 말로는 깨뜨릴 수 없는 침묵에 잠겼다.

숨겨진 자기애적 필요 무언가 특별한 존재가 되고 싶은 레온하르트의 욕구, 전능함에 대한 숨겨진 욕망이 그의 조력자 역할 이면에 잘 위장되어 있다. 학창시절 고학년일 때 그는 늘 유산으로 물려받은 검은 옷을 입고 다녔는데, 그렇게 함으로써 자신의 자기애적 욕구를 실용적인 동기로 정당화할 수 있었다. 레온하르트는 자신을 위해서는 아무것도 하려 하지 않았다. 예를 들어 에바와 다투었을 때 자신이 전적으로 잘못했음을 늘 받아들였으며 불만스럽거나 기분이 상한 적이 없었다. 언제나 다른 사람에게 다가갈 수 있었고, 주목과 확인을 받으려는 자신의 욕구를 드러내지 않을 수 있었다. 이상적 자기에 대한 이런 완고한 고집에서 분명히 드러나는 자기애적 허기에 대항한 무장은 그가 조력자 역할을 수행할 수 없을 때 그에게 해를 입힌다.

공격성의 간접적 표출 레온하르트는 분노를 직접적으로 표출해본 적이 없었다. 그렇지만 그의 부자연스러운 걸음걸이, 늘 무언가에 짓눌린 목소리, 다른 사람의 공격성에 대한 예외적인 예민함이 그가 일상생활에서 지속적으로 정서적 긴장을 느끼고 있음을 말해준다. 레온하르트는 침착한 우월감, 느긋하고 긍정적인 기분으로 자신과 타인의 공격성을 다룬다. 그는 이런 방식으로 상대를 공허하게 만들어서 그들에게, 또 어찌할 바 모르는 분노에 자주 휩싸이는 그의 아내에게, 무언가 자신들이 잘못했다는 느낌이 들게 한다.

내 감정을 제대로 느끼지 않고 살죠—클레멘스

클레멘스는 내과 전문의로 대형 병원에서 일하고 있다. 병원장과의 친분관계가 돈독하고 능력을 인정받아 그는 비교적 빨리 과장이 되었다.

거부된 아이 클레멘스의 경우에는 아동기에 결핍된 자기애적 확인이 우선 어머니의 이상화를 통해서 감추어졌다. 그는 교외에 있는 할아버지 소유의 커다란 저택에서 자랐다. 그의 할아버지는 성공했지만 심한 정신적 문제를 갖고 있었다. 클레멘스의 아버지는 자신보다 훨씬 큰 힘을 갖고 있던 할아버지에게 의존적이었으며 줄곧 그 상태를 벗어나지 못했다. 프리랜서 예술가였던 아버지는 '수준에 걸맞는' 살림을 독자적으로 꾸릴 만큼 충분한 돈을 벌 수 없었기 때문에 아내와 함께 할아버지의 집에서 살았다. 그 일은 그 정도로 설명되었지만, 그 이면에는 부모의 그늘을 벗어나는 것에 대한 불안이 자리하고 있었다. 할아버지는 늘 기분이 좋지 않은 상태였으며 식구들을 냉혹하게 비판하고 자신이 당한 모욕을, 실제인지 아니면 그렇게 느낀 것뿐인지는 모르지만, 절대 용서하지 않는 특성이 있었다. 집안에서 자신이 모욕당했던 일의 어떤 실마리를 발견하면, 10년이 지난 후에도 그는 똑같이 노기 띤 음성으로 그 일을 다시 들춰냈다. 그럴 때면 그의 부모는 불안해하며 할아버지를 달래곤 했다. 가족들은 암암리에 할아버지에게 대항하여 연합했지만, 어느 누구도 감히 공공연히 대적하지는 못했다. 유약하고 우울한 아버지와 비교해 클레멘스가 강하고 혈기왕성하다고 묘사한 어머니조차도 대적하지 못했다. 아버지와 아이들은 어머니에게 무척 의존했다. 클레멘스는 아버지가 지은 시를 기억했다. "어머니가 심통이 나면 / 제일 힘센 농부가 죽고 / 티푸스, 페스트, 콜

레라가 / 살아나네, 트랄랄라." 클레멘스의 아동기는 할아버지에 대한 불안과 푸근하지 않은 어머니로 인한 자기애적 상처로 그늘 져 있었다. 그의 어린 시절은 수치심와 무력감으로 점철되어 있었다. 부모 자신이 억압되고 자유롭지 못하면, 부모는 아이의 어줍지 않은 행동을 자주 조롱한다. 예를 들어 클레멘스가 정원에 넓은 딸기밭을 만들려다 일이 힘에 부쳐서 얼마 못 가 그만두자 "제 분수를 모르고 또 일을 저질렀구나!"라고 빈정댔다. 조롱이나 벌로도 사라지지 않는 심한 군것질 버릇은 아이가 관심의 부족을 느끼고 있음을 분명히 보여준다. 집안에서는 다른 사람에 대한 배려를 교육의 가장 중요한 원칙으로 여겼다. 부모는 할아버지에 대한 그들의 공격성을 이 원칙으로 방어하고, 이를 이용해 아이들에 대한 공격성을 '합당한 벌'이라고 정당화했다. 클레멘스는 아픈 아버지를 배려하지 않고 소란을 피우며 놀았다는 이유로 어머니가 정원 구석에서 자신을 어떻게 때렸는지 기억한다. 그의 어린 시절의 자기애적 결핍은 무엇보다도 부모의 어려운 상황과 부모가 서로 확인시켜주는 능력이 부족한 데서 비롯되었다. 그래서 아이들에 대한 자기애적 착취가 한편으로는 모욕을 통해("제 분수를 모르고 또 일을 저질렀구나!"의 이면에는 "우리는 우리 문제로 쩔쩔매고 있는데 너는 또 일을 꾸며 칭찬받으려 하는구나!"라는 책망이 깃들어 있다), 다른 한편으로는 배려와 '온순함'의 끊임없는 의무를 통해 이루어졌다. 부모는 할아버지에게 대항하기 너무 약한 나머지 아이들에게 의지했다. 아버지는 얼마 동안은 혼외관계를 통해 자기애적 확인을 받으려 했지만 결국 그것도 체념했다. 아버지는 비교적 젊은 나이에 사

망했다. 그에 대해 할아버지가 "내 진작 그애가 그리 일찍 고꾸라
질 거라는 걸 알고 있었지."라고 얘기하는 것을 듣고 클레멘스는
격분했다. 그의 아버지가 그에게, 만약 부모가 이혼한다면 어떻게
할 것인지 물었던 장면에서 아이의 정신적인 부담과 부모에 대한
격렬하지만 극도로 방어된 공격성, 아첨하는 태도가 특징적으로
묻어난다. "그러면 저는 어머니, 아버지의 머리를 나무망치로 때려
서 침대에 묶어놓겠어요. 다음 날 아침에 일어나면 다시 사이가 좋
아질 거예요." 여기서 이혼하고 싶은 아버지의 욕망이 자신을 곤궁
에 빠뜨리겠다고 위협하는 부모에 대한 아이의 사랑스럽게 수정된
격렬한 공격성과 마찬가지로 분명히 드러난다. 클레멘스는 아버지
의 이와 같은 질문을 받고 요동치던 감정과 이런 '재치 있는' 답을
구하느라 전력을 다했던 순간을 아직도 어렴풋이 기억하고 있다.

관계에서의 상호성 부족 클레멘스는 매우 일찍, 아직 고등학생이
었을 때부터 나중에 대학에 다닐 때까지, 이미 직장에 다니던 한
여성과 가깝게 지냈다. 가족과의 관계보다 직업에서 훨씬 만족을
얻는 그는 관계에서 배려와 감정적 양보가 특징적이다. 분석을 받
으며 초기 관련 인물의 의미를 더욱 분명히 알게 되었을 때, 그는
놀랍게도 그리고 예상 밖으로 그의 아내와 할아버지 사이의 유사
성을 알아차렸다. 그 두 사람은 비슷하게 비판적이며 완고하고 거
부적이다. 클레멘스는 종종 그들을 달래거나 회피한다. 그가 아내
에게서 조부의 특징을 발견할 때면 그녀에 대해 감정적으로 거리
를 두게 되었다. 아내에게 자발적인 감정을 드러내는 일은 거의 없
었다. 언젠가 그녀가 그를 속였음을 고백했을 때, 그녀가 죄책감으

로 도움이 필요했기 때문에 그는 차라리 그녀를 가깝게 느꼈다. 아내가 자주 성관계를 거부하여 마음을 상하게 하지만, 그는 아무런 요구도 하지 않았다. 여기서 그는 항상 여자들을 배려해야 한다는 아버지의 신조를 기억했다. 클레멘스 자신의 즉흥적 욕망은 아내를 달래주는 부모 역할 뒤에 거의 완벽히 감추어져 있다. 그는 그저 영향력을 행사하고 도움을 베풀거나 아니면 완전히 물러서서 일 속으로 도망칠 뿐이다. 단지 꿈속에서는 자기애적이며 가학적 색채를 띤 격렬한 성적 욕망이 두드러진다. 꿈에서 그는 거대한 성기로 여성들을 차례로 만족시킨다.

초자아와의 동일시 타인에 대한 배려, 사회적·치료적 책임, 즉흥적인 감정 표출의 억제는 이런 방어적인 태도의 특징이다. 클레멘스는 (분석을 받기 전에) 부정적인 감정의 표현을 특히 어려워했다. 그럴 때 그는 완전히 무력해지며, 장황하게 얘기하고, 희생을 감수하고서라도 어긋나는 점들을 접합시키고 이해하려 했다. 이를 통해 생기는 긴장의 일부는 정신신체 증상으로 해결했다. 초자아와의 동일시는 그의 자세에서도 나타났다. 클레멘스의 걸음걸이는 곧고 딱딱하며 움직임은 느리고 절제되어 있었다. 목소리는 높낮이가 없이 일정하며 무표정한 얼굴에는 기껏해야 애매한 신경과민의 기색이 나타날 뿐이었다. 여기서 배려, 도움의지, 이성("아버지가 저를 때릴 때면 항상 이런 이유를 들곤 했지요.")과 같은 부모의 초자아 입장의 전수가 할아버지와의 부정적 동일시보다 분명하다. 클레멘스는 할아버지처럼 그렇게 비이성적이고, 공격적이고, 심술궂지 않으려고 노력했다. 그러나 한편으론 그는 할아버지를 이상으로 삼고 있었다. 예를 들면 자신의 직업적 성취를 통해 할아버지를 능가하고 감명을 주어서 할아버지가 "나라면 절대 그렇게까지 못했을 거다."라고 얘기하는 장면을 상상하곤 했다. 그는 학위를 여러 개 취득하거나 교회에서 파이프오르간 연주를 멋지게 해서 할아버지를 압도하는 상상을 했다. 초자아 동일시는 일반적으로 사회적, 특히 직업적 성공에 지대한 기여를 한다. 클레멘스는 친절하고 유능하며 공식적인 규칙을 준수하고 대변하지만, 또한 다른 사람들을 인간적으로 도와주려 하며 중재를 위해 애쓰기 때문에 병원에서 사랑받고 있었다. 그가 부모와 할아버지 사이의 대립에서 갈망했던 것들, 즉 적들을 화해시키고 갈등에 건설적으로 관여하는 것은 직장에서 일정 부분 달성되었다. 그는 "고용자와 피고용자 사이에 근본적으로 단절된 적의가 있다고는 상상할 수 없다."는 믿음으로 인사부를 이끌었다. 그러나 그럴 때면 항상 쫓기고, 신경과민이 되고, 과도한 부담으로 긴장되곤 했다. 여기서 초자아와의 동일시 가까이에 자리한, 처벌받으려는 무의식적 욕구가 드러난다. 어느 분석 시간의 기록을 보면 "지독한 감기에 걸리니 과민한 떨림이 완화되고 전반적으로 더욱 안정이 됐어요. 나는 이 약속에서 저 약속으로 옮겨 다니며 일을 많이 하고 내 감정을 제대로 느끼지 않고 살죠. 아내는 피임약을 견디지 못해 나와 더 이상 잠자리를 같이하려 하지 않아요. 그래서 마음이 상하지만 굳이 내색하지는 않아요. 그러니 오히려 직장이 더 편해서 저녁에 점점 더 늦게까지 병원에 남게 되네요."—"항상 바깥일에 중점을 두고, 이 일 저 일에 쫓기는군요. 내면은 어떤가요?"—"모르겠어요……. 어떤 소녀와 아주 다정하게 지내고 싶어요. 편안하게 잡담이나 하면서 쉬고 싶어요. 받는 것보다 주는 것이 더 복되다는, 어처구니없는 잠언이 떠오르네요."

숨겨진 자기애적 허기 분석 초기에 클레멘스에게 매우 중요한 주제는 어떤 간호사와의 관계였다. 그녀는 그에게 계속 아양을 떨다가는 금방 외면하고 더 이상 눈길도 주지 않으며 다른 사람과 떠들고 춤을 춰서 그의 마음을 상하게 하곤 했다. 공식적으로 그녀의 상사인 클레멘스는 실제 내연 관계에 대해서 진지하게 생각해본 적이 전혀 없었지만, 자신이 이런 장면에서 그토록 쉽게 상처받는다는 것에 화가 나고 이 여성에 대한 분노로 뒤범벅되어 항상 심하게 우울했다. 그러나 그녀가 다시 다정하게 대해주면 그는 며칠 지나지 않아 그녀에게 전념하며 그녀를 위해 노력하고 무척 친밀감을 느꼈다. 그는 집에 있는 아내에게는 단 한 번도 이런 감정을 느껴본 적이 없었으며 오히려 비판적이고 거리를 두었다. 그 간호사가 어떻게 하면 좋겠냐는 질문에 클레멘스는 그녀에게서 자신이 가장 사랑스럽고 좋은 사람이며 제일 신뢰하고 가까운 친구라는 확인을 받고 싶다고 답했다.

조력자증후군에서 조력자로 하여금 자주 그의 신체적·정신적 한계를 넘어 과로하게 만드는, 초자아와의 동일시와 연결된 자기애적 허기는 (1) 아동기 초기에 자기감의 발달이 제대로 이루어지지 않아서, (2) 초자아가 즉흥적인 활동을 제한하는 데서, (3) 관계에서 상호성의 회피로 인해서 생긴다. 상호 간의 자발성과 친밀함에 기반을 둔 정서적 관계가 자기애적 확인의 가장 안전한, 아마도 실제적 만족을 주는 유일한 원천일 것이다. 왜냐하면 이 관계에서는 (직업, 예술활동, 타인을 위한 조력에서의) 성과를 통한 자기애적 확인의 가치를 거듭 불안정하게 만들고 사람들을 계속 몰아대는, 조건을 충족시켜야 인정을 받는 상황이 중지되기 때문이다. 클레멘스는 이런 인과관계가 분명한 상황에서 살고 있다. 즉, 그는 병원에 전력투구하고 그에 상응하는 대가를 받고 있다. 그의 사생활은 외적으로는 정돈되어 있지만 매우 불만스럽다. 삶의 무게중심이 명백히 직업 영역에, 즉 타인을 위해 자신을 투여하는 일에 놓여 있다. 분석에서 이 점이 일부 변화되었지만 완전히 바뀌지는 않았다. 클레멘스는 그의 교육에 필요한 소정의 시간이 채워지자 분석을 끝냈다. 그의 분석가는 이에 대해서 아무런 반대도 하지 않았다. 앞으로 그가 어떻게 지낼지 지켜보고자 했으며, 특별히 두드러진 문제가 없는 클라이언트에게 자신의 의지에 반해서 분석을 더 받도록 권하는 것은 별 의미가 없다고 여겼다. 그는 클레멘스에게 앞으로 분석의 필요를 느끼면 언제라도 좀 더 진행시켜보자고 했다. 초자아와의 동일시는 사회적으로 매우 성공적이며 인정받는 방어기제이기에 변화에 필요한 심리적 중압감이 결여된다. 조력자 증후군이 있는, 사회적으로 인정받고 성공적인 클라이언트는 새로운 발전을 위한 그의 적응 방식을 좀처럼 의심하지 않는다. 만족의 기회가 제한되고 정신신체질환의 위험이 비교적 높지만, 그에게는 단호하게 변화를 촉구할 어떤 명백한 신경증적 증상도 나타나지 않는다. 일상은 일로 가득 차고, 덜 위협적이고 일방적인 관계에서 얻어진 자기애적 만족은 휴식과 사생활을 흡족하게 누리지 못해서 오는 실망, 불안, 자기의혹에 거듭 위안이 된다.

간접적 공격성 클레멘스는 공격적인 감정을 전혀 표현할 수 없다. 공격적 논쟁의 위험이 있을 때면 완전히 무력하게 느껴져서 서둘러 달래고 틈을 메우려는 경향이 있다. 분석 과정에서 현저히 줄어든 이 공격성 제어는 이미 어린 시절에도 찾을 수 있었다. 그는 학교 친구들의 장난에 휩쓸리지 않았다. 그런 행동을 하기에 아직 어리다고 느끼는 동시에, 다른 한편으로는 이미 너무 나이 들어버린 느낌을 받았다. 한편으로는 아동의 분리불안, 다른 한편으로는 초자아와의 동일시가 그를 더 이상 동심이지 않은 동시에 노쇠하고 경직되게 만들었다. 조력자는 자신의 감정적 욕구를 대부분 '유치하게' 느끼고, '그것을 넘어서고', 초연해야 한다는 의무감을 갖는다. 자신이 원하는 것을 표현할 때면 스스로를 유치하게 느끼고, 이 유치함으로 인해 거부당한다고 느끼기 때문에 그는 당당하게 처신한다. 반면에 그 이면에 도사린 그의 허기, 자신을 적극적으로 관철하는 것에 대한 허기 역시 매우 강해진다. 클레멘스는 광란, 그룹 섹스, 난투에 휩쓸리는 꿈을 꾼다. 이런 공격성은 대부분 거절하는 부모 또는 그들의 대리자, 예를 들면 분석가에게도 향한다. 꿈의 한 예를 들어보자. "우리는 청소년이었어요. 모두 진과 가죽재킷을 입고 있었는데 저 역시 그 무리 속에 있었지요. 선생님이 강의를 마치시면서 우리가 선생님께 한 질문 전부를 아주 냉소적으로 우리에게 다시 되돌려줘서 우리 모두 선생님을 집단으로 구타했어요." 집단에서 공격성의 발현은 정체된 분노의 양뿐만 아니라 부담을 경감시키고자 하는 욕구도 나타낸다. 모두 공격적일 때는 나 또한 그렇게 해도 무방하다(86~87쪽, 공격성을 다루는 프란츠의 사례 참조). 남근적 행동을 대부분 포기함으로써 남근-가학적, 항문-가학적 판타지에 대한 반동형성이 두드러지는 것이 다른 꿈에서 분명해졌다. "아내와 잠을 잤어요. 그녀의 성기에서 갑자기 생리 때처럼 엄청난 출혈이 있어서 깜짝 놀라 잠에서 깼어요."

이런 예에서 '조력의지는 승화된 가학증'이라는 프로이트 언설의 정당성이 입증된다. 프로이트가 여러 번 얘기한 것처럼 여기서도 그것을 초자아 측면이 아닌 자아 측면에서 볼 필요가 있다. 이런 표현에 대한 독자의 반응을 두고 하는 말이다. 독자는 이런 표현을 자신의 초자아에 받아들이고, 초자아의 교화된 에너지로 반박하고 이를 비합리적, 악의적, 비과학적 등의 표현으로 평할 수 있다. 이 경우 정신분석 작업에서 얻어진 통찰은 심리 내적 관계에서 가치판단과 뒤섞이며 어떤 포괄적·철학적-윤리적 진술처럼 공격당한다. 그러나 인간의 도움태세는 가학증과 도움의지의 관계보다 훨씬 넓은 주제이다. 그런 상관관계를 관찰한다고 해서 도움의지가 언제 어디서나 어떤 사회문화적 조건에서도 승화된 가학증과 관련이 있다는 의미는 아니다. 그뿐만 아니라 그런 관련성에 대한 거부감으로 인해, 사회적으로 높이 평가되는 행동방식이 그리 점잖지 못한 기반*에 의해 분류되는 것이 윤리 지향적인 행위의 가치를 폄하한다는 확신을 불러일으킨다. 정신분석적 진술은 언제나 의견이지 결정적 법칙이 아니다. 분석의 원칙은 복합적인 결정을 채택하는 것이다. 돕고자 하는 소망은 승화된 가학증 외에 그저 주

---

* 　　　정신분석을 의미한다.—옮긴이

어진, 하등의 다른 이유 없이 도와주려는 의도로, 자기애적 확인을 추구하기 위해서, 강한 책임감에 따른 윤리적 결정에 의해서, 다양한 활동으로 돈을 벌기 위해서도 동기화될 수 있다. 이 가운데 그 어느 것도 다른 것을 배제할 수 없다. 이 모든 점이 고려될 때에만 우리는 조력자의 행동을 실제 이해할 수 있다. 인간 행위의 복합적인 결정을 제한할지도 모르는 그 어떤 진술도 채택하지 않는다는 것이 프로이트에 의해 정당화된, 정신분석의 소중한 전통 중 하나이다.

나는 당신을 도와주지만 나 자신은 도움이 필요없어요—자비네

자비네는 간호사로 불안, 우울, 불임을 동반한 생리통 때문에 심리치료를 받으러 왔다.

거부된 아이 공무원인 자비네의 아버지는 야심이 많고 성과를 중요시 하는 사람이다. 그는 자주 확인받고자 하며 아내와 아이들에게 불평과 요구를 하여 과도한 부담을 지우는 우울증의 경향이 있다. 자비네는 어머니를 나약하며 불안정하고 미성숙하고 변덕스럽다고 표현한다. 어머니는 "애들아, 너희가 그렇게 떠들고 멋대로 행동하면 내 가슴이 아파."라며 자신을 화나게 하거나 소란 피우지 말라고 끊임없이 경고했다. 자비네는 자신이 결국 받아들여지지 않고, 다른 사람을 위해 무엇인가를 할 때만 인정받는 느낌을 분석을 받기 전까지는 부정할 수 있었다. 그녀는 다른 사람을 위해 일해야 하는 압력을 받을 때에만 자신을 느꼈다. 손님이 오면 그들을 잘 대접했다. 그러나 자신이 손님이 될 경우 그녀는 다른 사람이 자신을 배려한다는 사실을 견딜 수 없었다. 친구들의 불안과 어려움은 자비네의 문제이기도 하여, 그들의 얘기를 참을성 있게 들으며 관심을 기울여 조언을 하고 돕는다. 그러나 정작 자신의 불안과 우울은 고독한 산책을 통해 해소하려고 한다. 분석 초기에 그녀는 미리 그런 산책을 하며 울고 난 다음 눈에 띄게 안정된 모습으로 나타났다. "제가 여기서 울 수는 없어요……. 선생님이 어떻게 하루 온종일 그런 사람들과 지낼 수 있으신지 상상할 수 없어요". 자비네가 지금의 직업을 선택하게 된 데는 두 가지 이유가 있다. 어머니는 늘 크게 부담스러웠던 아이들에게서 놓여나고 싶어서 자비네가 빨리 직업교육을 받길 원했다. 반면에 학자였던 아버지는 자비네가 대학에 진학하기를 원했다. 다른 한편 아버지는 군인이었을 때 병원에서 간호사와 깊은 관계를 가졌으며, 자비네에게도 그에 관한 얘기를 여러 차례 했다. 도와줄 준비, 요구 없음, 어린 동생에 대한 배려는 자비네가 관심을 받을 수 있는 가장 중요한 도구였다. 그녀는 직장생활에서 그리고 자기애적 확인과 성적 즐거움을 무척 중요시하는 남편과의 결혼생활에서 "나는 너희 모두를 도와주지만, 나 자신은 도움이 별로 필요치 않다."라는 공식을 되풀이했다.

초자아와의 동일시 조력자증후군의 경우 아동은 부모나 다른 관련 인물이 의식적으로, 더욱 흔하게는 무의식적으로 자신에게 전달하는 이상과 동일시하게 되는데, 이 동일시야말로 아동에게 유일한 정서적 생존의 기회를 제공하기 때문에 매우 굳건히 유지된다. 조력자는 부모의 무시를 무척 드물게나마 느끼는 가운데 그들의 돌봄을 알아간다. 그렇지만 아동은 이 돌봄에서 자기 나이에 적합한 욕구가 받아들여지지 않으며 부모의 거절과 제한을 느낄 수밖에 없게 된다. 아동은 자기애적 확인을 얻기 위해서 부모가 그들 자신의 충족되지 않은 자기애적 욕구로 인해 만들어 놓은 이상적 상과 자신을 동일시한다. 자비네의 경우 간호사란 직업은 다른 부차적인 의미와 더불어 그녀의 정서적 생존의 보증서였다. 이 동일시는 그녀가 의도적으로 거듭해서 벗어나려 할 때마다 그녀의 무의식에 의해 굳건히 유지되었다. 그녀는 결혼 초기에 대학입학 자격시험을 준비했다. 그러나 필기시험에 합격한 후 구두시험 전에 불안과 자기소외로 인한 심한 발작을 일으켜 시험에 실패했다. 그 후 유치원 교사 양성교육을 받았는데 시간제 간호사 일을 그만두고 학업에 전념하려 하자 불안, 우울, 학업 부진이 새롭게 시작되었다. 그녀는 책을 끝까지 읽을 수 없었고 또다시 실패할까봐 두려웠기에 그런 시도를 중단했다. 다시 병원에서 일을 하게 되었을 때 그녀는 전보다 훨씬 잘 지냈다. 그녀의 불임 또한 방어 작용이었음이 분석 과정에서 밝혀졌다. 불임은 그녀가 간호사 역할을 할 수 있도록 도와주었다. 즉, 그녀는 자신의 아이에게 관심을 가져서는 안 되며, 맏이로서 어린 동생들을 돌봐야만 했던 것처럼 환자들에게 온전한 사랑을 나눠주어야만 했다.

분석 결과 불임은 정신신체 증상으로 자비네의 많은 내적 대결을 면제시켜주었음이 증명되었다. 전에 그녀는 불임이라서 불행했지만, 아이들을 무척 좋아하며 아이들과 매우 좋은 관계를 맺을 수 있으리라 믿었다. 그러나 치료 과정에서 자비네가 아이들을 좋아하지 않을 뿐만 아니라 아이들의 요구에 원형적인 증오를 느끼고 있음이 분명해졌다. 자비네는 전에는 절대 있을 수 없다고 여겼던 바로 그런 증오심을 나중에 자신이 보살폈던 환자에게서도 느꼈다. 의사에게서 호르몬 요법으로 아기를 가질 수 있다고 들었을 때, 그녀는 한편으로는 아기를 갖고 싶어 했던 오랜 소망을 이루게 되었다는 생각과 동시에, 자신이 아기를 진짜 원하기는 하는 건지 확신 없는 불안 사이에서 극심한 갈등을 느꼈다. 불임이라는 정신신체 증상이 그녀가 지금 호되게 겪고 있는 불안으로부터 그녀를 이제껏 지켜주었던 것이다. 결국 그녀는 당분간 아기를 단념하고 자신이 좀 더 발전하기를 기다리기로 결정했다.

숨겨진 자기애적 허기 자기애적 허기는 어린 시절 거부당한 왕성한 욕구를 자신이 이미 거부한 것으로 변환시킴으로써 나타난다. 그것은 안정감을 주고 자기감을 구축하는 확인을 외부에서 간접적인 방식으로 기대하도록 유도한다. 그는 자기 자신에게 직접 그런 확인을 해줄 수도, 다른 사람에게 간청할 수도 없다. 조력자증후군으로 고통받는 사람은 말하자면 자기애적 영역을 살찌울 수 없다. 어려울 때 그를 도와줄, 그가 자주 실패하고 거절당하지만 그래도 대체로 유능하며 사랑스럽고 소중하다는 느낌을 전해줄 그 무엇을 자기애적 리비도에 비축하지 못한 형편이다. 그는 이런 자기애적 공급이 외부에서 이루어지도록 지속적으로 노력하며, 이런 확인이 유입되지 못할 위험에 처하거나 분명히 비판받을 때, 자기 자신과 그에 대한 책임이 있다고 보는 사람에 대한 격렬한 공격성과 함께 자기감의 붕괴를 경험한다. 여기서 중요한 것은 비판이란 느닷없이 찾아온다는 점이다. 조력자는 자주 자기비판과 지속적인 자기의심을 통해 자기애적 균형을 위협하는 예기치 못한 비판으로부터 자신을 보호한다. 조력자에게는 자기애가 공급되는 주요 원천이 욕구 충족이나 상호적 사회관계가 아니라, 자신의 욕구 충족을 가시적으로 단념함으로써 얻어진 감사이기 때문에, 그는 자주 클라이언트에게 심하게 의존한다. 물론 이 의존성을 분명히 드러낼 수는 없다. 그는 무의식적으로 일차적 자기애의 대양적 느낌에 완전히 상응하는 거대한 대양적 감사를 기대한다. 피조력자의 감사와 인정에 대해 겉으로는 그 의미를 축소하고 의무를 다했을 뿐이라며 대수롭지 않게 얘기하지만, 그는 이 확인시켜주는 관심에 은밀히 푹 빠진다.

자비네의 자기애적 허기는 집단 심리치료 기간 동안 심각한 위기상황에서 분명해졌다. 그녀는 매번 정확하게 모임에 참석하며 집단구성원들에게 양보하고 불만스러운 점을 무척 주저하며 어쩌다 한 번 표현할 뿐이어서 다른 사람들은 그녀의 불만을 곧 대수롭지 않게 여기게 되었다. 일 년 반쯤 지난 후에 그녀의 결혼생활에 심각한 위기가 닥쳤다. 자비네는 남편과 잠시 별거했다. 그리고 얼마 후 처음으로 어머니를 비판하고 공격해서 어머니를 놀라게 했다. 짓누르는 초자아와의 동일시에서 벗어나려는 몸짓에 격렬한 불안과 우울감이 엄습해서 그녀는 잠을 이룰 수 없었고, 가끔 정신병원에 가야겠다는 생각을 했다. 그러다 정신병원의 아는 의사를 찾아가 그곳에서 하루를 지내고 온 적도 있었다. 다른 한편으로 그녀는 집단치료와 개별치료를 받았는데 치료자는 그녀가 비난하고 요구하는 것을 허용했다. 자신의 내적 공허와 항상 실패하고 부족하다는 느낌이 그녀에게 고통스럽게 인식되었으며 격렬한 자책으로 표현되었다. 그녀는 머뭇거리면서 자신의 판단에 따라 그 자책을 불쾌한 집단구성원과, 무엇보다도 그녀에게 개별면담 시간을 충분히 내주지 않은(그녀가 매일 한 시간씩을 요구했지만 그는 단지 일주일에 한 시간을, 집단치료가 종결된 후에는 일주일에 두 시간을 그녀에게 내주었다) 치료자에 대한 공격으로 변환시켰다. 자비네가 자신이 이 집단과 치료자와의 관계에서―조력자 역할과의 동일시, 자기 욕구의 억제, 그러나 그 이면의 완벽하고 수동적인 만족에 대한 기대―부모와의 관계, 특히 어머니와의 관계를 재현하고 있음을 알아차렸을 때 그녀는 이 상황이 이해되었고 안심할 수 있었다. 치료자를 지루하게 만들거나 그에게 과도한 부담을 지울까봐 걱정하고 그가 제시간에 정확히 끝내지 못할까봐 불안해하는 이면에는 끊임없는 관심과 그녀의 지속적인 배려[*](원래 뜻은 어머니에게서 받았던 자기애적 상처에 대한 회상.)에 의해 방어된 융합에 대한 소망이 자리하고 있다.

간접적 공격성 자비네가 공격성을 표출하는 방식은 조력자증후군에서 흔히 볼 수 있듯이 '제3자 변호'의 양상을 띤다. 예를 들어 그녀는 집단의 어느 구성원을 직접 공격하는 대신, 이 감정을 다른

---

[*] 배려, 즉 Rücksicht는 Rück-뒤, Sicht-시야 또는 봄의 합성어로 단어 자체의 뜻은 뒤를 돌아본다는 의미이다.―옮긴이

구성원을 변호하는 데 이용할 수 있을 때까지 기다린다. "당신들이 나를 상대하지 않으니 견딜 수 없어요."라고 표현하는 대신 다음과 같이 얘기한다. "당신들이 페터, 한스 그리고 다른 누구 누구의 어려움을 더 이상 고려하지 않고, 그렇게 순식간에 다른 사람에게 관심을 돌려버리니 견딜 수 없어요." 그녀는 병원에서 다른 간호사들이 환자의 요구를 제대로 들어주지 않고 편할 대로 행동한다는 이유로 그들과 대립할 때가 종종 있었다. 면담 중에도 자주 같이 일하는 의사와 심리치료자들이 환자들을 성심껏 돌보지 않는다고 호되게 비판하면서 그에 대해 상세히 설명하곤 했다. 자비네는 점차 자신의 사려 깊고 예의 바른 상냥함 뒤에 때때로 그녀를 압도할 듯이 위협하는, 완전히 유아적이고 아직 형태가 갖춰지지 않은 원형적인 분노가 자리하고 있음을 알게 되었다.

그럴 때에는 위기에 대한 방어로 불안과 간혹 강박적 사고도 나타나서, 환자에게 올바른 약을 주었는지, 혹시 치명적인 용량은 아니었는지, 수액 주입이 제대로 됐는지 거듭 확인했다.

5

조력자의
무력함

조력자 개인의 가장 중요한 갈등 영역은 다음과 같이 요약될 수 있다.

아동기 초기에 부모에게서 받은, 대부분 무의식적이며 간접적인 (1)거부를 아동은 단지 부모의 까다로운 초자아를 엄격하게 (2)동일시함으로써 감정적으로 견디려고 노력한다. 그 결과는 (3)숨겨진 자기애적 필요, 즉 허기, (4)주고받는 상호성의 법칙에 기반을 둔, 도움을 필요로 하지 않는 사람들과의 관계 회피, (5)그들에 대한 공격성의 간접적 표출로 나타난다.

이 다섯 가지 갈등 영역은 사회적 직업에서 조력자 개인의 실제 활동에 어떻게 작용하는가?

앞의 사례들을 통해 이미 사회적 인정과 직장에서의 승진이 경미한 조력자증후군과 잘 어울린다는 것이 분명해졌다. 초자아와의 동일시, 사회에서 일반적으로 인정된 이타적 규범과의 동일시는 종종 신의, 부단한 투신, 상응하는 직위의 전제조건이다. 더군다나 조력자증후군의 기제를 통해 자신을 해칠 정도로 피곤하게 만들 준비가 되어 있는 사람들을 찾아내지 못한다면, 우리 사회의 사회적 직업이 더 이상 작동할 수 없으리라는 사실을 받아들여야 한다. 사심 없고 희생적인 태도는 그리스도교의 윤리에서 여전히 옹호되는 가치이다. "이웃을 사랑하라." 뒤에 오는 "네 몸처럼"은 종종 간과된다.

일상생활의 심리학에서는 '좋은' 행동에는 역시 '좋은' 동기가 있다는 식으로 도덕적인 것은 굳이 분별하려 하지 않는다. 정신분석에서는 오히려 그러한 성격-방어의 발달을 통해 진정으로 안정적이며 현실지향적인 상황을 만들기가 어느 정도 가능한지 의문을 품는다. 조력자증후군에서는 자기애적 손상과 가학-피학적 욕구에 대한 승화가 서서히 또는 조속히, 부분 또는 전체적으로 균형을 잃는다. 에릭 번은 이런 결과를 '어른들의 게임'이라 불렀다.[1] "저는 그저 당신을 도와주려고 했을 뿐인데요."

이 게임에서 사회복지사, 의사, 교사, 심리치료자는 클라이언트에게 조언을 한다. 그러나 이 클라이언트는 다음번에 찾아와서 기대했던 효과를 얻지 못했다고 보고한다. 그러면 조력자는 다른 제

---

[1] E. Berne, Spiele der Erwachsenen, Reinbek 1967, S. 192f.

안을 하며 자신의 추천 사유를 공들여 설명한다. 그는 더욱 주의 깊게 자신을 관찰하여 이미 자신의 좌절감을 감지할 수 있어야 했다. 그러나 그는 그것에 주의를 기울이지 않고 같은 교육을 받은 다른 동료들도 다 그렇게 한다는 이유('초자아와의 동일시')로 자기 행동의 근거를 댄다. "저는 그저 도와주려고 했을 뿐인데요." 게임을 하는 사람이, 외적으로는 도움에 굶주려 있지만 그를 도울 수 있다고 나서서 부모 역할을 하는 모든 인물에 대해 분노하는 상대와 마주치면 상황은 금방 악화일로로 치닫게 된다. 상황은 점차 나빠지고 조력자는 어느 날 "당신 때문에 내가 어떤 지경인지 제대로 봐요!"라는 소리를 듣게 된다. 이 순간 조력자는 자신에 대한 부당한 처사에 경악하면서 "저는 그저 당신을 도와주려고 했을 뿐인데요."라고 항변한다. 이 말은 감추어진 동기로서 사람들은 은혜를 모르며 실망시킨다는 전제에서 출발한다. 조력자는 자신의 무의식적 전제가 동요되지 않도록 자신의 성공에 고의로 제동을 건다고 번은 추측한다.

조력자증후군이 급격히 붕괴되면 위궤양, 심근경색과 같은 심각한 정신신체 증상이 자주 나타난다. 지금껏 남을 배려하며 자신을 희생해서 도우려는 의지를 보이던 사람이 갑자기 가학적이거나 피학적인 행동을 표출할 수도 있다. 학생과 동료에 대한 친절과 거절 못하는 성정으로 동정 어린 호평을 누렸던 한 교사가 사소한 모욕을 당한 후, 주변의 물건을 닥치는 대로 때려 부수며 한 학생의 코뼈를 부러뜨리고 결국에는 흐느끼며 인근 병원으로 실려 갈 때, 주변에서는 조심스럽게 신경의 와해를 점친다. 학생 때 나는 이런 일을 목격하며 엄청난 충격을 받았다.

조력자들에게는 자살, 중독, 정신신체 증상과 같은 피학적 욕동의 표출이 비교적 흔히 나타나며, 통계상으로 특히 의사들에게서 많이 관찰된다(23-24쪽 참조). 전형적인 조력직(교사, 의사, 간호사, 사회복지사)의 경우에는 정신신경증의 이환율, 즉 살면서 정신장애를 일으킬 가능성이 특히 높다. 그렇지만 대부분의 통계자료들은 매우 불충분하며 균형을 잃은 조력자증후군의 정신적 역동에는 거의 관심을 기울이지 않는다. 여기에서 내부변형적 그리고 외부변형적 적응형태의 상호작용을 추정할 필요가 있다. 내부변형적 적응에서 개인은 특정 상황에서 정신적 생존을 이어가기 위해 자신의 유기체를, 일반적으로 자신의 행동을 변화시킨다. 외부변형적 적응에서는 동일한 목적으로 자신의 환경을 변화시킨다. 반복강박의 정신분석적 개념은 이 두 가지 기제의 상호작용을 보여준다. 인간은 일차 집단의 상황에 내부변형적으로 적응하며, 후에 성인이 되어 그 상황을 사회적 관계에서 외부변형적으로 재현하려 한다. 그럼으로써 일차 상황의 구조가 유지된다. 반면에 그 요소들이 바뀐다. 즉, 반대로 전도될 수 있다.

집단 슈퍼비전 시간에 한 사회복지사는 그가 돌보는 청소년들을 공격하고 싶은 마음이 들어 제어가 힘들 정도라고 보고했다. 자신이 그 아이들을 받아버릴 것 같은 두려움으로 인해 이미 그는 매우 변덕스럽고 냉소적으로 변한 상태였다. 이런 행동은 어떤 아이가 우쭐대며 건방지게 굴 때, 즉 그 아이가 무력함과 약점이 두드러짐에도 불구하고 자신이 제일 막강하며 최고라고 자부할 때 항상 나타났다. 집단지도자는 이것을 전이반응과 연관된 것으로 여겨 혹시 그가 예전에도 비슷한 감정을 느낀 적이 있는지 물었다. 그는 아버지와의 갈등에 대해 얘기했다. 자기 자신의 약함을 인정할 수 없었던 그의 아버지는 온갖 방법을 동원해서 자신의 권위를 나타내려고 했다. 예를 들어, 언젠가 그가 15분 정도 집에 늦게 왔다고 4주 동안이나 그를 집 밖으로 못 나가게 한 적도 있었다. 집단구성원들의 질문을 통해서 그가 거부적이며 유약한 어머니보다 아버지가 더욱 즉흥적이고 감정이 풍부했기 때문에 아버지에게 열광했다는 점이 점차 분명해졌다. 마침내 집단의 누군가가, 혹시 그가 아버지의 체벌과 그로 인한 관심을 촉발하기 위해, 그때 무의식적으로 일부러 늦었을 것이라는 환상을 갖고 있지는 않은지 지적했다. 이 추측을 통해 그는 일종의 아하(Aha)-체험을 하게 되었다. 순식간에 그는 자신이 외견상 가족과 매우 단절되어 살고 있음에도 불구하고, 한편으로는 아이가 사소한 명령을 거역해도 벌을 심하게 내리는 아버지이며, 다른 한편으로는 그 자신의 자기감이 성장하는 데 아무런 도움도 되지 않았던 아버지의 자기애적 뻐기는 행동을 자신의 클라이언트에게서 없애려 한다는 점에서, 무의식적으로 자신의 어린 시절을 재현하고 있음을 꿰뚫어 보게 되었다.

조력자증후군의 보상작용을 갑자기 상실하면 본인뿐만 아니라 직접 연관된 사람들에게도 고통스럽고 일부 파괴적인 영향을 미친다. 그러나 일반적으로 이런 경우에는 조력자가 직무에서 제외되기에 그 영향이 제한적이다. 앞에서 설명한 "저는 그저 당신을 도와주려고 했을 뿐인데요." 타입의 부분적이고 만성적인 보상작용의 상실이 더욱 문제가 있어 보인다. 이 상황에서 조력자는 상호확인에 기반을 둔 인간관계가 불가능한 것처럼, 도움이 불가능하다고 무의식적으로 확신한다.

그럼으로써 외부변형적 적응의 원칙에 따라 자신의 노력이 수포로 돌아가도록 그렇게 상황을 조정한다.

교육에 관심이 지대하고 남편이 의사인 한 간호사가 아직 어린 자녀들을 돌보기 위해 직장을 그만두었다. 아이들은 유치원에 다닐 나이가 되었다. 그녀는 정신분석과 사회심리학 서적을 탐독한 후 고무되어서 유치원에 부모회를 만들기로 결심했다. 전화, 서신, 방문 등을 거듭한 결과 드디어 부모회가 결성되었다. 하지만 그녀는 부모회에 유치원 교사들을 참여시키는 일은 "미처 챙기지 못했다". 교사들은 무시당한 느낌을 받았고 부모회가 그들의 일에 반대하는 분위기일 것이라는, 근거가 전혀 없지 않은 추측을 하기에 이르렀다. 오래지 않아 부모회에 문제가 생겼다. 그녀는 자신의 진취적인 의견에 대한 부모들의 반대를 제대로 평가하지 못하고 비난으로 일관했다. 그녀의 공감 능력이 점차 그녀를 더욱 어려운 상황으로 몰아갔다. 회원들은 빠져나가거나 변명을 하며 물러났다. 결국 유치원의 공식적인 부모 모임에서 부모회에 대한 얘기가 나오자 많은 부모들이 그녀에게 등을 돌리고 유치원 교사들을 지지했다. 좋은 일을 하려 했고 정신건강의 측면에서 지역의 아동교육을 위해 애쓰던 그녀는 실망했다. 그녀 역시 협동작업에 관심이 있었지만 교사들이 그들의 활동에 의혹을 가질 수도 있으리라고는 미처 생각하지 못했다.

이 여성은 사생아로 태어났으며 이른바 '더 조건이 좋은', 그래서 악의적인 모든 사람에 대한 불신 속에서 자랐다. 그녀는 불신과 공격성을 조력자 역할과 동일시함으로써 해소했다. 그러나 앞에서 소개된 상황은 언제나 불만스러운 결혼생활과 마찬가지로 억압된 것이 귀환하는 힘을 보여준다.

이보다 좀 더 가볍고 널리 알려진 조정방식은, 신속하면서도 효과적인 도움이 불가능하리라는 확신이다. 도움의 효과가 빠르면 피상적으로 간주되고 그 지속성이 의심된다. 이는 무엇보다도 심리치료에서, 분석의 기간과 '완벽함'이 클라이언트가 주관적·객관적으로 추구하는 이득보다 훨씬 더 중요해 보이는 정신분석적 치료에서 통용된다. 정신분석 기관의 심리치료자 교육은 자신의 효율성에 대한 불신을 쌓아가는 과정이다. 우리는 분석 과정에서 휴지기의 작용과 단기치료와 초점치료의 가능성에 대해 잘 알지 못하는데, 그 이유는 특히 지속적이며 가능한 한 완벽한 '훈습'에 관심을 두는 분석이 언제나 이론적 논의를 지배하기 때문이다.

'내인성 신경증', '정신분열증'('과정성 정신분열증') '약물중독', '알코올중독', '사이코패스'와 같은 여러 정신의학적 진단은 자구책에 태만한 조력자행동의 핵심 개념이 되었다. 그러므로 예를 들어 '정신분열증 환자'는 위기 상황마다 신속히 병원에 입원하도록 조치가 취해진다. 조력자들의 이런 행동은 그를 더욱 비독립적이며 감독과 보호가 필요한 병자로 만든다. 증상은 심해지고, 간헐적인 망상이나 현실과 유리되는 체험에도 불구하고 적극적인 삶을 꾸려보려던 각오는 점점 흐릿해진다.

조력자들이 조치를 강구하는 데 태만한 이유는 복합적이다. 그 주된 문제는 '거부된 아이'의 갈등 영역에서 찾을 수 있을 것이다. 아동을 있는 그대로 받아들일 수 없었던, 일차집단의 관련 인물과의 동일시를 통해 조력자증후군-조력자[2]는 인간의 자기규제 행동을 깊게 불신한다. 긍정적인 삶, 일상적인 문제의 해결, 신체적·정신적 상처의 치유 등이 예외가 아니라 인생에서 늘 가능하다는 것을 그 자신이 더 이상 믿지 않는다. 그는 클라이언트의 변화에 생물학적으로 의미 있는 성장 모델 대신 기계적인 모델을 제시한다.

시계가 고장 나면 시계 수리공은 그것을 완전히 분해하여 청소하고, 망가진 부분을 고친 다음(그 부분을 찾아낸 경우) 다시 조립한다. 조력자는 자신의 공격성과 자기애적 욕구를 의식하지 않으려고 자아를 지속적으로 긴장시켜 끊임없이 무의식적으로 방어하기 때문에, 클라이언트의 어려움도 '무언가를 이루기 위해' 지속적인 작업을 해야 하는 문제로 본다.

조력자증후군은 조력자로 하여금 도움을 찾는 클라이언트를 끌어들이기 위해 공격적이거나 또는 자신을 손상시키는 방법을 쓰도록 유혹한다. 이를 위한 전제조건은 조력자증후군-조력자가 자신의 지원에 대한 성과를 스스로에게 밝힐 수 있는 기계적 성과 모델이다. 정서적 성장, 자연적인 자기치유 경향 등에 대한 인지적 근거가 있는 가르침은 대부분 많이 변하지 않는다. 이미 프로이트가 지적했듯이 일반적으로 욕심은 치료에 유익하지 않으며 오히려 그

성공을 가로막는다. 도우려는 열정은 도움이 도대체 가능한지에 대한 무의식적 불신을 상쇄하는 역할을 종종 한다. 프랑스 외과의사 앙브루아즈 파레(Ambroise Paré, 1517~1590)의 말로 알려진 "의사는 아픈 이들을 치료할 뿐 치유는 신이 한다."라는 경구가 이런 제약을 반영한다. 조력자증후군-조력자는 초자아와의 동일시를 통해 자신이 이러저러한 교육을 받았기에 도울 수 있다고 주장하는 입장을 취하곤 한다. 따라서 그는 클라이언트들의 치유 과정에 전체적인 책임을 지며 클라이언트를 과잉보호하는 어머니와 유사하게 이들을 종속적이고 유약하게 만드는 장면에 연루될 수 있다.

이런 방식으로는 진정한 성공이 가능하지 않기 때문에, 마침내 클라이언트가 실패에 대해 조력자증후군-조력자를 비난하고, 조력자는 클라이언트를 '자기파괴적', '극도로 미숙해서 치료에 부적합한', '정신병리적'으로 여기는 직접적, 또는 더욱 흔하게는 간접적 공격성을 나타낸다. 클라이언트는 결국 조력자의 야심에 찬 이상적 상을 위해 처벌된다. 다른 한편으로 조력자는 실패에 대해 스스로를 벌하고 매우 열렬히 패배를 무마하거나 최소한 부정하려든다. 조력자들은 모두 클라이언트의 긍정적인 변화를 그들의 영향으로 여기는 반면, 부정적인 변화는 가족 구성원, 직장, 사회, 유전, 길들일 수 없는 피학증 등의 탓으로 돌리고자 한다. 이런 경향은 앞에서 설명한 상호작용으로 더욱 강화되며 조력자증후군-조력자의 자기감을 유지하는 데 기여한다.

조력자의 야망과 실망은 긴밀하게 연결되어 있다. 이 둘 사이를 왔다갔다하는 것이 조력자증후군-조력자의 특징이다. 야망을 실망에 대항한 반동형성으로 볼 수 있는지, 아니면 역으로 실망이 강렬한 야망을 은폐하는지 분명치 않은 경우가 많다. 이 두 가지 가능성은 서로 배제하지 않는다. 억압된 것과 이차억압이 회귀하는 다양한 단계가 문제이다. 조력자증후군-조력자는 근본적으로 인간이 도대체 서로 받아들일 수 있고 관계에서 만족할 수 있는지, 깊은 의혹을 갖고 있다. 어린 시절 그는 단지 자기부정만을 승인해주었던 초자아와의 동일시를 선택해야 했다. 분노와 유기된 느낌에 대항한 이 동일시를 통해 자신이 버틸 수 있었듯이, 그는 다른 사람들, 그의 클라이언트들도 지속적으로 지지해야만 한다고 믿는다. 이렇게 그는 자신의 감정을 외적 상황에서 극복하고 이런 방식으로 감정의 통제가 용이해진다. 그러나 클라이언트가 독립적이고 조력자가 필요하지 않게 될 때 통제가 위태로워진다. 클라이언트가 잘 지낸다는 보고를 하면 조력자들은 대부분 '그에게 현실감을 일깨워주려는' 또는 '재발에 대한 실망을 탐지하려는'(클라이언트의 실망이 아닌, 바로 그의 실망!) 의도를 품고 제한적이거나 회의적으로 반응하는 것이 이에 대한 중요한 조짐이다. "여행을 하면서 아내와 사이가 훨씬 좋아졌어요. 제 생각에 이제 고비를 넘은 것 같아요. 잠도 잘 자고 아침에 일어날 때마다 그날 할 일이 기대가 돼요."라는 클라이언트의 얘기에 조력자증후군-조력자는 다음과 같이 묻는다. "흠, 그런데 4주 동안의 휴가가 끝났을 때를 한번 생각해보셨나요?"

치료적 상호관계에서 이 '그런데'는 매우 중요한 역할을 담당한다. 그 일부는 물론 다양한 요소를 참작하여 결정된다. 조력자는 항상 자기비판적이어야 하고 잘못된 길로 접어들지 않도록 심사숙고해야 한다. 그들은 교육과정을 통해 나이 지긋하고 경험이 풍부한 동료들로부터 '그런데'가 때때로 손해를 면하게 해준다는 사실을 체득했다.

그러나 조력자의 이 '그런데'는, 무엇보다도 조력자증후군의 영향을 받을 때에는 자주 다른 의미를 갖기도 한다. 이 경우 그가 의식적으로는 지원이 성공적이기를 몹시 원했어도(특히 그가 조력자증후군의 희생자일 때, 더욱 열렬히 원했을 것이다), 성공은 조력자를 무의식적으로 위협한다. 치료가 성공적인 클라이언트는 조력자의 자기감을 안정시키지만, 다른 한편으로는 그가 조만간 조력자를 떠날 것이기에 자기감을 위협한다. 무의식적인, 채워질 수 없는 자기애적 욕구를 가진 조력자증후군-조력자로서는 이를 견디기 어렵다. 그는 그의 자기감을 안정시켰던 클라이언트를 아마도 덜 성공적인 클라이언트로 교체할 것이다. 그 밖에 조력자증후군-조력자는 치료가 성공하여 조력자의 개인적 야심을 만족시켰던 클라이언트에게 예상치 못한 재발과 같은 실망스러운 일이 벌어졌을 때 나타나는 자기애적 재앙을 두려워한다. 종국에는 의식과 매우 동떨어진 차원에서, 성공적인 클라이언트가 조력자증후군-조력자의 시기심과 경쟁심을 불러일으킬 수 있다. 과연 그가 치료자 자신보다 더 잘 지냈어야 하는가? 치료자는 그런 확인을 받아들일 상황이 아닌데, 그가 다른 사람과 상호적인 관계를 맺고, 진정으로 치료자로부터 확인받고 자기애적 만족을 얻었어야 하는가?

이런 상관관계는 심리치료자들의 자기체험집단에서 지도자가 A

에게 친절하게, B에게 차갑게 대했거나 또는 그 다음 날 B에게 친절하게, A에게 차갑게 대했다는 이유로 이 두 사람이 지도자를 공격함으로써 명확해진다. 그들 누구나 비슷한 관심을 받았지만, 다른 사람이 환대를 받을 때에야 비로소 환대를 지각할 수 있었다. 그러므로 그들은 각자 자기는 그렇지 못했는데 다른 사람들은 환대를 받았다고 생각했다. 조력자증후군-조력자는 다른 사람들의 자기애적 확인은 매우 날카롭게 포착하면서 정작 자신에게 주어지는 관심은 제대로 받아들이지 못함으로써, 다른 사람들과의 거리를 유지한다.

이런 영향은 조력자와 클라이언트 간의 복합적인 관계의 일면만을 드러내기에 종종 다른 요소들에 의해 충분히 억제될 수 있다. 그럼에도 이에 대해 아는 것이 중요하게 생각된다. 알아야만 그것을 조절할 수 있게 된다. 조력자의 자기감이 밝혀지지 않는 한, 적절한 관심과 감정이입 그리고 온기에 대한 공언만으로는 충분치 않다.

'그래요, 그런데' 라는 표현은 에릭 번의 '그래요-그런데' 게임을 연상시킨다. 한편으로는 충고, 지원, 암시, 추천 등을 요구하지만, 다른 한편으로는 모든 제안을 문제 삼거나 거절할 뿐이다. 번은 여기서 이 게임의 '공정한' 형태와 '불공정한' 형태를 구분했다. 전자의 경우 그래요-그런데-클라이언트는 소용없다고 이미 알고 있는 추천과 암시만을 거부하는 반면, 기대하지 않았던 정말 새로운 해결책을 받아들일 수 있다(예를 들어, 그가 그래요-그런데-게임을 할 준비가 되어 있다는 암시도). '불공정한' 게임 참여자는 어떤 암시와 충고도 받아들이지 않고 자신이 거절할 수 있는 것만을 감지한다.

　그래요-그런데-행동에 숨겨진 의미는 목사, 치료사, 사회복지사, 의사 또는 '도움을 주는 지인'에게 바로 그들의 무능을 알리려는 것이다. 확인에 대한 요구와 공격적인 승리가 동시에 실현될 수 있다. 매우 무력한 성인 뒤에는 어느 누구에게도 발언을 허락받지 못했던 교활한 아이가 숨어 있다. 번이 채택한 그래요-그런데-행동의 모토는 "흥분하지 말자. 부모-자아는 항상 진다."[3]는 공식에 있다. 게임의 정점은 그래요-그런데-게임 참여자의 조력자증후군-조력자가 더 이상의 해결책을 갖고 있지 않다는 점이 드디어 명백해졌을 때 시작되는 침묵이다.

조력자-상호작용에서의 공격성과 분노

　"배고파요, 배가 고파 죽겠어요. 제발 먹을 것 좀 주세요. 전 아무것도 가진 게 없어요."

　"이 빵 좀 먹어요."

　"그래요. 그런데 빵은 싫어요. 빵을 먹으면 체해요."

　"포도주와 치즈도 같이 먹어요."

　"그래요. 그런데 전 포도주가 잘 받지 않아요, 치즈를 먹으면 항상 배가 아프고요."

　"그럼 위가 약한 사람에게 좋은 귀리죽을 끓여 줄게요."

3　　E. Berne, Spiele der Erwachsenen, Reinbek 1970 (TB-Ausgabe), S. 157

"그래요. 그런데 도대체 절 어떻게 생각하시는 건가요. 전 아기가 아니에요. 속으로는 제게 아무것도 주고 싶지 않다는 걸 이제 똑똑히 알겠어요."

그래요-그런데 상황은 아마도 조력직에서 가장 어렵고 본질적인 문제일 것이다. 이 상황은 그래요와 그런데, 조력자와 클라이언트, 소망하는 면과 분노하는 면 등 양면성을 띤다. 둘은 어떤 의미에서 서로 뒤바뀔 수 있다. 경험상 조력자증후군-조력자가 교육과정이나 다른 이유로 치료적 자기체험을 할 때, 드러내놓든 아니면 감추든(더 자주) 그래요-그런데-게임에 매우 끌리게 된다. 실제로 그래요-그런데-게임 참여자는 그의 내적 역동의 일부를 외부로, 아동기에 대결한 적이 있는 달래고 과보호하는 관련 인물에게로 옮긴다. 이 관련 인물은 그 당시 권력을 더 가진 존재였다. 그렇지만 서로 의존적인 사람들의 싸움이 대개 그렇듯이, 패배한 사람이 승자의 규칙 밖에서 계속 투쟁하고 있기에, 이 상황에서도 진정한 승자란 없으며 둘 다 패자일 뿐이다(예를 들면 부부 싸움과 유사하게). 이런 이유로 그래요-그런데-게임 참여자의 분노는 직접적으로 표출되지 않고 보기에 무력한 자의 입장에서, 그리고 그가 다른 사람에게 불러일으키는 짜증을 통해 간접적으로 표출된다. 그는 이를 통해 그가 조력자보다 자신의 상황을 훨씬 잘 안다고 은연중에 힘을 얻는다. 치료집단이나 자기체험집단에서 그래요-그런데 태도를 관찰하는 사람은 그래요-그런데-게임 참여자가 다른 사람에게 좋은 충고와 위로의 얘기를 건네는 것을 매우 자주 본다. 이 경우에는 조력자가 아닌 '도움'을 줄 아이를 찾는 것이다.

그래요-그런데-게임 분석의 합리성은 편향적 상을 제공한다. 실제로 그래요-그런데-게임 참여자는 규칙을 단지 한번 봄으로써 그것을 바꿀 수 있는 사람이 아니다. 그는 한편으로는 강한 무력감과 수동적인 충족과 보살핌에 대한 그리움의, 다른 한편으로는 격렬한 분노의 희생자이다. 그는 이 두 감정을 매우 미약하게 표출할 수 있을 뿐이다. 자신에 대해 얘기할 때면 종종 마치 전혀 상관없는 사람인 것처럼, 거리를 두고 소외된 태도를 취한다. 악의적이고 비판적인 초자아와의 동일시는 그의 유아적 욕구가 정서적으로 표출되는 것을 완벽히 차단한다. 그것은 또한 그가 아무도 자신을 실제로 받아들이지 않았기 때문에, 아이로서 한편으로는 도저히 따를 수 없고, 다른 한편으로는 포기할 수 없는 생활방식에 짓눌려 있었기 때문에, 내면에 가득 찬 분노를 표출하는 것도 방해한다.

그래요-그런데-게임은 자기애적 측면을 고려할 때에야 비로소 실제로 이해할 수 있다. 게임은 전 과정에서 대부분 의식되지 않으며 이 무지를 통해 옹호되고 유지되어야 하는 특정한 이상이 중요하다. 그래요-그런데-게임 참여자가 이상적인 조력자를 만나면 이 '그런데'를 즉각 작동시킨다. 이 이상적 상은 그러나 그 자신에게 거의 분명치 않다. (일반적으로 오랜 분석 후에) 그것이 드러날 때 자기애적 자기대상, 즉 분명한 자기경계가 생기기 전에 자신과 분리되지 않은 채 체험된, 초기 아동기의 체험과 유사한 관련 인물의 윤곽이 보인다. 그래요-그런데-게임 참여자가 (역시 조력자증후군-조력자처럼 자주) 수동적 응석과 융합에 대한 강렬하고 채워지지 않는 욕구를 갖고 있다는 것은, 이제까지의 사회적 행동방식에는 더이상의 전망이 없다는 사실이 치료에서 부정할 수 없이 분명해지자마자 환자들에게서 나타나는 최면에 대한 소망으로 알 수 있다.

자기애적 욕구의 본질은, 욕동의 욕구와는 대조적으로, 나중에는 실제로 충족될 수 없다는 점이다. 그래요-그런데-게임 참여자의 작전 이면의 확인과 응석에 대한 허기는 실제 포만을 저지하는 특성이 있다. 관찰자들은 자주 이 사람들의 시간을 어린 시절로 되돌리고 바로 그 지점에서, 그들이 오늘날 전혀 받아들일 수 없는 그 무엇을 주어야 한다는 인상을 받는다. 전이와 그것과 연관된 퇴행 과정은 옹색한 대치물이며, 특히 갈등의 언어적 해소는 '근본적인 문제'[4]에 다다르지 못한다. 여기서 중요한 것은 지금 우리가 줄 수 있는 도움이 얼마나 적은지, 체념하지 않고 보는 것이다. 심리치료가 자기애적 이상을 충족시키지는 못하지만 이 과정을 이해하며 이런 방식으로 새로운 발전을 위한 결정체를 만들 원칙을 제공한다.

그래요-그런데-게임 참여자는 자기애적 욕구로 인해 이미 오래전에 모욕당하고 상처받았다. 그런 상처는 치유되지 않는다. 그렇지만 고통과 분노를 보다 건설적 자기애의 형태로 변환시키는 것은 가능하다. 즉, 유머, 창의성, 미학적 대상이나 자연과의 융합으로, 특정 신체감(명상, 신체자각, 바이오에너지)의 훈련으로, 또한 분석적 통찰의 모험으로, 또는 민감성이나 모욕 또는 상처가 더 이상

---

4   M. Balint, Therapeutische Aspekte der Regression, Die Theorie der Grundstörung, Stuttgart 1970

부정되고 억압되지 않아야 하는 인간관계로. 나 자신의 자기체험과 집단에서의 행동관찰을 통해 나는 우리 사회에서 자신의 민감성을 과소평가하거나 완전히 거부하려는 경향이 얼마나 강한지 알게 되었다. 이런 부정은 아동기에 이미 습득되고 ('겁쟁이', '삐꿈이') 이후에는 예를 들어 민감성과 감수성의 구분을 통해 지속된다. 조력자증후군이 있는 사람은 특히 자신의 민감성을 부정하려는 경향이 강하다. 그렇게 되면 공감 능력의 많은 부분을 잃게 된다(86쪽, 레온하르트 참조). 나는 민감성과 상심을 모두 부정하며, 집단구성원들에게도 그것들을 무조건 공격하라고, 그럼으로써만 무언가 배울 수 있다고 요구하는 사람들을 경험한 적이 있다. 상처에 대한 언어적 표현이 거부되면, 상처에 더욱 분명히 반응하는 신체가 배신을 감행한다. 부정된 민감성 역시 자주 투사된다. 타인에게 자신을 비판하도록 요구하지만, 그 자신은 비판과 공격성 표출에 심한 불안을 느낀다.

그 밖의 집단구성원이나 지도자, 치료자들은 대우 예민하고 극도로 상처받기 쉬운 것으로 여겨진다. 그들은 지속적으로 보호받아야 한다. 여기서 간접적 공격성의 특히 효과적인 책략이 만들어진다. A가 이렇게 말한다. "네가 나를 무언가 혼란스럽게 하는데……. 이런 말을 하면 네가 상처받을 것 같아서. 절대 그러고 싶진 않아서 얘기할 수가 없구나." 이 상황에서 B는 A를 압박하거나 A의 '사려 깊은' 머뭇거림을 받아들인다. 대부분 B는 공공연한 공격성에 대해 더욱 난감하게 반응한다. B도 "나 역시 마찬가지야. 전부터 내 생각을 얘기하고 싶었지만 너는 어떤 비판도 못 견디잖아.”라고 비슷한 수준으로 응대한다.

자기애의 정상적 발달과 더불어 초기 아동기의 관련 인물은 자기대상(아동이 위기 상황에서 그 안에 융합될 수 있는 자기의 일부)으로서의 권능과 특성을 점차 잃는다. 이 발달이 아무런 혼란 없이 이루어지는 것은 아니다. 많은 사람들에게 원래의 자기애적 욕구는 미분화된 단계로 지속되며, 자기대상에 대한 욕구는 완전히 사라지지 않는다. 그 원인은 초기 아동기에 받은 상처이다. 즉, 자기 전체가 아니라 신체와 행동의 표피로 승인과 수용을 받게 되는 아동의 감정이다. 관련 인물에게서 인정받은 경험이 적을수록, 그 경험이 아동의 핵심적 정서와 거리가 멀수록, 관련 인물의 감정이입 능력이 낮을수록, 아동은 포괄적 · 수동적 확인과 자기대상에 대한 욕구에서 해방될 수 없으며 상호확인을 토대로 성인의 자기감을 구축하는 새로운 인물들을 적극적으로 찾을 수 없다.

초기의 상처는 이 자기애적 욕구를 분노, 슬픔, 증오의 벽 안에 가둔다. 이에 대한 회화적 비유를 불꽃에 갇힌 브룬힐데(Brunhilde)의 신화에서 찾을 수 있다. 그 불꽃은 약혼자, 영웅만이 돌파할 수 있으며, 단지 그만이 브룬힐데를 구출할 수 있다. 동화 〈잠자는 숲속의 공주〉의 주제가 이와 유사하지만, 브룬힐데의 이야기가 더 솔직하다. 잠자는 공주는 좋은 결말을 그럴듯하게 보여주지만, 실제 그런 일이 일어나기란 거의 불가능하다. 왜냐하면 공주는 자기애적 상처로 인해 날카로운 가시를 지니고 혹시 가능할 수도 있는 모든 관계를 제한하므로, 100년이 지나도록 어느 왕자도 더 이상 공주를 깨우려고 입맞춤하지 않을 것이기 때문이다. 브룬힐데 이야기는 비극적으로 끝난다. 그녀는 자신을 미망에서 구출해준 지크 프리트를 죽게 만들고 스스로도 목숨을 거둔다. 이 과정은 아직까지 적당한 남자를 찾지 못한 것이 그들의 유일한 문제처럼 보이는, 아주 젊지 않은 매력적인 여성을 찾는 심리치료자들에게 틀림없이 생각거리를 줄 것이다. 치료자가 여기서 그 자신의 영웅 판타지로부터 거리를 둘 수 없을 때, 그는 위험천만하게도 지크프리트 역을 맡게 되고 종말을 고하게 된다.

초기 아동기의 자기애적 상처에서 생겨난 분노는, 아동의 정서적 생존뿐만 아니라 경우에 따라서는 신체적 생존을 좌지우지할 수 있는 관련 인물과의 관계를 위협하기 때문에 억압된다. 이를 통해 관련 인물에 대한 거리가 생긴다. 분노는 적응을 용이하게 하기보다는 어렵게 만드는 경향이 있다. 아동은 관련 인물이 그의 이른바 '나쁜' 면을 향한 공격성을 표출할 때 방어할 수 없다. 결국 공격자와 동일시함으로써 방어하는 길을 택하게 된다. 자신의 체험이 더 이상 자연스럽게 지각되거나 현실의 충족 기회로 가늠되지 않으며, 처음부터 '옳다' 또는 '그르다'로 분류된다. 자발적 소망은 일반적으로 '그르다'. 그렇기 때문에 차단되며 자신의 자아나 주변에 대한 비난으로 변환된다.

한 여자 환자는 생기발랄하고 매력적으로 보임에도 불구하고, 혹시 다 늙은 처녀로 간주될까봐 불안해 집단에서 '잠자는 공주' 노릇을 한다. 그녀는 남성들과 몇 번 만나본 후에는 그들이 매력적이지 않아서, 또는 그녀가 충분히 매력적이지 않다는 이유로(이를 증명하기 위해 그녀는 이 시점에서 폭식을 시작한다) 그들과의 관계를 모두 청산한다. 그 이면에는 그녀의 남자 형제들처럼 더 좋은 것을 차지하고 더 사랑받은 남성에 대한 격렬한 증오가 자리하고 있다. '다 늙은 처녀'라는 자기확신은 다가올 위험을 미연에 방지하고, 조력자증후군-조력자는 환자에게 그것을 '설득하도록' 미혹되기에 이 상황에서 안정감을 제공한다. 동시에 이 부정적 자기상에는 거부된 아동의 외부로 투사된 공격성, 분노가 표현된다.

그래요-그런데-게임 참여자는 대체로 잠자는 공주의 상황이다. 그의 소망은 거대하다. 즉, 허기를 채울 수 없다. 한편 그가 그런 소망을 가졌다는 것만으로 그는 분노로 가득 찬다. 그래서 궁지에 몰린다. 그가 분노를 표출하면 그는 아무것도 얻지 못한다. 그가 도움을 간청하면 분노는 그가 그것을 받아들이지 못하게 막는다. 그가 거부당하면 자기애적 상처가 고통스럽다. 그리고 그는 그의 분노를 드러내놓고 표현할 수 있다. 의식적으로는 관심을 구하는 이 상황을 그는 선호한다. 그러나 무의식적으로는 이 관심을 받아들일 수 없다. 그것을 지각하지 못하거나 실수로 망친다.

한 자기체험 집단에서 지크린데는 에르나를 공격한다(두 사람 다 심리학 관련 직업을 갖고 있다). 그들은 부드러운 목소리로 얘기하며 이런 친절함 뒤에 다른 무언가가 있을지, 이런 친절함이 진짜인지 의심한다. 에르나는 집단의 모든 이들에게 친절하게 관심을 보이는 반면, 그녀 자신은 자주 공격성과 분노를 느낀다. 에르나는 "당신이 어떻게 나를 좋아할 수 있겠어요?"라고 되묻는다. 이어진 대면에서 에르나는 탁월한 사회적·지적 적응력으로 형제자매들을 '이겼으나', 이 과정에서 자신을 관철하는 능력을 잃고 아직도 단지 적응함으로써 사랑받고자 한다는 사실이 분명해졌다. 그녀가 마침내 이러한 적응에는 거부당한 감정이 숨겨져 있음을 알게 되고, 더 이상 모두를 만족시킬 수 없게 되자 울음을 터뜨렸다. 그녀는 집단의 동정심을 모두 빼앗긴 느낌이 들었다. 몇 가지 질문과 암시로 이 깨달음의 과정에서 에르나를 지지한 지도자는 이로 인해서 지크린데의 공격을 받았다. 그가 그녀를 등한시한 채 에르나에게만 주목했다는 이유였다. 지크린데는 그녀 자신은 거부되었다고 느끼고 여동생은 어머니의 편애를 받았지만 어머니에게 '사로잡힌' 상태인 가족 상황에서 성장했다. 지크린데는 에르나를 공격함으로써 그녀가 감정을 분출하도록 만들고 그녀의 조력자 역할과 대면토록 한 후, 안절부절못했다. 지크린데는 자신의 공격성 때문에 집단에서 거부당할까 두렵다고 말했다. 대다수의 집단구성원들은 그렇지 않다며 그녀를 좋게 생각한다고 말했다. 지크린데는 분명 이 감정을 지각하지 않았다. 그녀는 사람들이 어쩌면 그녀를 존중하겠지만 좋아하지는 않을 거라는 인상을 받았다. 그 후 한 집단구성원이 다가가 그녀를 다독이려 하자 거부했다. 아마 그런 몸짓을 견딜 수 없었을 것이다. 그녀가 관심을 받는 다른 사람들을 격렬히 시기한 것이 분명해졌다. 그녀는 그녀의 강렬한 소망이 다른 사람의 경우에는 어느 정도 만족되는 것을 지켜보면서 결핍감을 느꼈다. 그러나 어렸을 때 자기애적 상처를 주던 부모와 거리를 두기 전처럼, 다시 상처를 받게 될까 두려워 그녀는 관심을 받아들일 수 없다. (눈에 띄지 않게 지속되던 이런 기제는, 바로 긴밀한 관계를 회피하는 조력자증후군-조력자의 경우 자기체험 집단에서의 갈등 상승을 통해 매우 분명히 나타난다.)

그래요-그런데-게임의 '이득'은 매우 다층적이다. 케이크를 먹으면서 간직하려는―관심을 받으면서 거리를 유지하려는―시도는 소망하던 긍정적 자기애적 확인이 비판이나 거절 등과 같은 부정적 확인으로 변환되어야만 성공할 수 있다. 집단이나 치료자 또는 초기 관련 인물의 다른 대리인들을 무능한 인물로, 심지어는 악질로 증명한 승리는 자기애적 허기를 잠재울 수는 없더라도 위협적인 가시덤불의 정당성을 새롭게 입증할 것이다. 이렇게 그래요-그런데-게임 참여자는 마치 조력자증후군-조력자가 조력활동을 하지 않고서는 살 수 없는 것처럼, 게임을 반복하지 않을 수 없다.

6

조력자-피조력자-결탁

조력자증후군에 대한 주제의 한 갈래로, 무제한 사용되지 않고 슬기롭게 제어되는 정신적 지지, 충고, 배려, 돌봄을 들 수 있다. 그것들은 조력자증후군-조력자의 사생활을 침범하고 그의 자유 시간을 지배한다. 앞장에서 설명한 과보호적 조력과 도움에 대한 거부 방식은 조력자-행동이 어떻게 목적하는 바에 도달할 수 없으며, 외부의 수동적 도움 요구에 도움을 거부함으로써 상호작용하는지 보여준다. 여기서 과보호적 도움과 도움을 거부하는 그래요-그런데-입장이 같은 내적 맥락을 가진 두 측면임이 분명해진다. 이 내적 맥락을 결탁 개념을 사용하여 면밀히 검토해보겠다.

결탁은 둘이나 그 이상의 파트너 간의 공통적인 환상, 의식하지 못한 채 얼버무린 합주다(치료집단의 지도자와 집단 간의 결탁도 있다). 딕스(H. V. Dicks)[1]에 의해 알려진 이 개념은 윌리(J. Willi)[2]가 구분한 성적 파트너 간의 정신분석적 결탁 이론의 네 유형과 연결되어 있다.

결탁의 뿌리는 양쪽이 다양한 역할을 통해 드러내는, 해결되지 않은 같은 종류의 기본 갈등에 있다. 이를 통해 파트너 중 한쪽은 바로 다른 쪽의 반대라는 인상을 받을 수 있다.

사회적으로 제시된 갈등 표본이 흔히 결탁으로 표현되기도 한다. '여성의 본성'에 대해 이른바 '생물학적' 선언에까지 이르게 되는 전통적 가부장적 결탁은, 의존적이며 약한 여성을 보호하고 이끌어야만 하는 남성의 정신적 독립과 힘에 대한 가르침이다. 이것이 공동의 갈등을 다루고 있음은 결탁이 붕괴되는 지점에서 적나라하게 드러난다. 아내가 남편에게 불안하게 매달리고—이혼 후의 경제적인 문제에 대한 불안으로도—의존했기에 지금껏 자신의 의존과 분리에 대한 불안을 부정할 수 있었던 남편은, 예를 들어 아내가 다른 남자 때문에 그를 떠나겠다고 위협한다면 극심한 불안과 우울을 경험하게 된다. 그가 이 상황에서 아무것도 깨우치지 못한다면, 자신의 분리불안을 계속해서 부정할 수 있도록 일반적으로 이전의 의존관계를 파트너만 바꿔서 또다시 반복하려 할 것이다.

[1] H. V. Dicks, Marital Tensions. Clinical studies toward a psychological theory of interaction, New York 1967

[2] J. Willi, Die Zweierbeziehung, Reinbek 1975

이 경우 남자는 독립적이고 강하며, 여자는 의존적이고 약해 보인다. 그러나 이 명백한 대립은 공동의 극복되지 않은 갈등, 즉 분리불안을 부정하는 역할을 한다. 결탁에 항상 들어 있는 이런 해결 방식에 일반적으로 퇴행적 부분과 발전적 부분의 양극화가 나타난다. 여기서 퇴행적이라 함은 당사자가 아동의 행동방식으로 되돌아가 자신의 약점, 도움에 대한 욕구, 돌봄과 보살핌을 받고 싶은 자신의 소망을 직접 또는 간접적으로 표현하는 것을 의미한다. 퇴행의 긍정적인 면은 감정과 사고 과정이 아직 분리되지 않은, 창조적 일차과정으로 귀환한다는 것이다. 이를 통해 퇴행은 융합, 친밀함, 감정이입, 자유로운 감정 표현을 가능하게 한다. 그것은 동시에 약하고 상처받기 쉽게 만든다. 퇴행은 보호된 환경에서만 적절히 작용할 수 있다. 퇴행적 체험방식이 지배적이면 사회적 성취에 해가 된다. 그 반대가 체험과 행동의 발전적 입장에 해당된다. 발전적 입장은 유약함, 도움을 필요로 함, 의존, 또는 불안으로 해석될 수 있는 모든 행동방식이 회피되는 초자아와의 동일시, 성인 세계 규범과의 동일시에 부합한다. 이 입장의 긍정적인 면은 현실 검증, 환경에 대한 통제, 타인을 위한 조력이다.[3]

조력자-피조력자-결탁에서 퇴행과 발전은 신경증적 방어태도가 된다. 퇴행적 태도는 아동기에 거부된 욕구를 보충하려는 표현

---

3 윌리는 발전을 유사성숙으로, 퇴행을 미성숙으로 규명했다. 내게는 두 입장의 긍정적인 면을 참고하는 것이 중요하게 생각된다. 예를 들어, 예술가에게 '자아 역할의 퇴행' 그리고 자아와 초자아가 시너지 효과를 나타낼 때 초자아 동일시의 긍정적인 작용 등과 같은 면 말이다.

으로 자기감을 위협할 수 있는 자주성과 자기책임을 기피한다. 발전적 태도는 스스로의 약함과 유치함을 강박적으로 위장하고, 약함이나 통제되지 않은 감정의 기미를 절대 인정치 않으려는 데 기여한다. 이런 과잉보상적 발전은 극복되지 않은 퇴행적 욕구에 대한 반응이다. 퇴행 또한 마찬가지로 증가하는 발전적 행동에 대한 요구에 당사자가 굴복한 반응일 수도 있다. 결탁의 위험은 신경증적인 발전적 인물이 그의 과잉보상을(지도자, 전능한 조력자 등의 이미지를) 특히 퇴행적·수동적·의존적인 무력한 사람과의 관계에서만 유지할 수 있다는 점에 있다. 그는 자신의 외형을 유지할 수 있도록 상대를 이 상태로 규정한다. 반면에 상대는 다른 한편으로 발전적 태도를 취해야 하는 자신의 책임을 회피하고 계속 의존하기 위해서 그를 필요로 한다.

아동기의 구강적 발달 시기를 조력자-피조력자-결탁의 기본 모델로서 파악하는 것이 가능하다. 예를 들어, 프로이트가 『성에 관한 세 편의 해석(Drei Abhandlungen zur Sexualtheorie)』[4]에서 옹호한 정신분석의 고전적 설명은 그렇다면 자기애 영역에서의 발달이 보완될 필요가 있다. 프로이트의 독백적 모델은 이를 통해 대화적 모델이 된다. 프로이트가 보기에 아직도 자신에게 몰두하여 욕구 충족을 위해 노력하는, 맨 먼저 어머니의 가슴을 자기 신체의 일부로 체험하는 영아는, 처음부터 상호작용에, 관련 인물과의 신호교환에 의존하는 존재로 이해되어야 한다.[5]

4　　S. Freud, Ges. Werke V, London 1950

5　　W. Schmidbauer, vom Es zum Ich, München 1975

아기는 구강기에 안절부절못하며 버둥대고 소리를 질러 자신의 필요를 표현한다. 여기서 배고픔과 목마름의 충족은 단지 아기가 필요로 하는 일면일 뿐인데, 생물학적인 면에서 따뜻함, 피부 접촉, 관련 인물의 공감적 응답에 대한 필요 역시 마찬가지로 중요함에도 불구하고, 분석에서는 그 일면을 전형으로 내세운다. 관련 인물은 울음소리를 듣고 아기를 '충족'시키려는, 즉 아기의 불쾌한 상황을 제거해주려는 소망을 감지한다. 이런 작용은 상호적인 것으로, 배가 부르고 만족스럽다는 아기의 긍정적인 신호가 바로 어머니의 자기감을 북돋운다.

대화의 초기 특징은 영아의 웃음으로, 생후 3~6주가 되면서 아기가 관련 인물에게 점점 또렷이 보여주는 웃음은 대부분 매우 커다란 기쁨을 준다. 이 첫 번째 미소가 나타나자마자 어머니가 아기와 장난치고 노는 시간이 급격히 증가한다. 이 대화는 어른과 아이 양쪽을 만족시킨다. 아기는 이 가운데에서 보통 자기 욕구가 일정 시간 안에 만족스럽게 충족되었던 신뢰의 경험을 통해 욕구가 즉각적으로 충족되지 않더라도 점차 기다릴 수 있는 능력을 키워간다. 그렇게 아기는 과도한 불안이나 분노에 휩싸이지 않고도 어머니를 놓아주는 것을 배운다. '좋은 어머니'를 어느 정도 자기 안에 수용하는 것은 관계의 긍정적인 측면이다. 이 신뢰는 어머니에 대한 믿음이 심각하게 문제시될 때 깨진다. 이런 일은 아이에게는 이해되지 않는, 양육자와 분리되는 경우에, 예를 들어 아주 어릴 때 병원에 입원하게 되는 경우에 일어날 수 있다. 어머니와의 관계가 매우 긴밀한 아이는 이때 무척 예민하게 반응한다. 분리의 고통은 격렬하여 아이에게는 무감동과 우울이 나타난다. 그 후 아이가 집으로 돌아오면 두 가지 명백히 모순된 행동이 나타날 수 있다. 아이는 그토록 찾았던 어머니의 관심을 거부하고 어머니를 회피한다. 아니면 불안하게 매달리고 어머니가 단 한순간이라도 눈에서 벗어나면 공포를 느끼거나 분노를 표출하게 된다. 이 두 가지 행동 패턴은 성인의 관계에서도 증명되는데, 자주 표면상의 냉정과 신랄한 빈정거림으로 일체의 감정교류를 방어하거나, 어느 땐가 대상을 발견하면 극심한 불안과 공격성으로 매달린다.

어머니나 그 외의 관련 인물[6]이 아기와 공감적인 상호작용을 할 수 없을 때에는 이런 발달이 원활히 일어나지 않을 수 있다. 예를 들어 어머니 자신이 어릴 때 구강기적 발달 요구의 해결에 많은 갈등을 느꼈다면, 아기가 거침없이 표현하는 구강기적 욕구를 감지하는 데 내적 제약을 받는다. 즉, 아기에게 맞추어 공감할 수 있는 상태가 아니라 자신의 불안과 방어기제로 인해서 아기의 소망을 적절하게 지각하고 만족시키는 데 제약을 받는다. 어머니는 자신의 충족되지 않은 욕구를 아기에게 투사하여 아기가 그야말로 욕심이 많다고 여기게 되며, 음식과 관심을 탐하는 아기의 허기를 마치 자신의 억압된 판타지처럼 매우 불안하게 느낀다. 이런 인식의 차이로 아기가 음식을 원치 않거나, 성가신 관심을 감당할 수 없을 때, 어머니는 구강적 버릇을 잘못 들이거나 이해심 없이 충족시켜 주려 한다. 아니면 아기의 욕구가 부담스럽고 어머니 역할에 불쾌

<hr>

[6]   어린 시절 관련 인물의 심리학적 의미는 전통적인 성 역할과 무관하게 보아야 한다.

감을 느낄 때 아기를 차갑게 거부하고 멀리하거나 벌을 주기까지 할 것이다. 그녀가 자신의 욕구를 지연시키기 어렵기 때문에, 아기도 불안 없이 어머니와 잠시 동안이나마 그리고 점점 길게 떨어져 있는 법을 배울 수 없다. 동시에 어머니는 자신의 냉정한 반응에 대해 죄책감을 자주 느껴 아기를 더욱 과잉보호하게 되지만, 그럼으로써 소진되고 삶이 계속 파괴될 것 같은 불안 또한 증가하게 된다. 아버지들이 어린아이의 양육에 관여하는 일이 여전히 매우 드문 것을 감안하면, 이런 불안이 사회적 폐해를 드러낸다.

어머니와 아기의 어긋난 관계는 악순환을 반복한다. 어머니는 자신이 아기를 만족시킬 능력이 없다고 여기기 때문에 긴장하고 과민해지며 불만스럽다. 어머니의 냉정한 태도에 아기는 좌절하며 울먹이고 거절하는데, 아기의 이런 행동은 어머니의 죄책감과 긴장을 다시금 강화시킨다. 또 다른 악순환에 대해 에릭슨[7]은 다음과 같이 설명했다. 어머니가 아기에게 젖을 먹일 때 젖꼭지가 씹힐까 봐 두려우면, 아기가 젖꼭지를 씹을 것처럼 느껴지는 순간까지 불안하게 기다리다가 아기의 입에서 급히 젖꼭지를 빼낸다. 이 경우에 아기의 씹기 반사가 발달한다. 어머니의 가슴을 뺏길 위협을 감지하면 아기는 덥석 가슴에 덤벼든다. 이미 유전자에 입력된 아기의 이런 행동이 일반적으로 아기를 어머니의 가슴에 더 강하게 붙들어 매놓는 역할을 한다(아기에게 젖을 먹일 때 아기가 젖을 잘 빨지 않으면 어머니들은 아기의 빠는 행동을 증가시키려고 의도적으로 젖꼭지

---

7   E. H. Erikson , Kindheit und Gesellschaft, Stuttgart 1968, S. 69

를 빼낸다).

어머니와 아기의 상호작용이 원활히 이루어지지 않으면 이런 자구적 기제는 구강-카니발적 결탁으로 묘사될 수 있으며, 항문-가학적 결탁의 기본 특징을 예측케 하는 상태가 된다. 에릭슨에 따르면 이 상황이 "대인관계의 가장 근본적인 장애의 한 유형을 나타낸다. 사람들은 얻기를 원한다. 원하는 것을 가져가면 반사적으로 붙잡고, 가지려 한다. 그러나 더 강하게 붙잡을수록 그 관계는 결정적으로 멀어진다".

항문-가학적 결탁에서처럼 여기서는 결핍을 없애려는 조치가 그 결핍을 발생케 한다는 점이 문제이다. 예를 들면, 남편이 아내인 자기보다 일을 더 중요시하는 것 같아서 아내는 남편의 직업활동을 질투한다. 그녀는 그가 둘의 관계에서 자기애적 확인을 할 수 없도록 만든다. 결국 남편은 그가 유일하게 자기애적 만족을 얻을 수 있는 직업에 더 몰입하게 된다. 이렇게 되면 이 악순환의 내부 공식은 "당신이 피하기 때문에 내가 당신을 쫓아다녀야 해요.—당신이 나를 쫓아다니기 때문에 내가 피해야 해요."가 된다. 질투-배신-결탁도 비슷하다. "당신이 너무 폐쇄적이고 방어적이기 때문에 이렇게 질투가 나요.—당신이 너무 질투하기 때문에 제가 이렇게 폐쇄적이며 방어적이에요." 조력자-결탁은 이렇다. "당신이 너무 약하기 때문에 제가 당신을 도울 수밖에 없어요.—당신이 저를 계속 돕기 때문에 제가 약한 채로 있을 수밖에 없어요."

조력자-피조력자-결탁은 조력자가 자신의 '강함'에 부담을 느끼고, 피조력자 역시 '약함'에 부담을 느낄 지경이 되는 악순환이 강화되면서 붕괴될 위험에 처한다. 과보호하는 어머니의 예를 들어보면, 아이를 위해 희생함으로써 자신의 안전에 대한 소망을 충족시키려는 그녀의 필요가 결국 그 자체로 불합리해진다. 완전히 자신의 것인 존재와 갈등과 긴장 없는 융합을 이루리라는 희망은, 아이 자신의 자율적 소망과 주도권으로 인해 조절과 상처만 남기고 무너진다. 융합에 대한 어머니의 소망은 자신이 전혀 사랑스럽거나 믿음직스럽지 않다는 뿌리 깊은 불신을 상쇄해야 하기에, 사소한 어긋남조차 관계 전체를 위협하는 재난으로 발전한다.

과잉보호한 아이와의 공생관계는 죽을 때까지 분리되지 않을 수 있다. 공생에 따른 판타지는 억압되고 지나친 과보호 행동을 통해 방어된다. 다른 한편으로 아이는 희생이라는 외형 뒤의 불안정을 감지한다. 자신의 자아 강도와 내면의 응집력에 대한 확신이 없는 아이는 과보호하는 어머니를 기피하는 동시에 갈구한다. 분리불안은 매우 격렬하다. 과잉보호하는 어머니에게는 아이가 자신을 놔주지 않아 저녁 나절 영화나 연극 관람을 단념해야 하는 일들이 매우 흔하다. 이를 통해 어머니의 공격성과 과잉보호가, 동시에 아이의 불안정과 불안이 증가한다.

구강-발전적 성격(돌봄 성격)

나는 돌봄 기능이 자동적으로 모성과 연결되는 것에 의문을 갖기 때문에, '모성적 돌봄성격'(윌리)이라는 표현보다는 '구강-발전적' 성격이라는 표현이 더욱 적절하다고 여긴다. 그 외에는 윌리의 정의가 대부분 조력자증후군의 설명과 일치한다. 요구 없이 겸손해 보이는 사람들, 그들은 얼핏 보기에 아무런 대가도 요구하지 않고 언제라도 도와줄 준비가 되어 있다. 그들이 약자에게 다가가는 방식은 도움이 필요한 사람들과의 교류를 지속시킨다. 그럴 때에는 이런 도움과 조력의 성과가 그들이 의사소통할 수 있는 유일한 토대임이 종종 입증된다. 도움받는 사람이 자신이 보잘것없고 약해야만 제대로 도움을 받는다고 확연히 느끼게 된다면, 이런 도움 방식은 그의 퇴행을 조장한다. "이는 바로 간호사들에게서 흔히 볼 수 있는 점으로, 그들은 환자들이 자주성을 회복하기보다는 완전히 무기력하게 침상에 누워 있을 때 더 기뻐한다. 이 모성적 태도가 얼마나 자신의 유아적 욕구와 연결되어 있는지는 부드러운 봉제인형과 테디베어들이 놓인 간호사들의 특징적인 방 장식에서 드물지 않게 드러난다."라고 윌리[8]는 설명한다.

구강-발전적 성격의 경우 자신을 어머니-기능과 동일시함으로써 어머니와의 불만스러운 관계에서 벗어나려 한다. 어머니 또는 일차집단이 그를 진실로 수용하지 않았기 때문에 그는 항상 자신을 수용해줄 대상을 찾는다. 모성적 돌봄의 상실은 그런 돌봄의 이상적 상과 동일시함으로써 상쇄된다. 조력자는 제 기능을 발휘하지 못하는 어머니를 어느 정도 대신하여, 타인이 자신에게 해주기 바라던 방식대로 타인을 대한다. 충족에 대한 요구는 예전에 거절당한 고통을 되살리므로, 충족되어야 하는 사람은 그가 아니라 무

8　　　Willi, a. a. O., S. 96

력하고 고마워하는 대상이다.

그 자신의 욕구를 충족시키기 위해 무언가 시도하기 어려운 이면에는, 그래요-그런데-성격의 경우와 매우 유사하게 "파괴적 공격성, 타오르는 시기심, 반동적 죄책감, 낮은 자존감과 결합되어 있어서 끊임없이 방어되고 불안을 야기하는 구강적 탐욕"이 자리하고 있다.[9] 구강-발전적 성격은 자신을 위한 것이 아니라 항상 다른 사람을 위한 일로써 관심을 받아야 한다고 믿는다. 이와 유사하게 구강-퇴행적 성격은 그의 지금, 여기의 상황에서 관심을 받는 것이 아니라, 퇴행적 방식(예를 들어 어린아이 같은 행동, 정신신체 질환, 욕구의 적나라한 표출)을 통해 구걸하고 강요해야만 한다. 구강-퇴행적 성격과는 반대로 돌봄성격은 적극적인 방어(이타적인 형태를 띤 초자아와의 동일시)를 구축하여 베푸는 대상으로부터 독립적이며, 큰 과제를 위해 희생하고 많은 피조력자들의 치하를 통해 원래 낮은 그들의 자존감을 안정시킬 기회를 만든다(그들 역시 은연중에, 이 점에서는 반대이지만, 구강-퇴행적 성격과 대부분 이런 것들에 의존적이 된다).

구강-발전적 성격에 대한 윌리의 관찰도 이들이 이 증상으로 인해 앓는 경우가 극히 드물다는 것을 증명한다. 그가 보기에 이들은 "심리사회적 작업으로 균형 유지가 가능함을 보여주는 모범 사례이다".[10] 모성적 돌봄성격이 다른 사람을 구강적 퇴행으로 유인할 때에는 사회적인 해가 되지만, 그들의 행위는 일반적으로 사회적

9　　Willi, a. a. O., S. 96

10　　Willi, a. a. O., S. 97

인 인정을 받으며 높은 지위로 보상된다. 그러나 일단 증상이 발현되면 위궤양, 비만증, 거식증과 같은 심각한 정신신체 증상이 드물지 않게 나타난다. 심리치료적 지원은 일반적으로 거부된다. 그 이유는 치료 과정에서 경험하게 될 퇴행을 염려해 치료를 피하고 자신에게 도움이 필요하다는 사실을 방어하기 때문만이 아니라 '내가 다른 사람에게 짐이 되어서는 안 된다.'는 방어행동을 극복하기 어렵기 때문이다. 구강-발전적 성격은 다른 사람들이 자신보다 치료자의 도움을 더욱 절실히 필요로 한다는 생각을 떨치지 못한다.

구강-퇴행적 성격

'거부된 아이' 주제에 함유된 구강적 좌절은 성격 발달에 다양한 결과를 초래한다. 여기서 분명히 해야 할 점은, 이런 상관관계는 항상 조건적이지 인과적이 아니라는 것이다. 인공수유를 받고, 길든 짧든 대리인에 의해(예를 들어 탁아소에서) 길러진 아기들이 모두 그로 인해 명백한 손상을 입는다고 할 수 없는 것과 마찬가지로, 적절한 사회 환경에서 충분한 시간 동안 어머니의 보살핌을 받을 수 있었고, 모유수유를 받은 아이도 구강적 거절과 그와 연결된 고착의 위험이 전혀 없을 수는 없다.

조건적 상관관계란(인과성과 반대로) 그 이상의 조건들이 덧붙여져야만 한다는 것을 의미한다. 이를테면 대략적인 기질의 영향(추측컨대 구강 만족을 특히 더 필요로 하는 아기가 있다), 관련 인물의 공감 능력, 상호적 욕구 충족을 위해 아기와 소통하려는 그들의 준비

태세와 같은, 측정과 증명이 어려운 조건들의 영향도 감안해야 한다. 어쨌든 성과, 청결, 효율적 시간 안배, 소비(아기 이유식과 유사한 물품들)에 가치를 두는 사회는 구강적 좌절을 일으킬 위험이 높다. 이런 좌절에는 다음과 같은 면이 있다.

1. 생래적인 빠는 충동(인간이 지닌 소수의 본능적 행위 가운데 하나)은 인공수유를 통해 충분히 만족되지 않는다. 인간관계의 발단이 되고 일을 통해 만족을 얻는 최초의 경험을 하는 상황에서 젖병의 젖꼭지는 인위적이며 도구적인 해결 방안을 제공한다. 젖병을 빠는 일은 언제나 힘이 든다. 즉, 빨기는 지속적인 긴장을 요구한다. 빨기는 거의 대부분 도를 넘게 되는데, 그 이유는 아기가 빠는 충동이 만족되지 않아서—양동이에 담긴 우유를 먹는 송아지가 그렇듯이—'빈 통'을 빨기 시작하기 때문이다. 비명은 더 커지고, 침대 모서리나 엄지손가락을 더 강하게 빨고, 평상시에 젖꼭지를 찾기 위한 아기의 머리 움직임은 점점 강해져 머리를 옆으로 흔들게 된다.[*] 구강기 동안 아기의 충족 구조는 아마도 항상 어머니와 피부 접촉을 하고 언제나 포만감을 느낄 수 있었던 '원시적' 생활환경에 맞춰져 있을 것이다. 피부 접촉, 몸 흔들기, 구강적 만족은 문명화된 조건에서는 매우 드물게 맛볼 수 있는 좋은 긴장 해소책이 된다. 원시문화에서는 손가락 빨기와 같은 자기성애적-구강적 행동방식이 극히 드물다.

[*]   Jactatio Capitis, 불수의적이며 반복적인 대근육의 움직임—옮긴이

2. 욕동이 단기간 좌절되면 욕동이 상승되어 자극역치가 저하되고 충족과 중독적 열망을 지연시키기 어렵다. 자신의 구강 고착을 탐욕스러운 행동을 통해 보상하려 할 때 구강-적극적 성격이 발달한다. 그 이면에는 만족이 지체될 때 우울에 빠질 위험이 항시 존재하는데, 여기서 관찰자들은 구강-적극적 성격이 바로 그의 열망, 기다리고 발달을 지긋이 지켜보지 못하는 특성을 통해 좌절하며, 이 좌절이 그를 더욱 매진케 하여 내적 공허를 채우도록 한다는 인상을 흔히 받는다. 예를 들어 성적 파트너가 모든 면에서 요구에 즉각 부응하지 못하면, 그에게 관계를 점차 개선해나갈 여유를 주는 대신 그를 떠나 다른 파트너를 찾는다.

카롤라는 외가 쪽의 조부모 세대부터 명백한 식이장애를 보여온 집안 출신이다. 카롤라의 외할머니는 평생 설사약을 복용했고 어머니는 거식증에 시달렸다. 예를 들면, 그녀는 식사시간이 아니라 그 전후에 부엌에서 몰래 음식을 먹었다. 카롤라가 태어나면서부터 어머니는 아이가 너무 뚱뚱해질까봐 끊임없이 걱정했다. 아이의 구강적 욕구는 어머니에게 받아들여지지 않았으며, 평범한 대화 가운데에서도 그 욕구가 충족되어 다시 가라앉을 수 있도록 응답받지 못했다. 아이의 구강적 욕구는 마치 카롤라의 어머니가 자신의 구강적 만족을 방어했듯이 지속적으로 차단되고 방어되었다. 아이는 일찍부터 부모의 돈을 훔치기 시작했고 그 돈으로 단군것질거리를 사 몰래 먹었다. 어머니가 냉장고를 잠그기 시작하자 열 살 난 카롤라는 그 열쇠를 복사해 밤마다 음식을 먹어댔다.

열네 살 때 첫 번째 남자친구가 떠나버리면서 그와의 관계가 좋지 않게 끝나자 더욱 많이 먹기 시작했다. 그녀는 밤에 집을 빠져나가 음습한 술집에서 여러 남자들과 관계를 맺었다. 그러나 이중에서 진짜 가까운 관계로 발전한 경우는 없었다. 성병을 옮은 적도 여러 번 있었다. 식이장애는 줄담배와 폭식(카롤라는 케이크를 연달아 열 조각이나 먹을 수 있었다)으로 고착되었다. 폭식은 늘 설사약과 단식으로 투쟁하도록 만들었다. 그녀는 낮은 자존감으로 인해 지적 수준이 그녀와 비슷한 남자와는 한 번도 친구관계를 맺지 못했다. 그녀가 스스럼없이 요구하고 부탁하는 방식에는 천진한 매력이 있었다. 그녀는 간곡히 청하고 애교를 부릴 수 있었지만, 다른 한편으로는 좌절을 견디기가 매우 어려웠다. 주변 환경이 자신의 욕구를 지속적으로 만족시켜줄 수 없으리라 믿었기에(이는 일리가 있다), 그녀는 기회가 되는 대로 그 순간에 탐닉해야 한다고 생각했다.

3. 구강적 욕구(여기서 '구강적'이란 리비도의 충족만이 아니라 관련 인물에게서 받는 자기애적 확인과 감정이입으로까지 확장된 의미) 의 거절이 단기간이 아니라 장기간 이어졌다면 다른 광경이 전개된다. 단기간의 좌절이 욕동 영역을 과활성화시키는 반면, 장기간 지속되는 좌절은 그것의 위축을 초래한다. 구강-적극적 성격은 단지 지속적인 관심, 서두름, 열망과 요구를 통해서만 욕구의 충족을 강요할 수 있다는 환상을 갖는다. 그래서 그는 구강욕구가 장기간 거부되면서 나타나는 구강-수동적 성격보다는 구강-발전적 성격에 더욱 가깝다. 그는 스스로를 매우 절망적이며 무가

치하게 느낀다. 그는 욕구를 현실적으로 충족시킬 기회를 찾는 것
이 아니라 환상의 세계에서 그 대리물을 찾는다. 동시에 자신을
경멸하며 주변에 격렬한 자기비판을 투사하여 자신의 억제됨, 태
만, 수동성을 고통스러워하지 않을 수 있다. 구강-수동적 성격은
구강-적극적 성격보다 더욱 그래요-그런데-행동을 보인다. 한편
으로는 관심을 갈구하고, 무한한 친근함과 한정 없는 응석을 바라
며, 다른 한편으로는 의존적이 될까, 거절당할까 두려워한다. 그
리고 이런 거절에 대한 두려움을 수동적인 태도를 능동적으로 변
화시킴으로써, 즉 자신이 먼저 거절함으로써 극복하려 한다.

24세의 학생인 마르가는 두 번째 집단치료 시간에 지도자가 그
저 우두커니 앉아서 아무것도 하지 않는다고, 그녀의 침묵을 깨뜨
리려는 노력조차 하지 않는다고 불평했다. 자신은 언제까지나 침
묵을 지키며 앉아 있을 수 있기 때문에, 그가 하등의 도움이 되지
않는다며 그녀의 치료자가 그를 매우 뛰어난 집단지도자라며 추천
한 건 아무래도 잘못된 일이라고 투덜댔다. 집단에서는 지루하기
만 할뿐 아무 일도 일어나지 않았기에 그녀는 오히려 친구들과 얘
기하는 편이 더 나았겠다고 말했다. 그 외에도 집단상담이 정시에
끝나는 것이 매우 혼란스럽다고 했다. 지도자와 집단에 대한 비난
섞인 이런 비판의 이면에는 한없는 관심을 받고 싶은 욕망이 분명
히 자리한다(예를 들면 시간 제한을 없애달라는 요구). 그런 구강적 특
성은 얼마 지나지 않아, 다음번에는 중앙에 음료수 탁자를 놓고 생
맥주를 마시자는 그녀의 판타지에서 드러났다.

여기서 마르가는 거절에 대한 불안을 지도자와 집단을 향한 비판과 적극적인 행동으로 변화시켰다. 그녀는 이렇게 얘기했다. "그래요, 저는 당신들의 관심을 받고 싶어요. 그런데 당신들에게 화가 나요. 왜냐하면 어린 시절 저를 돌봐줬던 사람들에게 화가 나기 때문이고, 당신들이 제게 줄 것이 아무튼 충분치 않기 때문이에요." 이때 구강적 욕구가 충족될 가망이 없다는 느낌은, 자신이 그토록 열렬히 기대한 것을 관련 인물이 베풀 수 있는 기회가 있었음에도 불구하고 의도적으로 주지 않는다는 판타지를 통해 자주 보완된다.

"선생님께서 저와 제 문제에 대해 자세히 알고 해결책을 갖고 계시지만, 일부러 알려주지 않은 채 여기 찔끔, 저기 찔끔 맛만 보여주는 기분이 들어 더 화가 나요."(어느 집단치료 참가자)

위의 구강-적극적, 구강-수동적 성격에 대해 논할 때 이 개념들을 한 인물의 유일한 갈등 국면으로 환원하여 이해해서는 안 된다. 심리학, 정신분석학의 성격 이론들은 대부분 다층적으로 연관된 구조에서 개별적 측면을 부각시켜 어느 정도 단정적으로 '구강적', '자기애적', '정신분열적', '우울증적', '강박적', '히스테리적' 기타 등등의 성격이나 구조에 관해 설명한다는 혐의를 받고 있다. 성격 구조와 아동의 특정 발달시기의 관계, 예를 들면 강박적 성격과 항문기의 관계는 구체적인 설명을 위해서 그리고 아동기 상황과 성인의 행동을 개관하는 데 매우 유익하다. 그러나 경험상 구강기의 장애는 그 시기에만 국한되지 않고 항문기와 남근기에 유사한 형태로 지속된다. 그 이유는 불리한 가족 역학이 하나의 발달단계가 끝난 후 단숨에 해결되지 않기 때문이며, 다른 한편으로는 구강기에 곤란을 겪은 아동은 다음 단계의 요구를 제대로 충족시킬 만한 준비가 되어 있지 않기 때문이다. 초기 아동기의 다른 장애도 마찬가지다. 그러므로 거의 모든 '히스테리적' 구조를 지닌 환자에게서 이후의 특이점이 없다면 전혀 이해되지 않았을 최초의, 일차 자기애적, 구강적 시기의 사전-손상이 관찰된다.

구강적 성격은 남근기의 요구에 대한 준비가 미비하다. 자기감이 흔들리고, 자기애를 북돋워주는 주위의 호의적인 관심을 잘 신뢰하지 않으며, 어른이 되어 책임지기를 두려워한다. 바로 이 점을 그는 무엇보다도 그래요-그런데-태도를 통해 회피하려 한다. 한편으로는 삶에 대한 책임을 덜어줄 (조력자증후군-)조력자를 찾으면서, 다른 한편으로는 의존과 좌절에 대한 불안 때문에 조력자에게 그의 무력함도 입증하고 자신의 월등한 비판, 파괴 능력—종국에는 피학증—을 스스로에게 확인시키려고 하면서 말이다.

자기애적 손상은 무엇보다도 오이디푸스 콤플렉스가 충분히 해결되지 않았을 때, 즉 한편으로는 동성의 부모와(그리고 자신의 성역할과), 다른 한편으로는 이성의 부모나 이성과의 리비도적 관계에 대한 표상과 동일시가 잘 이루어지지 않았을 때 나타난다. 성은 그래요-그런데-입장에 포함된다. 여성(남성)은 남성(여성)에게서 무한히 충족되기를 원한다. 그러나 무의식적으로 이것이 도대체 가능할지 의심을 품으며, 실제 관계에서 어느 파트너에게나 그가 요구를 충족시킬 능력이 없음을 일깨워준다.

두 성격의 합주

퇴행적 파트너는 상대의 활동보다 자신의 활동성을 더 발달시키지 않고 구강적 욕구를 만족시키고 싶어 했다. 그는 그를 돌봐주고, 지켜주고, 그가 어린 시절의 나쁜 경험으로 인해서 파트너의 관심이 줄어들 수 있다는 불안에 끊임없이 시달리고 있다는 점을 증명해줄 조력자를 원한다. 그는 자신을 시인하고 받아들일 수 있는 상태가 아니다. 자기 내면으로부터 자신에게 무언가 주려면 자신의 일차집단과 유사하게 행동하게 될까봐 두렵기 때문에, 그는 안에서 주지 못하는 것을 끊임없이 밖에서 찾는다. 그 자신은 스스로를 의존적이며 부족하고 무력하다고 규정하는 반면, 그 파트너에게서 적극적으로 해결해가는 기능을 잘 알아차린다.

발전적 파트너는 반대로 모든 필요를 거부하고 타인을 위해 헌신함으로써 자신의 억압된 구강적 요구에 대한 불안을 극복하려고 한다. 그는 도움, 이해, '올바른' 행동을 베푸는 자신이 필요 없게 되고 그럼으로써 결탁관계에서 퇴행적 파트너가 인증해주는 감사를 잃을까봐 남몰래 두려워한다. 그는 스스로 거절하고 두려워한 구강적 욕망을 파트너를 위해 구현한다. 이런 발전과 퇴행의 균형적 측면에서 관계가 유지되는 한, 두 사람은 안정된다. 각자가 상대의 취약점을 보상한다. 이 관계는 동등한 위치에서의 소통을 위해서가 아니라 자신의 문제 해결을 위한 수단으로서 파트너를 필요로 하기 때문에 공생적이다. 퇴행적 파트너는 자신뿐만 아니라 조력자의 구강적 욕구도 표현하는 반면, 그의 조력자는 자신의 우월함, 유능함, 도움태세뿐만 아니라 피조력자의 영양가 있는 부분까지도 입증한다. 각자 상대를 착취하는 꼴이다. 진정한 상호성과 내적 자유가 생길 수 없다.

착취와 공생은 구강적 결탁의 위기 상황에서야 비로소 분명해지는, 억압된 격렬한 공격성으로 나타난다. 이때 대개의 경우 죽음에 대한 소망과 살해 판타지가 이제까지의 목가적 평화로움의 이면에서 증명된다.

결탁과 관련된 이런 관계는 아마도 더욱 오랫동안 안정감 있게 유지될 수 있을 것이다.[11] 좀 더 세밀하게 분석된 경우는 주로 결탁이 균형을 잃어 파트너 중 한쪽 또는 양쪽 모두가 치료를 받고자 하는, 대부분은 발전적 파트너가 퇴행적 파트너를 위해 ‘조치를 취하는’ 양상이다. 갈등은 안정된 상태를 이루기 위한 방어가 작동되지 않을 때 ‘억압된 것의 회귀’로 나타난다. 그러므로 항상 새로운 방어기제가 투입되어야 하거나 이제까지의 방어 형태가 너무 과도하여 전체 구조가 붕괴된다. 퇴행적 파트너는 발전적 ‘조력자’가 모든 기대를 충분히 충족시켜주지 않는다는 것을 어렴풋이 감지하면서도 실제 그가 긍정적으로 이상화된 관련 인물을 구현하는지 시험해보려고 한다. 이상화란 모두 억압을 지속하여 유지되는 것처럼, 이 이상화된 관련 인물도 파트너의 분열된 부정적 특성이 단번에 방어한계를 무너뜨릴 수 있고, 이제까지 그토록 칭송되었던

---

11   프랭크 피트먼(Frank S. Pittman)과 칼먼 플로먼하프트(Kalman Flomenhaft)는 “Die Behandlung der ‘Ehe im Puppenheim’”에서 이런 경우를 묘사했다. in: C. J. Sager, H.S. Kaplan, Handbuch der Ehe-, Familien- und Gruppentherapie, München 1973

그의 상이 갑자기 단지 부정적으로만 보이게 될 수 있다는 사실에 위협받는다.

결탁이 붕괴되면 이기적이지 않은 강력한 파트너에 대한 감탄이, 지배욕에 사로잡혀 문책하는 독재자의 부정적인 상으로 급변한다. '약자'로서 도움과 근심 어린 배려를 받을 수 있었던 퇴행적 행동은 오랫동안 그의 자기감을 파괴해왔다. 그는 자신을 미천한 종으로, 존중받지 못하는 무능한 어린아이로 느낀다. 그는 이런 자기상을 갖게 된 것이 조력자의 동기 부여 때문이라고, 즉 그가 무력하고 돌봄이 필요한 경우에만 조력자가 그를 인정한다는 신호를 보냈기 때문이라고 조력자를 비난한다.

퇴행적 파트너는 강해지고 언젠가는 받는 것이 아니라 주는 역할을 할 모든 기회에서 제외된다. 이미 발전적 '조력자'가 그 기회를 차지하고 있기 때문이다. 그래서 '피조력자'에게는 결탁에 참여하게 한 바로 그 방법 외에는, 그의 공격성을 표출할 다른 방법이 없었다. 그가 끊임없이 관심을 요구하고 만족과 감사를 몰랐기에 '조력자'는 만족을 모르는 아기에게 젖을 물린 어머니의 딜레마에 처한다. 자신이 그로 인해 위협받고 상처 입은, 바로 그 요구를 충족시킬 책임이 그에게 있다. 인간 상호 간의 행동에서 그것은 '피조력자'가 '조력자'에게, 한편으로는 그에게 압박감을 주는 채무자 역할에 대한 분노에서, 다른 한편으로는 그의 요구가 줄어들면 점점 부족하게 느껴지는 '조력자'의 지지가 끝날지도 모른다는 걱정에서, 감사를 통한 인정을 거부하며 그 대신 한층 더 많은 관심과 지지를 요구하는 것으로 나타난다. '조력자'는 진퇴양난에 처

한다. 그가 지지해줄수록 이는 더욱 '피조력자'를 괴롭히고 의존불
안으로 몰아넣게 된다. 그러나 그가 도움을 덜 주고 위축될수록 그
는 더욱 '피조력자'가 다시 발견하기 두려워하는, 바로 그 거절하
는 나쁜 관련 인물이 된다.

발전적 파트너는 초자아의 발전적 태도와 동일시함으로써 그의
퇴행과 의존 소망을 방어하기 때문에, 끊임없이 무의식적인 퇴행
적 경향에 대해 위협을 느낀다. 그는 항상 피조력자를 약하고, 통
제되지 않고, 도움을 필요로 하는 존재로 간주하려 한다. 그러나
피조력자가 더 이상 감사와 인정을 보내지 않고, 그럼으로써 조력
자에게 그의 업적에 대한 자기애적 확인(구강적 욕구 충족의 가장 중
요한 방식)을 거부하게 되면, 조력자가 요구를 들어주고 그의 구강
적 소망을 방어하기가 훨씬 어렵게 된다. 그는 구멍 난 독에 물을
붓는 느낌으로, 때때로 나타나다 점점 잦아지는 위기 상황에서 파
트너에게 그의 배은망덕함을 비난하고 자신의 희생을 늘어놓기 시
작한다.

구강적 결탁이 붕괴되는 이유는 열렬한 협력에도 불구하고 발
전적 파트너가 종국에는 퇴행적 파트너만큼 불안정해지기 때문이
다. 그는 퇴행적 파트너가 자신에게 요구하는 든든하고 탁월한 지
원, 바로 그만큼의 굴종적인 감사를 파트너에게 요구한다. 그러므
로 그들의 입장에서 보면 결국 지극히 당연한 분노와 실망을 각자
표출하게 된다.

조력자-피조력자-관계의 결탁 모델은 초자아에 의해 결정되는
어느 정도 '전문적'인 인간관계의 형태가 어떻게 파트너 관계와 결

혼의 성공을 해칠 수 있는지 보여준다. 한 사람은 공격할 수 없는 '치료자'이고 다른 사람은 단지 도움이 필요한 '환자'로 있어야 한다면 좀처럼 상호성이 발전할 수 없으며, 일단 긍정적으로 보이는 의존관계는 얼마 후 더더욱 파괴적인 성격을 띠게 된다. 이로써 조력자증후군의 문제는 두 가지 면, 즉 직업적 조력의 구조(5장)에서, 또 파트너 관계의 구강적 결탁 과정(6장)에서 분명해진다. 조력자증후군을 통해 발생하는 사회적·개인적 문제는 조력자가 사적 관계와 직업적 일을 매우 유사한 원칙에 따라 꾸려가는 것에 일부 기인한다.[12]

38세의 한 사업가가 두 번째 분석 시간에 얘기하길, 자신의 이전 심리치료자가 요즘도 거의 일요일마다 그를 해장술 모임에 초대한다고 했다. 성탄절 즈음이면 (이미 7년 전에 치료가 종결된) 자기 환자에게 전화해 늘 이맘때면 나타나곤 했던 우울증을 어떻게 견디는지 걱정스럽게 묻는 조력자도 있다.

조력자의 이런 행동이 피조력자에게는 매우 복합적인 감정을 불러일으킨다. 한편으로는 그의 배려와 관심을 기분 좋게 느낀다. 그러나 그 배려와 관심이 자신을 약하고, 도움받고, 조력자에 의해 규정되던 예전의 상황에 머무르게 하기 때문에, 오래 지속되는 그런 관계는 공격성 또한 불러일으킨다. 공격성은 치료자에게 감사해야 한다는 의무감 때문에 죄책감을 느끼게 하여, 피조력자는 (예

---

12   조력자들의 '사적' 관계와 '직업적' 관계 사이의 상호작용에 대한 상세한 분석은 W. Schmidbauer, Helfen als Beruf-Die Ware Nächstenliebe, Rowohlt 1983, 개정판 1992 에서 다루고 있다.

전의) '치료자'에 대해 일종의 과잉방어적인 온순한 '환자'의 태도를 취한다. '환자'는 그 관계를 상호적으로 만들기가 쉽지 않다. 그는 관심과 확인을 구하는 '치료자'의 욕구를 무시하고 '치료자'와 함께 그것을 부정하려고 하지만, 다른 한편으로는 받은 도움을 칭송해야 할 의무감을 느낀다.

정상적인 조력자와 클라이언트의 관계에서 상호성은 조력자가 클라이언트로부터 보수를 간접적(조세 납부나 의료보험을 통해) 또는 직접적으로 받음으로써 형성된다. 이런 방식으로 감사에 대한 요구와 의무를 방지하여 양쪽이 서로 부담 없이 일을 해나갈 수 있다. 물론 강한 의존감이 생기지만 직업적인 상호성을 유지하는 한, 이런 작업관계도 철저히 상호적일 수 있다.

구강적 결탁에서 관계는 상호성의 결핍으로 인해 무너진다. 발전적 파트너는 자신의 안정을 위해 퇴행적 파트너를 약하고 의존적으로 여겨야만 하기 때문에 그 반대급부를 충분히 인식하고 인정할 수 없다. 관계는 이 과정에서 발생한 공격성으로 인해 매우 훼손되며 그로 인해 파괴될 수 있다.

이 글을 읽는 조력자증후군-조력자는 아마 다음과 같이 반문할 것이다. "이제 클라이언트에게 전혀 개입하지 말아야 한다고? 그게 전부 옳다면 클라이언트가 어떻게 되든 전혀 상관없다는 얘기군!" 이 반응은 무의식적인 태도가 부추김을 받을 때 종종 나타난다. 공격성이 억제된 사람은 대부분 "그런데 사장에게 멍청이라고는 얘기 못하지요!"라고 말하고, 잠자는 숲속의 공주와 같은 태도를 지닌 여성은 "그런데 아무 남자와 잠자리를 같이할 수는 없지요!"라고 할 것이다. 정신적 동기에 대한 방어는 그 동기의 형태성이 발전할 수 없어서가 아니라(증가, 정점, 축소), 모든 것을 삼켜버리는 홍수와 같이 지속적인 방어로 회피해야만 하는, 끊임없이 위협적인 인상이 만들어진다는 데 기인한다(어떤 클라이언트는 "제가 지금 눈물을 쏟는다면 하루 종일 울기만 할 수도 있어요."라고 얘기한다. 실제 그녀는 울고 싶은 충동을 하루 종일 억누른다). 이외에 방어된 동기들은 대부분 원형적·유아적 형태로 남아 있다. 그것은 현실과의 접촉을 통해 분화될 수 없다. 그러므로 공격성이 억압된 사람의 공격성은 비명, 구타, 발버둥과 같은 원상태로 남아 있으며, 그렇기 때문에 예측불허한 것으로 간주된다.

조력자증후군—조력자가 관계에서 상호성의 결핍을 지적받으면 유사한 저항을 보인다(77쪽 게오르크의 사례 참조. 관심에 대한 그 자신의 열망이 너무도 강해서 오직 신만이 그것을 충족시켜줄 수 있다). 수동적 확인, 관심과 인정, 응석 부리고 보살핌 받고 싶은 그의 퇴행적 욕망은 별로 분화되지 않았으며, 지속적으로 그것에 대항하는 반동형성으로 인해 너무 강력하고 위협적으로 느껴져서, 조력자 역할의 지속과 퇴행적 욕망의 허용이 모순되게 보인다. 과잉보호 역시 클라이언트를 향한 공격성을 방어하는 데 기여하므로, 공격성의 분출을 막기 위해 포기할 수 없을 것이다.

정신병을 앓고 있는 딸을 둔 어느 어머니는 평생 딸을 무력한 피조력자의 위치에 고정시켜 놓았다. 그녀는 딸을 위해 희생을 무릅쓰고 모든 것을 하는 한편, 그것이 딸에게 별 소용이 없었음을 누누이 강조했다. 딸은 어머니에게 매달리며, 혼자 있지 못하고, 자신의 장학금을 신청하지도 못하고, 오전 내내 침대에 누워 있다가 목욕을 하곤 풍성하게 차려진 아침을 먹는 등 그에 부응하는 행동을 보였다. 그녀는 어머니의 공격적인 면을 망상 속에서 '잔혹한 나치'와 '선한 사회주의자' 사이의 정치적 투쟁으로 투사해서 체험했다. 나중에 그녀가 결혼을 하고 전에 어머니에게 했던 것처럼 남편을 이상화했을 때, 어릴 때부터 거의 항상 느껴왔지만 이제껏 회피해왔던 어머니의 공격성이 어떤 얘기를 하던 중에 폭발했다. "내가 널 돌보지 않았다면 네가 쓰레기밖에 더 되어 있겠니?"

직업적인 조력자-클라이언트-관계에서 치료적 야망이 증오로 변하는 것은 좀처럼 겉으로 드러나지 않는다. 무관심이나 냉정함으로 변하는 경우가 훨씬 흔하다. 퇴행적 클라이언트의 그래요-그런데-입장은 조력자의 경우에는 "제가 할 수 있는 모든 걸 다 했지만 당신을 도울 수는 없군요."라는 판에 박힌 문구에 해당된다. 조력자증후군-조력자는 조력자로서 자신의 명예욕, 수행능력에 비현실적으로 사로잡혀서 처음에는 자신이 구원자가 되며, 무료 면담을 제공하고, 클라이언트를 자신의 가정에 받아들이고, 관청의 직원이나 친척들을 동원한다. 주위의 항변에 대해서는 "우리가 곧 해결할 거예요."라는 식의 태도로 은폐한다. 그렇지만 결탁은 실패로 판명되는데, 그 이유는 양쪽 모두 기본적인 감정을 부정하도록 강요받고, 이를 통해 서로 해소할 수 없는 압력을 행사하여 더 이상 조력자-클라이언트-관계에 대해 허심탄회하게 얘기할 수 없기 때문이다.

가정주부로서의 삶에 만족하지 못하는 한 여성이 정치활동을 하던 중 이웃 외국인 노동자의 아들을 자신의 가정에 받아들였다. 지금까지 암담한 사회적 환경에서 살았던(그의 아버지는 술에 절어 지내며 직장을 구하려는 노력을 하지 않고 집안의 여자들이 벌어 온 돈으로 살았다) 그 소년은 처음에는 잘 관리된 학자 가정에서 활짝 피어났으며, 특히 겉으로는 그 부부의 또래 자녀와 같은 취급을 받았다. 양어머니는 소년이 학급에 좀 더 잘 통합될 수 있도록 교사와 지역의 학교 관계자들을 동원했다. 아동심리치료도 계획했다. 그러나 처음에 자신의 매력과 감사를 통해 그녀를 매혹시켰던 소년은 시간이 지날수록 점점 더 다루기 어려워져만 갔다. 그는 학교를 결석하거나 대단히 호전적인 행동으로 수업을 방해했으며 가정에서도 점점 더 어울리지 못했다. 결국 전보다 적응이 한층 어렵게 된 소년은 양어머니가 더 이상 감당할 수 없는 지경이 되자 자기 부모에게 되돌아가야만 했다.

그 소년이 그녀의 행동에 대해 공격성을 표출할 수밖에 없었던 이유를, 그녀는 자신의 성격 구조로 인해 알 수 없었다. 전능해지려는 그녀의 기대가 우선 자신의 내적 어려움을 매우 잘 느꼈던 소년에게 매혹적이고 압도적으로 작용했다. 동시에 그것은—실패한 아버지와 유사하게—여성이 주도하는 환경에서 자기 지위를 유지할 수 없는, 자기애적 갈등 상황을 불러일으켰다. 열한 살의 소년은 그에 대항해 학교에서는 구타를 일삼고 집에서는 양어머니의 딸들을 괴롭히는 '사내다운' 행동을 보였다. 죄책감이("우리 가족보다 내가 더 편히 지내는구나.") 공격성으로 변형되고 주위의 징계로 인해 더욱 견딜 만해졌을 때, 이런 행동은 그의 흔들리는 자기감을 장래의 남자로 자리매김하는 역할을 했다.

동시에 이 행동에는 불량 아동, 청소년 그리고 관계의 장애가 있는(대부분 미묘한 형태의) 성인들에게서도 관찰할 수 있는 '관심도 테스트'가 포함되어 있다. 실제 인생 체험에서 그는 나쁜 어머니만을 예상할 수 있었기 때문에, 그 테스트는 자기가 소망하는 '좋은 어머니'를 끊임없이 시험해야만 하는, 결탁관계에서 퇴행적 파트너의 행동에 상응한다. 그는 거절과 투쟁에 적응된 그의 내적 냉혹함을 포기하고 따뜻함과 관심에 대한 욕구를 가짐으로써 생기는 감정도—어렸을 때 그를 매우 아프게 했던—틀림없이 두려워했을 것이다.

발전적 구강적(자기애적)[13] 입장에 있는 조력자증후군-조력자는 그 스스로가 공격성을 회피하기 때문에 그의 조력 과정과 관련된 공격성을 해명할 상황이 아니다. 그의 과보호 행동은 자신과 타인의 공격성을 숨기고 거부하는 데 기여한다. 조력자증후군-조력자는 자신의 욕구를 억압하고 그럼으로써 애초부터 자신의 일에 대

13　　독자들에게는 아마도 '구강'과 '자기애' 개념의 중첩이 눈에 띌 것이다. 이것은 일부분 역사적인 이유가 있다. 리비도 발달에서 구강기는 자기감 구축과 연관된 자기애 발달의 역동보다 이미 오래전에 소개되었다. 그러므로 종종 구강-리비도적 욕구는 받아들이고, 삼키고, 빨고, 무는 것으로, 승인적 관심과 관련 인물의 눈에서 자신이 긍정적으로 반영되고자 하는 욕구로도 설명되어왔고, 설명되고 있다. 그러나 그것은 욕구발달이 아니라 자기발달의 영역에 속한다. 두 영역이 그럼에도 불구하고 중첩되는 이유는 단지 개념 차이가 크지 않다는 것뿐만 아니라 다른 실제적인 요인도 있다. 발달심리학적으로 아동에게는 자주 구강-리비도적 만족과 자기애적 확인이 모두 거절되었거나 기형적인 방식으로 주어졌음을 예상할 수 있다. 임상적 결과, 즉 정신장애는 그에 상응하여 '구강적 신경증적 성격'에서 항상 심각한 자기애적 장애도 증명할 수 있다. 예를 들어 폭식 또는 거식, 구토는 자기감의 장애(내적 공허, 자기붕괴에 대한 위협, 유행하는 이상과의 동일시)와 연결된다.

한 정당한 보상과 생활에 필요한 균형을 고려할 상태가 아니기 때문에 조종당하며(예를 들어 이른바 '희생적 투신'을 요구하는 기관에 의해), 자신의 클라이언트도 조종한다.

그가 클라이언트들의 감사와 그들을 위해 무언가를 한다는 느낌을 필요로 하기 때문에, 또 다른 한편으로는 그가 일 외에서, 즉 구강적 결탁 모델에 따라 만들어진 관계 외에서는 확인을 얻기 어렵기 때문에, 클라이언트는 그에게 곧 아이이자 친구이며 부모 대리인이 된다. 그러나 그럴 때에는 클라이언트의 자주성에 필수적인 일이 일어날 수 없다. 즉, 사랑을 잃을까 불안하여 차단되었던 공격성(자신의 자아에 우울하게 대항하는)을 조력자와의 전이관계에서 새롭게 되살리고 공격성의 건설적 표현 기회(호기심 활동, 창조성, 특정 관계에 대한 정면대결)를 발전시킬 가능성이 차단된다. 치료자가 직업적인 만족(예를 들어 보수, 학문적 관심, 즉각적인 공감 등)을 그 자체의 보람으로 향유할 수 없기 때문에 반대급부로 클라이언트의 감사를 필요로 한다는 사실을 그가 무의식적으로 감지할 때, 그의 발달이 차단된다.

반영인가, 보완인가?

일반적인 조력자-피조력자-결탁을 넘어 조력자가 그의 욕구를 충족시키려고 찾는 관계의 유형들도 검토해보자. 이런 유형들은 강하게 억압된 만큼 넓게 퍼져 있다. 사회적 직업의 교육과정에서 학생들은 전공 선택과 이후의 활동에 결정적인 역할을 하는 자신의 내적 욕망을 탐색해볼 경험을 거의 하지 못한다. 그들에게는 직업 영역에서 기본적인 연구의 결과와 실천 과정에서 중요시되는 기술이 전달될 뿐이다. 그들은 자신들의 활동에서 얻을 수 있는 정당한 만족이란 오직 이 습득된 도구를 올바르게 적용하는 것뿐이라는 인상을 받게 된다. 반면에 교육을 담당하는 어느 누구도 그와 그의 학생, 환자 또는 클라이언트 사이의 정서적 관계에 대해서 언급하지 않기 때문에 그것이 중요하다는 인상을 받지 못한다. 학생들은 "예전에 그 스승들이 지금의 그들과 똑같이 위축되었기 때문에, 대부분 개인적 동기와 관련된 문제를 감히 끄집어내려 하지 않는다는 사실을 모른다".[14]

정신분석가들은 자신의 동기와 대면하는 자기체험을 했기에 특정 피조력자를 개인적 동기로 선호하는 경향이 적어도 다른 조력직보다는 낮다고 볼 수 있지만, 이 집단에서도 그런 특별한 조력자-피조력자-관계의 양태를 관찰할 수 있다. 디터 베크만(Dieter Beckmann)은 정신분석 수련을 받은 의사와 심리학자가 클라이언트를 찾는 두 가지 기본 기제를 조사했다. 이 조력자의 권력은 이미 선발방식에 나타난다. 일반적으로 그들 중 누구나 대기자 중에서 자신과 특히 효과적으로 작업할 수 있다고 생각되는 대상을 선택할 수 있다. 베크만은 분석가와 환자를 대상으로 한 면밀한 모의 조사 결과를 비교했다.

---

[14]　H. E. Richter, Flüchten oder Standhalten, Reinbek 1976, S. 144

◆ 우울하고 신중한 의사는 자신과 융화되어 긴밀한 관계를 맺을
수 있는 환자를 찾는다.

◆ 강박적으로 통제된 치료자는 충동적인 환자를 찾는 경향이 있다.

◆ 감정적이며 충동적인 치료자는 강박적으로 통제된 환자를 선호
한다.[15]

첫 번째의 경우 조력자는 적대적으로 여겨지는 환경에 대항해
서 함께 자신을 옹호할 수 있는 클라이언트와 동일시한다. 두 번째
의 경우 그는 자기 자신에 대한 불충분한 체험을 보완할 클라이언
트를 찾는다. 베크만[16]에 따르면 "이 관계는 한쪽이 무척 원했던 것
을 때때로 다른 한쪽이 충분히 맛보게 함으로써, 양쪽 파트너에게
직접적인 쾌락을 약속한다". 자기상이 불안정한 치료자는 자기감
이 강한 클라이언트들과 일하는 것을 명백히 피한다. 그가 원했던
것처럼 자신을 거대하게 느끼기에는 불안정하고 순종적인 환자가
분명히 도움이 된다. 간략하게 얘기하자면, 조력자는 특별한 교류
욕구를 만족시키기 위해 피조력자가 필요하다. 이 선발방식은 상
호성과 감정이입이 유지되는 한 해롭지 않으며 어쩌면 유용하기도
하다.

자신을 쏙 빼닮은 대상을 찾은 치료자는 자신처럼 불안하고 우
울한 클라이언트가 그의 지속적인 확인과 지지적인 공감을 통해
서 자기신뢰와 적극성을 갖도록 도울 수 있다. 상보적-보조적 클

15   D. Beckmann, Der Analytiker und sein Patient, Bern 1974, S. 72

16   D. Beckmann, a. a. O., S. 72

라이언트를 찾은 치료자는 그의 본보기와 클라이언트의 체험 공백을 지적함으로써 클라이언트에게 그 자신의 통제나 충동성도 일부분 양도할 수 있다. 이 협동작업이 클라이언트의 발전에 더 이상 도움이 되지 않을 때, 또 그 발전이 조력자의 욕구에 역행할 때, 이 작업은 문제가 된다. 조력자는 클라이언트가 더 이상 자신의 욕구를 충족시켜줄 준비가 되어 있지 않으면, 그를 도와주지 않겠다고 위협한다. 조력자가 자신의 동기에 대해서 의식하지 못할수록, 즉 조력자증후군이 각인되었을수록 이 위험은 더욱 커진다. 리히터(Richter)는 고립과 유기에 대한 불안('거부된 아이'의 영역)이 중요한 영향을 미친다고 보았다. 사회적 강자는 상대적 약자가 강박적으로 매달리도록 강화하는 동시에, 열렬히 옹호되는 직업 이데올로기와 엄밀하게 동일시하면서 자신의 불안을 부정한다.[17]

피조력자는 조력자 자신이 이루지 못한 자아이상을 실현하기 위한 대리물일 수 있다. 상황이 좋은 경우 조력자는 피조력자로 하여금 자신에게는 불가능했던 능력을 보이도록 해 대리만족을 맛볼 수 있다. 그는 자신이 이루지 못한 것을 아이가 이루도록 이끄는, 어린 배우나 스포츠 선수의 부모에 필적한다. 그것이 이루어지려면 지나치게 강한 압박이 가해지지 않아야 한다. 조력자가 피조력자에게 더 이상 공감할 수 없고 그의 실제 가능성을 제대로 가늠할 수 없는 경우 실패한다. 그럴 때에는 "널 위해 모든 걸 했는데 이런 식으로 보답하다니……." 라는 모토에 따라 지지적인 관계가 정반

---

17   H. E. Richter, Flüchten oder Standhalten, Reinbek 1976, S. 150f

대로 변한다.

마지막 유형은 조력자가 피조력자에게서 찾을 수 있는 긍정적 · 부정적 전형의 내적 연관성을 보여준다. 쓸데없이 긍정적으로 이상화된 파트너가 자기 자신의 완벽하지 못한 점을 보완해주어야 하는데, 그의 지지 기능이 제대로 작동되지 않으면 그는 악평을 받고 내쫓기게 된다. 예를 들면, 결혼생활에서 파트너의 모든 부정적인 면을 우선 그의 어머니 탓으로 돌리는 경우가 드물지 않다. 그렇지만 이런 구분을 지속하기는 어렵다. 부부치료사라면 누구나 그 결과를 안다. 부부들은 삶의 온갖 어려움을 해결해주겠다고 약속했던 파트너를 예전에 그들이 이상적으로 기대했던 만큼 분통을 터뜨리며 증오한다.

다른 상황에서 피조력자는 처음부터 조력자에게 억압된 부정적인 면, '그림자'(C. G. 융) 또는 '부정적 정체성'[18]의 실현자가 된다. 조력자가 자신이 두려워했던 성향을 피조력자에게서 찾는 한, 그는 자신의 그림자를 받아들이지 못할 것이다. 그는 한편으로는 피조력자에게 매료되었고, 다른 한편으로는 그를 차버리려 한다. "사람들은 희생양을 찾지만, 고대 이스라엘의 속죄제(贖罪祭)에서처럼 주기적으로 양을 사막으로 보내버리고 싶어 한다."[19] 해결책은 조력자가 그의 그림자를 '나쁜' 피조력자가 사막으로 가져갈 거라 기

18　　　H. E. Richter, *Eltern, Kind und Neurose*, Stuttgart 1963. 동일 저자의 *Flüchten oder Standhalten*, Reinbek 1976, S. 156f

19　　　H. E. Richter, *Flüchten oder Standhalten*, S. 157

대하는 대신, 자신의 회피하던 면과 화해하는 데 있다.[20]

20　　　　융 심리학의 관점 참조. '그림자'에 대한 견해는 A. Guggenbühl, Macht als Gefahr beim Helfer, Basel 1975, S. 28에서도 찾아볼 수 있다. "환자를 돕기 원하는 심리치료자들의 직업적 그림자는 사기꾼, 자기 자신의 이익을 위해 일하는 기만적인 조력자이다."

7

조력자끼리

조력자증후군-조력자는 어린 시절에서 유래한 자기감의 결핍을 초자아와의 동일시를 통해 극복한다. 성격의 이런 발달을 통해 그의 개인적 삶이 손상될 뿐만 아니라 긴밀한 관계의 상호성을 해치고 결국에는 조력자로서의 성과가 위태로워진다. 그의 사회적 행동 역시 특정 성격을 띤다.

조력직의 경우 오이겐 블로일러(Eugen Bleuler)가 묘사한 '자폐적이고 규율화되지 않은 사고'가 특징적이다.[1] 의학, 심리치료, 교육학, 사회복지는 넓은 범위에서 합리화에 의해 지배된다. 그러나

---

[1]   E. Bleuler, Das autistisch-undisziplinierte Denken in der Medizin und seine Überwindung, Berlin 1919

이 합리화는 과학적 사고의 원칙을 조롱하지만 객관적 인식으로 위장된 신화적 믿음이라고 볼 수 있다.

정신의학과 심리치료 '학파'

의학을 객관적인 학문으로 여기는 것이 오해임이 증명되는 기회는 충분히 많다. 특히 신경정신의학에는 모순과 독단적인 주장이 난무한다. 오늘날까지 정신의학에서 학문은 주로 특정 학설과의 동일시로 이해되어왔다. 정신병원의 책임자가 바뀐 후에 '정신분열증' 진단 비율이 전보다 두 배가 되는 등, 전국적으로 상당한 차이를 보이는 사례들이 있다. 법정에서 요청되는 감정인의 판정은 여러 가지 관점에서 예측할 수 있다. '표준에서 벗어난 것', 예를 들어 정신분석적 평가는 허용되지 않는다.[2]

초자아와의 동일시는 독선을 만든다. 이 동일시는 억압된 가학적 충동을 제어하고, 불안정하고 거부된 아이의 자기애적 생존을 지키는 데 기여하기 때문에 지속된다. 조력자증후군이 있는 정신과 의사나 심리치료자는 정신적으로 취약한 사람들을 대하면서 자주 자신의 어린 시절 모습과 마주하게 된다. 그는 자신의 무의식과 자아 사이의 경계가 외부로 이전되어 반영된 자기 자신과 환자 사이의 경계를, 초자아와 거듭 경직된 동일시를 함으로써 유지해야만 한다. 객관적으로 볼 때 이 일은 환자의 안위를 자주 해침에도

<hr>

[2]　　T. Moser, Repressive Kriminalpsychiatrie, Frankfurt/M. 1971

불구하고, 환자를 위한다는 명목으로 이루어진다.

이에 대한 실제적인 예를 심리치료 학파들의 위치에서 찾을 수 있다. 그 학파들은 지그문트 프로이트의 후예나 그를 반대하는 입장에 있는 사람들로 학문에 대한 다양한 해석, 다양한 인간관과 그에 따른 정신장애의 다양한 치료법을 주장한다. 어느 학파나 그 추종자들을 설득하는 성공 사례들이 있고, 반대파를 매혹시키는 실패 경험이 있다. 각각이 외부와 경계 지음으로써 자신을 지탱하며, 자신의 입장과 다른 관점을 폄하하고 일단 획득한 기득권을 지키려고 전력을 다한다. 정신의학이나 심리치료 학파의 태도에서 조력자증후군의 개별 특성을 어느 정도 거시사회학적으로 증명할 수 있다.[3]

1. 거부된 아이 각 학파는 정통 가르침을 인정하지 않고 무력화하며, 부분적으로 다른 이론을 도입하는 비평가들에 의해 추적당하고 위협을 느낀다. 발전적 유사-안정이 요구하는 전능함 이면의 무지와 무력함이, 예를 들면 다음과 같은 농담에서 감지된다("내과 의사는 많이 알지만 아무것도 할 수 없고, 외과 의사는 많은 것을 할 수 있지만 아는 게 없고, 정신과의사는 할 수 있는 것도 아는 것도 없다." …… "정신과 의사가 환자와 다른 점은, 흰 가운을 입고 있고 병동 열쇠를 가지고 있다는 것!"). 거절에 대한 불안을 막고자 잠재적인 '적'을 멀리

3　　오늘날 내게 이런 논쟁 방식이 더 이상 적절해 보이지 않는 것은, 그 자체가 사회적으로 추론할 수 없는 것으로 가정된 초자아가 기관의 행동 근거가 되기 때문이다. 그러나 이러한 '심리학적으로 분석하는' 숙고는 그러한 '학파' 내에서의 개인적인 체험을 비판적으로 검토하도록 자극한다. (1991년에 덧붙인 주석)

하고 뜻이 같은 사람들끼리 긴밀하게 결집한다. 언어장벽이 세워지고("환자가 남근-거세적 내사를 분석가에게 투사한다.") 의미론적 경계가 형성된다(예를 들어 수학적-통계적 연산과 실험심리학적 은어를 끊임없이 사용함으로써). 학파는 자주 '우리 아닌 사람'의 평가절하를 통해서, 시종일관 창시자를 칭송하며 그의 천재성을 강조하고 역사가 되어버린 '적'에게 수치심을 주는, 이상화하고 찬미하는 역사 서술을 통해서 인위적 자기감을 형성한다.

2. **초자아와의 동일시**는 한 심리치료 학파의 사회행동을 규정한다. 그것은 바로 이 동일시의 기반에서 이루어지는 아주 특별한 선발 절차가 매우 신속히 시작되는 데서 나타난다. 우선 무언가 새로운 일을 단행할 개인적 호감과 공동의 소망이 학파의 일을 규정한다. 그러나 지원자가 입회하기 위해서는 외적 전제조건 외에도 해당 학파의 초자아와 동일시하기에 적합해 보이는 특성을 즉각 입증해야만 한다. 이때 일반적으로 학파의 창시자는 그 추종자들보다 훨씬 관대하다. 초자아와의 동일시가 방어 기능을 갖고 있기 때문에 추종자들이 창시자의 태도만큼 유연하지 못한 것이다.[4] 마찬가지로 수련에 대한 형식적인 요구가 지속적으로 증가하는 반면, 교육생들의 창의성과 주도성은 이제 막 자신의 학파를 세운 사람들이 아니라면 대부분 감소한다. 계승자들은 이때 조력자증후군에서 특징적인 '초자아적 측면의 추월' 기제를 적용한다. 그들은 초자아적인 면을 과도하게 수용함으로써 원형을 능가하려 한다.

[4] 정신분석 운동의 역사에 이 현상이 특히 잘 기록되었다. 프로이트는 정신분석 교육기관에서 거절당한 여러 명을 제자로 받아들였다.

예를 들어 경건한 척하는 한 교사의 아들은 자족하는 소시민적 그리스도교를 극렬히 거부할 뿐만 아니라 그것의 편협함과 초자아 공격성의 기미를 끊임없이 탐색하여 아버지의 태도를 능가하는 마르크스주의자적 무신론자가 된다. 그의 어린 시절에 이 공격성은 새벽예배에 가기 위해 매일 아침 5시 반에 소란을 피우며 일어남으로써, 가족의 나태한 경건함을 가학적으로 능가하려는 행동으로 나타났다.

'초심자 분석', 즉 의사 아닌 사람들의 정신분석 활동에 대한 프로이트와 그의 제자들의 논쟁에서 '초자아 측면의 추월'이라는 유사한 원칙이 나타난다. 분석가들은 젊은 초보자들에게 그들 자신이 했던 것보다 훨씬 더 많은 요구를 한다. 정신분석의 창안자들은 예를 들어 교육분석을 받지 않았거나 단지 매우 짧은 분석을 받았던 반면, 교육분석가로서 그들은 계속 더 많은 요구를 한다. 자기 체험의 필요성과 경계를 다시 조명하기 위해서는 그 자신이 너무 긴 교육분석을 받은 교육분석가들의 한 세대가 성장해야만 한다. 이런 변화 과정은 아직 완료되지 않았다. 교육자와 교육생 간에—분석가와 피분석자 간에—왜 이토록 상호성이 계속 결핍되어왔는지는 조력자증후군의 기제를 통해서만 설명될 수 있다.

3. 상호성의 회피는 '학파'에서 전문가와 문외한 간의, 또한 다양한 학파 간의 특징적인 관계를 나타낸다. 자체의 불안정, 약점, 퇴행적 입장 등은 거부하며 필요한 경우 다른 곳에서 찾는 반면, 모범적인 행위와 생각은 거듭 강조한다. 특정 외부 기준을 공동으로 승인하기 위한 비판적 비교, 공동작업은 이루어지지 않는다. 행동

치료사는 정신분석이 환자를 어쨌든 더욱 괴롭힌다며 통계를 들어 그 주장을 보강한다. 정신분석가는 행동치료사의 '생쥐 연구방법'에 대해서 어깨를 으쓱하고는, 클라이언트나 구성원과 잘 화합하지 못하는 몇몇 행동치료사들을 분석하는 것에서 미묘한 승리를 즐긴다. 상대의 '약점'과 '강점'이 평가, 비교되며 통찰을 통해 극복될 수 있는 상호적 관계가 이루어지지 않는다.

4. 감추어진 자기애적 필요 심리치료나 교육학 학파의 창설은 동시에 그 자체의 신화나 교리를 갖춘 새로운 교지가 확증됨을 의미한다. 발견자의 새로움으로 시각이 왜곡된 참여자보다 이후의 관찰자들이 그것을 오히려 빨리 간파한다. 학파의 자기애를 위한 기본적인 역할은 미묘한 복음이 된 각각의 고유한 언어가 담당한다. 그 언어에 대한 지식에 따라 전문가와 문외한이 구분된다. 그 언어를 성공적으로 사용함으로써 얻는 만족감은 마치 서정시가 시인에게, 리듬감 있는 동작이 무용가에게 주는 만족감과 같다. 이 자기애적인 면의 부정은 무엇보다도 과학 또는 자연과학으로서 자기이해(오해)를 통해 실행된다. 그러나 동시에 '학파'는 자기애적 전능 욕구를 분명히 하는, 대담한 이론적 얼개를 매우 신속히 만들어낸다. 정신분석은 문화의 근원에 대해서[5], 행동치료 또는 행동형성은 아동교육에서부터 폭력의 예방과 사회모순의 극복까지, 인간의 공동생활에 관한 모든 의문의 해결을 위해서[6]. 그 이래로 변화가 얼

5　　　S. Freud, Totem und Tabu, Wien 1905. Vgl. dazu : W. Schmidbauer, Vom Es zum Ich, Evolution und Psychoanalyse, München 1975

6　　　B. F. Skinner, Futurum zwei (Walden Two), Hamburg 1969. – Ders. : Jenseits

마나 적었는지는 아서 야노프(Arthur Janovs)의 초기 치료에 대한 다음의 간략한 서술에서 드러난다. 그것이 생겨난 정신분석, 게슈탈트 치료, 바이오에너지의 전통에 대한 부정, 지금까지 '효과 없는' 모든 치료법에 대한 적개심에 찬 구분, 야노프 또는 그의 위임을 받은 제자들만을 초기 치료자로 자리매김한 입회와 식별 의식의 발견과 창조에 대한 칭송. 거부된 아이는 전능한 조력자의 자아 이상과 동일시함으로써 보다 견고한 자기감을 갖지만 이 동일시는 방어적 특징으로 인해 한층 더 거대한 차원으로, 마침내 전 인류가 구원의 대상이 될 때까지 확대되어야 한다. 알베르트 폰 시른딩(Albert von Schirnding)은 야노프의 저서 『정신의 혁명(Revolution der Psyche)』에 대한 서평에 "야노프는 이미 자신의 '프라이멀 스크림*'이 책 중의 책인 성경을 대신하고, 교회가 초기 센터로 변형되는 새로운 황금기가 동터오는 것을 보았다."라고 썼다.[7]

5. 간접적 공격성 학파 간의 명백히 극단적인 대립은 줄어들고 이면에서 공격성의 간접적인 형태가 속출한다. 야노프처럼 메시아적 기대를 품은 국외자들은 이미 오랫동안 존속되어온 심리치료기관이나 정신병원의 현저히 자제하는 간부들보다 여기서 그 의도가 더욱 빨리 읽힌다. 비밀리에 지속적으로 다져진 중요한 싸움터는 현재 의료보험 공제이다.

von Freiheit und Würde, Hamburg 1974

7　　　A. v. Schirnding, Revolution der Psyche?, in : Partnerberatung 13, S. 111, 1976.-A. Janov, Revolution der Psyche, Frankfurt 1976

*　　　primal scream, 유아기의 외상 체험을 다시 체험하도록 해서 신경증을 치료하는 정신 요법—옮긴이

기관의 입회에 복종의식이 요구되는 곳에서는 공격성이 권력자에게 표출될 수 없다. 그것은 권력자나 기관과 동일시함으로써 극복된다. 원래 자신의 자율성이 손상될 때 나타나는 공격성은 이런 방식으로 가공될 수 없기 때문에, 우선 무의식중에 굴욕적으로 겪은 동일시에 비할 만한 그 어떤 대가도 치를 필요가 없었던 기관이나 개인에게 향한다. 내적 형식은 대략 다음과 같다. "내가 여기 들어오기 위해 그토록 끔찍한 일들을 견뎌야 했는데, 같은 것을 얻으려면 다른 사람들도 나와 마찬가지로, 아니면 더 많이 견뎌야 하지 않겠나?"

클라이언트의 '방해가 되는 가족'

조력직 종사자에게 도움을 청하는 사람들 대부분은 사회적 관계에 장애가 있는 상태이다. 그들은 매우 폐쇄적이며, 때로는 너무 서둘러 교류 기회를 찾기 때문에 거듭 거절당하고, 가족이나 친구들에게 과도한 요구를 하여 부담을 준다. 모든 사회적 조력의 성공 여부는 대인관계 개선에 달려 있다. 이때 조력자증후군-조력자는 그 자신이 '거부된 아이'의 입장에서 클라이언트와 동맹하고, 자신이 해결했던 것처럼 클라이언트 초자아와 동일시하도록 만들 위험이 크다. 그 결과 조력자증후군-심리치료자에게 치료받은 많은 환자들은 그에 상응한 치료를 받지 않은 어떤 누구와도 화합하지 못한다. 클라이언트가 결혼생활의 어려움으로 도움을 청하면, 당연히 이런 상황은 특히 문제가 된다.

우울, 불안, 분노 폭발로(특히 남편에 대한) 오랫동안 심리치료를 받아온 한 여성이 치료 중 위기를 겪으며 새로운 치료자를 찾아가서는 자기 남편을 사악하고 냉혹한 사디스트라고 비난했다. 치료자는 7년 동안 결혼생활을 해온 그 환자를 만난 지 20분도 채 지나지 않아서, 그녀에게 지금 제일 필요한 것은 유능한 이혼 전문 변호사라고 단언했다. 그녀는 분노하여 원래 치료자에게 돌아와서는 다른 치료자에게서 이런 성급한 충고를 들었노라고 하소연했다.

이런 상황을 분석해보면 그 환자는 전이관계를 깨고 가까운 관계에서 자신을 잃을지도 모른다는 불안 때문에 항상 치료자 외의 다른 대화 상대를 찾는다는 것을 알 수 있다. 그럼으로써 그녀는 자신이 오직 치료자에게만 의지하지 않는다는 것을 자신과 치료자에게 입증한다. 격렬하지만 이룰 수 없는 전이된 사랑을 통해 가동된 공격성의 일부가 이런 방식으로 해소될 수 있다. 나아가서 환자는 결혼생활의 갈등을 능숙하게 묘사하여, 그녀의 이혼 판타지를 온전히 지지하고 그녀가 당장 이혼하지 않도록 이런 방식으로(보기에 모순되는) 허락하는 충직한 청자를 찾을 수 있다. 이 조력자증후군-치료자가 역할을 맡고 있는 조종하는 어머니의 무력함은, 환자가 자신의 어머니와의 관계에서 거부하며 절대 만족하지 않는 어머니에 대한 열등감으로, 그러나 또한 복수심으로 무력함을 떠맡을 때 쉽게 증명된다.

그것은 가족 구성원들이 함께 치료를 받거나 적어도 몇 회 정도 상담을 받아야 한다는 의미는 아니다. 그러나 환자 자아의 사회적 결정 기능을 분석(조종이 아니라)하는 치료의 구상에 그들이 포함되어야 한다. "당신에게는 유능한 이혼 전문 변호사가 필요하군요."
라는 표현은 그러한 조종을 내포하고 있다. "어떻게 이런 어려움을
무릅쓰고 그 남자와 7년이나 살 수 있었어요?"라는 질문이 사회적
결정에 대한 분석의 출발점이 된다.

정신분석가들이 환자 가족들과 접촉하는 것에 대해 갖는 오래
된 반감은 환자 가족 내의 갈등을 첨예화하기에 적당한, 비합리적
인 '초개인적 · 전문적 역전이'로 이해할 수 있다.[8] 즉, 환자는 자기
가족에 대한 부정적 감정을 감지하고 가족에게 전할 수 있다. 그는
이를 통해 분석 작업에 대한 의무에서 싹튼 자신의 공격성을 경감
시킬 수 있으며, 분석의 도구를 그의 가족에게 적용해 대략 그들의
행동을 '해석'하는 일도 드물지 않다.

클라이언트와 그 가족의 분열이 조력자증후군-조력자에게 무슨
이득을 가져다주는 것일까? 우선 그는 클라이언트가 자신처럼 어
릴 때 거부되고 나쁘게 취급당했음을 확인한다. 이를 통해 조력자
는 클라이언트와 동일시할 수 있으며, 그를 주위 사람들로부터 고
립시킬 때에도 '완전히 클라이언트 편'이 된다. 아마도 이를 통해
서 그의 부정적 자기감이 더 이상 울적하게 비교당하지 않게 되고,
"지금까지 제게 이렇게 친절한 사람은 없었어요."라는 소리를 들
을 수 있을 것이기에, 이런 고립은 조력자에게 무의식적으로 환영
받을 것이다. "이렇게 친절한 사람은 처음이에요!"는 조력자-피조
력자-결탁의 황홀한 첫 시기를 의미한다. 클라이언트가 헤어져야

---

8   H. Thomä, B. Thomä, Die Rolle der Angehörigen in der psychoanalytischen
Technik, Psyche 22, 1968, S. 802

할 배우자든, 약혼자든 '방해되는 주변인'들에게는 조력자-피조력자-결탁에서 무조건 삼가야 하는 공격성의 표출이 드디어 가능해진다. 조력자의 감추어진 전능욕구는 그가 클라이언트의 삶에서 가장 중요한 사람이 됨으로써 충족될 수 있다.[9]

조력자증후군-조력자가 클라이언트에게 가장 중요한 사람이 되려는 욕구는 다른 여러 상황에서도 관찰된다. 어린아이가 병원에 입원할 때 아이와 부모를 같은 방에 두는 동시입원에 관한 대립에도 그것은 커다란 영향을 미친다. 소아정신과 의사와 아동심리학자들은 이런 배려가 갑자기 부모와 떨어져 고통스럽고 부담스러운 상황에 처하게 된 아동의 정신적 손상을 방지할 수 있다는 입장이다. 반면 이를 반대하는 자들은 거의 예외 없이 소아과 병동의 간호사와 의사로, 그들은 '원칙적인 병동 운영'이 위협받고 있다고 여기며 쓸모없는 구조를 지적하는 등 감염의 위험을 과장해서 합리화한다.

이런 주장의 이면에는 아픈 아이를 혼자 돌보고 싶은 욕구를 다른 사람과 나누어야 한다는 불안이 숨겨져 있음을 간과할 수 없다. 간호사는 가족들을 방해가 되는 존재로 여긴다. 가족들은 이성적인 면에서는 강박적으로 청결한 간호 업무를, 그러나 무의식적인 면에서는 조력자 결탁의 구강-발전적 파트너가 갖고 있는 것으

---

9 이를 피할 수 없는 경우가 자주 있다. 이 과정은 전이신경증의 정신분석적 개념에서 설명된다. 조력자증후군-조력자는 자신에 대한 부정적 전이나 자신의 역전이 가능성을 부정하는 경향이 있는데, 여기서의 얘기는 전이가 자연스럽게 나타나도록 놔두고 인위적 수단을 통해 특히 격렬하게 (아마도 해롭게) 만들지 않아야 한다는 것이다.

로 보이는 독점적인 관심과 감사에 대한 욕구를 위협한다. 그러므로 병원에서는 방문객을 탐탁하게 여기지 않는다. 성인 환자에게는 그런 결과가 그리 불리하지 않지만 믿음직한 관련 인물의 관심이 필요한 아동의 경우는 다르다. 부모의 동시입원의 의미는 과학적으로 대부분 인정된 것이며 많은 경우 동시입원이 실제 간호 업무를 덜어줄 수 있다는 점을 감안하면, 이에 대한 반대에는 조력자증후군이 근본적인 역할을 하고 있다고 추정하게 된다. 함께 입실한 어머니나 아버지는 조력자와 경쟁자가 된다(항상 사랑과 관심을 갈구해야 하는 '거부된 아이'의 주제를 활성화시킨다). 그들은 간호사들의 강박적이고 위생적인 처치행위와 동일시하지 않으며, 그렇기 때문에(그들이 다른 초자아와 동일시하고 있기에) 배제된다. 그들은 자기애적 전능함을 맛보려는 요구와 무력한 돌봄을 위한 전력투구를 위협한다. 결국 그들은 공격성을 간접적으로 표출시킬 또 다른 기회를 제공한다. 조력자증후군-조력자는 무의식적인 분노에 지속적으로 짓눌려 있고, 어떤 경우에도 피조력자에게는 그것을 표출할 수 없기 때문에 공격성은 주변, 즉 동료나 선임자 또는 '우리 환자'의 방해가 되는 가족들에게 분출된다.

　한 간호사가 아침식사 식판에 놓일 접시와 컵의 배열을 놓고 수간호사와 굴욕적으로 다툰 이야기를 했다. 이렇게 강박적으로 이행되는 규칙과 청결은 간접적으로 공격성을 표출하는 '넌 내 손아귀에 있어'-게임을 위한 중요한 수단이다. 조력자증후군-조력자는 피조력자의 안녕을 위해 사심 없이 일한다고 그 자신이 확신함에도 불구하고, 그에게 주어지는 감사를 어느 누구와도 나눌 생각이 없다. 그러므로 자기 아이들과 함께 병실에 들어온, 의무를 망각한 나쁜 어머니에 대해 오직 간호 인력의 필수적인 업무를 방해하기 위한 목적으로 병원에 왔을 것이라는, 제어하기 어려운 판타지가 생긴다. 간호사들이 신생아들을 정해진 시간에 마지못해 기계적으로 어머니들에게 건네주는 신생아실에서도 이와 유사한 장면이 나타난다. 많은 신생아실 간호사들이 어머니들로 하여금 그들이 아기를 위한다고 하는 일들이 무의미하며 아기를 제대로 돌보는 일을 방해할 뿐이라는 느낌을 갖도록 한다. 아기가 출생 후 계속 어머니 곁에 머물 때 발달이 더욱 빠르며 어머니도 아기와 더욱 긴밀한 관계를 맺는다는 사실이 비교조사를 통해 이미 오래전에 증명되었음에도 불구하고 이런 일들이 발생한다.

경쟁 그리고 타인의 불행을 고소해하는 마음

조력자증후군-조력자는 단지 조력자-피조력자-결탁 내에서만 연대한다. 클라이언트에 대한 관계가 모든 의식적 공격성으로부터 자유로워야만 하기에, 공격성은 앞에서 언급했듯이 클라이언트의 가족을 비롯해 동료, 상급자, 하급자와 같은 '제3자'에게도 표출되지만, 초자아 동일시를 통해 제한된다(즉 "넌 내 손아귀에 있어"-원칙에 따라). 조력자증후군-조력자는 사생활에서 상호적 관계를 맺고 자신의 수동-구강적 욕구를 만족시킬 능력이 부족하기 때문에, 또한 거절당하고 단지 타인을 위해 일할 때만 수용되는 근본 감정 때문에 동료와의 관계에서 미진함을 느끼며 감사와 관심에 대한 대부분 숨겨진 자신의 욕구가 항상 제지당하는 듯한 기분이 든다. 다른 사람들이 그에게 보이는 인정과 관심에 비해 그 자신은 관심을 덜 받는다고 지각하기에 다른 동료들에게 불신과 시기, 질투를 느낀다. 이런 감정은 그의 초자아 동일시와 일치하지 않으므로 대체로 간접적으로 표출된다.

새로운 치료방식이 소개되는 사례 발표는 흔히 "수년 간의 정신분석에도 불구하고 증상의 변화가 없었다.", "이 환자는 다른 도시에서 심리치료를 중단했다." 등의 문장으로 시작된다. 이를 통해 아직 기반이 충분히 다져지지 않은 각종 치료기술들이 혁신적 특전을 얻게 된다. 한 치료자가 후에 어떤 환자를 치료하고 나서 그에 걸맞은, 남의 실패를 고소하게 여기는 사소한 문장을 사례 보고에 집어넣는 경우가 아직은 충분치 않다. 같은 '학파'의 두 치료자가 연달아 한 환자를 담당하게 된 경우, 첫 번째 치료의 성공 여부를 문제 삼는 것을 때때로 해명하려고 한다. 그러나 치료자들이 서로 다른 학파에 소속된 경우에는 실패의 책임이 해당 학파의 '틀린' 관점에 있음을 처음부터 명백히 한다. 심리치료자의 숨겨진 전능 판타지는 어떤 환자라도 '올바른' 방식으로 정확한 치료를 받는다면 건강해질 수 있다는 믿음에서 표출된다. 프로이트는 자신이 발전시킨 치료방법의 한계를 주저 없이 명시했다. 그런 고백이 거의 모든 심리치료 학파의 초창기에 두드러지는, 일방적으로 선별된 성공 사례보다 훨씬 소중한 교훈이 될 것이다.

같은 학파의 교수들이나 병원 의사들의 연대는 종종 외부 사람들에 의해 매우 높게 평가된다. '방해가 되는 가족'이 나타났을 때 그에 대항해서, 교육적 식견이 없으면서 혜택만을 구하는 부모나 손해배상 청구까지 하는 분별없는 환자에 대항해서 조력자들이 정렬을 가다듬는 것은 정당하다. 이 상황에는 "악당들끼리도 신의는 있다."라는 속담이 적절하다. 사회심리학적 설명은 널려 있다. 공격적 긴장이 공동의 적에게 향하면 조력자 간의 연대는 유지될 수 있다. 그러나 교수 집단 또는 병원의 상호작용을 깊숙이 들여다보면 학생들이나 환자(또는 간호사) 곁에서 경쟁자를 밀어내려는 엄청난 질시와 위장된 시도가 난무한다.

'전면적 통제시설'과 조력자증후군

보육시설 영아들의 '시설병(Hospitalismus)'은 이미 1909년에 소아과의사 파운틀러(Ludwig von Pfaundler)에 의해 밝혀졌다. 그는 그 원인을 '정신적 영양실조'로 보았다. 아동들은 주위에 관심이 없으며, 경직되고, 발달이 지연되고, 병에 대한 감염률이 현저히 높아졌다. 스피츠(René Spitz)[10]와 볼비(John Bowlby)[11]의 연구는 그에 대한 책임이 시설에 있다는 궁극적인 증거를 제시하며, 시설 체류로 인한 즉각적인 손상뿐만 아니라 그 후유증도 분명히 밝히고 있다. 지금까지 그 점은 크게 변하지 않았다. "거칠게 표현하면 대형시설에 있는 대부분의 영유아들은 국민들의 보조를 받아 모두가 지켜보는 가운데 조직적이며 대부분 돌이킬 수 없게 지적·사회적으로

---

10   R. A. Spitz, Vom Säugling zum Kleinkind, Stuttgart 1967

11   J. Bowlby, Maternal care and mental health, Genf 1951

손상된다. (…) 인지기능이 완전히 저하되어 '지적 장애'로 수십 년 동안 공적 사회부조의 수혜자가 된다."[12]

시설에서 아동들과 그들을 개별적으로 돌보는 이들 간에 건강한 자아 발달에 필수적인 대화가 그칠 때, 아동은 제대로 된 발달을 하지 못한다. 영아기와 아동기 초기 동안의 시설 체류는 범죄의 가장 중요한 독립적 원인이 된다. 긍정적 · 사회적 정서 유대를 행위의 동기로 삼는 능력이 발전될 수 없었던 것이다. 오늘날까지도 거의 대부분 연령대별로 분리된 보육시설에서 조립라인 기술이 인간에게 적용되었다. 조립라인은 생산을 증대시켰지만 노동자를 생산품에서 소외시켰다. 현재 열 명의 아기를 돌보고, 8개월 후에는 다시 다른 아기 열 명을 최대 2년간 돌봐야 한다는 것을 아는 보육사는 유사한 조립라인에 서 있는 꼴이다.

안드레아스 메링어(Andreas Mehringer)는 영아원의 광경을 다음과 같이 묘사했다. "이 상황을 아는 이들은 악몽을 꾸고 이 광경을 잊지 못한다. 줄지어 늘어선 침대 속에서 자신에게 미소를 보내줄 누군가를 헛되이 기다리는 아기들. 먹이고, 배변하게 하고, 기저귀를 가는 일련의 행위. 무릎 사이에 고정된 아기는 고개가 옆으로 돌려진 채 일정하게 입으로 들어오는 죽을 넘긴다."[13] 한 달 내내

12　　소아과 의사 테오도어 헬브뤼게(Theodor Hellbrügge)에 대한 참조. W. Schmidbauer, Verwundbare Kindheit, München-Planegg 1973, S. 55f/ T. Hellbrügge, J. Pechstein, Pädiatrische Merksätze zur Situation der Säuglingsheime, Ges.-fürsorge 17, 1967

13　　A. Mehringer, Geschützte Kleinkindzeit, Unsere Jugend, 18, 1966. - Ders.: Adoption, Selecta 13, 1971, S. 3106

하루 23시간 동안 '안정을 위해' 가려진 침대에서 오로지 이불만 보는 아기들이 있다. 행복한 또래들이 기어 다니며 세상을 탐색해 나갈 때 이곳의 아기들은 모두 함께 삭막한 방 안에 갇혀 지낸다. 두 살 난 아기는 다른 아기들과 함께 한 시간 내내 변기에 앉아 있다가 누군가가 그들을 감지하는 기색이 보이면 소리를 지르기 시작한다. 변기를 사용할 때에는 미끄러지지 않도록 간혹 나무틀에 고정된다. 메링어는 직원 한 명이 25명의 아동을 돌봐야 하는 시설을 목격했다. 내무부 지침에 따라 한 사람이 아동 10~15명을 (연령에 따라) 담당하게 되어 있는 곳에서도 간호사와 보조원은 가사노동과 위생적 처치를 동시에 해야 하는 과중한 업무에 시달려 개별 아동에 대한 느낌을 잃게 된다.

영아원과 보육원의 시설병에 대해 설명하는 의사들과 심리학자들은 아동들이 "돌보는 사람에 의해서가 아니라 집단보육 시스템에 의해" 손상당한다는 사실을 줄곧 강조해왔다(테오도어 헬브뤼게). 옳은 말이다. 그러나 변화하려는 온갖 노력에도 불구하고 이 시스템이 왜 그렇게 굳건히 버티고 있는지, 메링어가 얘기한 이 시스템의 '근간이 되는 전통'이 왜 그렇게 강력한 것인지 의문이 남는다.

나는 조력자 기관이 변하지 않는 사회심리학적 원인이 조력자증후군의 특성에 있다고 본다. 초자아와의 동일시는 규정과 가치가 일단 내재화된 기관의 변화를 위협적으로 보이게 만든다. 그러한 동일시는 대안과 기관의 틀을 창조적으로 발달시키는 데 필요한 지각력을 제한한다. 그것은 행동과 체험을 '옳다' 또는 '그르다'의 범주로 추정한다. 즉, 가치에 상응하면 '옳게', 반면에 즉각적인 감정 표출, 무의미한 규정이나 시설의 착취에 대항하는 공격적 태도, 시설의 변화를 꾀하려는 새로운 생각은 '그르게' 여긴다. 이런 상황에서는 아이와의 대화에 꼭 필요한 '즉각적 공감'이 싹틀 수 없다. 공격성은 아이에게도, 과중한 규정이나 독재적인 원칙(또는 독단적인 상사)에 대항해서도 표출될 수 없기 때문에 드물지 않게 주변 인물들에게로 향한다. 즉, 아이를 돌보지 않는 부모나 시설에서 실제 돌봄 노동을 해보지도 않은 채 시설 교육의 폐해에 대한 논문을 쓰는 이론가에게 투사된다.

초자아와의 동일시는 조력자에게 외적 영향에 휘둘리지 않는 강력한 내적 지향을 부여한다. 그것의 장점은 조력자로 하여금 오랫동안 이렇다 할 외적 보상 없이 희생적으로 일하게 하며, 많은 경우 주위의 평가에 연연하지 않게 만드는 능력에 있다(예를 들면, 어떤 이질적인 문화에 파견된 선교사의 경우, 이 독립성은 절대 완벽하지 않지만, 깊숙이 감춰지거나 멀리 떨어진 어떤 관련 집단을 지향점으로 삼을 수 있다). 그러나 설령 초자아에 비추어 '올바른' 행동이 지속된다 하더라도, 그 행동으로 인해 나타난 결과가 초자아-규범의 원래 원칙에 어긋날 때에는 외부의 인상으로부터 독립적인 것이 지원의 효과를 위협한다.

이런 기제가 지금 막 한 환자를 사혈하여 피투성이로 만든 의사가 냉담하게 다음 환자의 동맥에 사혈침을 대는, 예전의 의료 처치를 가능하게 했다. 전체주의적 시설에서 그것은 시설병으로 인한 손상과, 어떤 보육교사가 집중적으로 아이들을 돌보느라 침구 정리를 제대로 못하고 식사시간을 엄수하지 못해 당하는 질책 같은 것들을 다시 감수하도록 만든다.

조력자 기관에 만연된 권위주의는 능률을 매우 제한한다. 일반적으로 사회복지사가 규정에 따라 자금 관리를 투명하게 하면 사회복지국에서 보상을 받는 반면, 본연의 일인 곧 감적 돌봄과 즉각적 지원에는 기관 차원의 어떤 보상도 기대할 수 없을 뿐만 아니라, 오히려 허술한 서류 관리에 대한 비난을 감수해야 한다.

시장경제에서는 경쟁에 대한 압박하에 실적을 증명해야만 하고 계획경제에서는 수량으로 성과를 입증해야 하는 기업처럼 조력자 기관들의 활동이 통제될 수 없는 것은, 사회학적으로 또 경제학적으로 의미심장하다. 개인병원의 경제성이 객관적 지표에 의해서가 아니라 단지 통계적 비교를 통해 점검받는 것처럼, 생활시설이나 병원, 정신요양소의 실효성이 심사받는 일은 없다.

조력직에 종사하는 사람이라면 누구라도(그가 조력자증후군에 시달리지 않더라도) 어떤 클라이언트가 마치 시장에서 물건을 서로 비교하여 선택할 때처럼 상세한 설명을 덧붙여달라고 요구한다면 당황하여 외면할 것이다. 조력자는 고객에게 상품이나 서비스를 파는 것이 아니라, 서비스에 고객을 판다. 이 표현은 과장되었지만, 예를 들어 협력할 준비가 되어 있는 호기심 많은 환자와 병원 조력자들의 평균적 관계를 관찰할 수만 있다면, 이곳에서는 절대 고객이 왕이 아니라는 사실을 확인할 수 있다.

조력자 기관의 전통인 권위주의적 행동은 조력자증후군과 깊은 연관이 있다. 권위주의적 행동은 다른 영역과 마찬가지로 조력활동의 맥락에서 실제 권위와 구분되어야 한다. 실제 권위를 갖고 있는 사람은 권력 행사에(예를 들어 조언 제공, 상황 설명, 의학적 처방) 합리적인 근거를 댈 수 있으며 열린 토론을 할 수 있다. 권위주의적인 사람은 토론이나 어떠한 질문도 없이 권력으로 인정받기를 요구한다. 그는 그런 질문들을 그의 권위에 대한 공격으로 여겨 방어적으로, 모욕당한 듯이, 또는 역공격*적으로 반응한다.

권위주의적 행동의 뿌리는 사랑받지 못하고 불안전한 느낌이다. 이런 감정에서 "당신이 나를 사랑하지 않기 때문에 내가 당신을 지배해야 한다.—당신이 우리를 지배하려 하기 때문에 우리가 당신을 사랑할 수 없다."라는 결탁의 고리가 나타난다. 조력자증후군-조력자는 아도르노와 그의 동료들이 정교화한 '권위주의적 성격' (여기서는 근본적으로 권위에 의존적인 인물을 의미) 개념과의 많은 접점과 일치에도 불구하고, 외부의 권위로부터 확실히 독립적인 경우가 많다. 조력자증후군-조력자는 자신의 선한 행동으로 그들의 관심을 얻을 수 있다는 것을 전혀 염두에 두지 않는다. 오히려 자신의 초자아 동일시의 잣대로 권위자보다 '더 나은' 사람이 되려고 노력함으로써 상사의 권위에 의문을 제기한다.

클라이언트를 완벽히 통제하려는 조력자증후군-조력자의 열망과 민감성은 그의 권위에 의문이 제기되자마자 '거부된 아이'의 요소를 드러낸다. 과연 이런저런 처치가 도움이 되는지, 클라이언트의 의심쩍어하는 질문에 그가 하는 대답은 거의 다음과 같다. "지

금껏 당신을 위해 많은 것을 했고 이런저런 희생을 했지만 아무 소용없었어요. 그런데 이제 와서 불만을 터뜨리고 의심까지 하는군요!”

권위주의적 결탁은 이를테면 고프만(E. Goffmann)이 정신병동에 대해 지적한, ‘전면적 통제시설’의 기본 특징이다.[14] 즉, 자신을 돌볼 능력을 박탈당한 사람들, 규제하지 않으면 그들 자신 그리고/또는 사회를 위협할 것으로 여겨지는 사람들은 감시의 대상이 된다. 시설은 환자들의 삶뿐만 아니라 감시자들의 삶도 아주 미세한 부분까지 규정한다. 대부분의 정신병동에서는 요즘에도 환자가 입원할 때 일반적으로 개인물품을 반납해야만 한다. 본인의 동의 없이 몸을 씻기고, 면도를 시키고, 전혀 눕고 싶지 않아도 침대에 눕힌다.

전면적 통제시설은 조력자와 피조력자 간의 긴장에 의해 규정된다. 양쪽 모두 상대에 대한 고정관념을 갖고 있다. 직원들은 환자들을 믿기 어려우며, 변덕스럽고, 예측하기 어렵고, 불만 많고, 폐쇄적이라 여기는 반면, 환자들은 조력자를 우쭐대며, 지배적이고, 권위적이고, 냉정하다고 평가한다.

간호사, 보조원, 의사들은 그들의 업무가 스스로를 책임질 수 없는 사람들을 돌보는 일이라고 여긴다. 환자들은 자신의 욕구를 표현하고 그 욕구를 나름대로 충족시킬 능력이 없다고 간주된다(그리고 이에 따라 환자들은 실제 무능해진다). 환자들은 이런 돌봄을 모욕적이고, 굴욕적이며, 수치스럽게 느낀다. 그들의 자기감은 점차

<hr>

14   E. Goffmann, Asyle, Frankfurt 1972

붕괴된다. 이제까지 자신에 대한 존중감을 유지시켜준 많은 것이 입원과 더불어 대부분 사라진다. 그것은 개인의 의상이나 소유물일 수도 있다. 보다 본질적인 것은 지금까지의 사회적 역할, 직장에서의 지위, 개인적으로 아는 관련 집단의 관심이다. 정신과 진단을 받고 낙담해 있는 환자들은 이제까지의 사회적 지위를 박탈당한다. 마치 그들이 그 사회적 지위에 합당한 자질을 갖추지 않고 부정하게 획득했다는 듯이.

수용소에 장기간 수용된 사람들은 그들의 '수용소 경력'을 통해 정서적 생존에 필요한 정신자세가 무엇인지 배운다. 그들은 조력자에게 굴복하지만 극히 제한된 자기발전과 활동 기회로 인한 공격성과 분노를 수많은 사소한 의심이나 선동으로 표출한다. 조력자들은 환자들의 이런 행동 특성을 심신쇠약의 증거로 삼음으로써 자신들의 통제적이고 관료적인 행동을 정당화하도록 배운다. 이렇게 해서 상대의 행동을 자기 행동의 정당화와 동기로 삼는 결탁이 이루어진다. "당신들이 그렇게 통제하고 경멸하지 않는다면 우리가 그 정도로 믿지 못하게 행동하고 난폭하지는 않을 텐데."(환자)—"당신들이 그토록 믿을 수 없고 난폭하지 않다면 우리가 그 정도로 통제하고 거리를 두지는 않을 텐데."(직원)

조력자들은 시설의 규칙으로부터 자유로운 사생활에서 자기실현의 기회를 갖기는 하지만, 역시 '전면적 통제시설'의 구조에 의해 지배당한다. 예를 들어 그들은 자신의 일을 사회나 외부 사람들이 이해하리라고 거의 기대하지 않는다. 이런 태도는 불과 몇 주 동안만 시설에서 체류하여(대부분 간호조무사로 위장하여) 그들의 특징적인 '수용소 경력'을 단지 밖에서만 관찰할 수 있었던 저널리스트들이 반복적으로 게재하는 끔찍한 기사를 통해서 강화된다. 이 같은 현상에는 서독의 모든 대형 정신병원이 운명론적인 크레펠린*식 지침에 따라 19세기에 세워진 건축물에 주로 위치하고, 일단 병이 있는 사람들을 생식에서 제외시키고 큰 도시 밖에 '인도적'으로 감금하는 것을 유일한 '처치'로 여겼던 점도 중요한 역할을 한다.

정신증의 적나라한 실상과 공감적으로 대면하는 것은(다른 '정상적인' 사람들과 마찬가지로) 조력자의 자기감을 위협하기 때문에, 정신과적 진단과 독단적인 초자아와의 동일시가 갖는 보호장치를 통해 회피된다. 동시에 전면적 통제시설에서 무력해지고 퇴행한 환자는 조력자의 예측에 따라 '병'의 '재발', '단계적 진전' 또는 '악화'와 같은 예후를 확인시켜줌으로써 조력자가 거듭 자기 자신을 정당하며 유용하고 필요한 사람으로 느낄 수 있도록 만든다.

몇 년 전 한 시설의 정신과 의사는 여러 예술가들이(예를 들어 루소) 그린 그림의 '정신병리적' 내용을 논하는 자리에서 내게 이렇게 말했다. "그 사람들이 여기 우리 병원에 있었더라면 마음껏 그릴 수 있었을 텐데요." 랑에-아이히바움(Lange-Eichbaum)은 자신의 저서 『천재, 착란 그리고 명성(Genie, Irrsinn und Ruhm)』에서 창조적 인간의 현실생활에 대한 정신과 의사들의 몰이해와, 그들의 기준을 거대하게 부풀려 모든 것에 적용함으로써 자기애적 만족을

---

* Kraepelin, 독일의 정신과 의사. 오늘날의 정신장애 분류 체계의 기초를 다진 인물―옮긴이

찾는 초자아 동일시의 특징적인 경향을 증명했다. 정신과 의사들과 환자들의 관계에서 상호성과 공감이 얼마나 결핍되어 있었는지는 독일의 신경과 의사들이 '살 가치 없는 생명', 즉 '유전적' 정신병 환자들과 지적 장애인들을 말살시키려는 국가사회주의의 활동에 왕성하게 참여했던 사실을 통해 적나라하게 드러난다.

결국 '환자'가 전면적 통제시설에서 사회적 자기를 유지하기 위해서는 사회 전체에서 존중되는 생활방식에 대한 요구 일체를 포기해야만 한다. 발전적 입장의 조력자로서는 피조력자를 덜 무력하게 만들고 그에게 동등한 사회적 자기를 구축할 수도 있게 할, 조력의 진정한 성공을 피할 필요가 있다. 이런 적응 과정에서 환자는 수동적이며, 얌전하고, '정서적으로 무감한' 상태가 된다. 그는 규칙을 따르며, 퇴행하여 디저트와 사소한 혜택을 구걸하는가 하면, '착한 환자' 역할로 얻은 제한된 인정에 기뻐한다. 동시에 무기력하고 수동적으로 보임으로써 조력자에게 도움이 절실히 필요하다는 느낌을 전달한다.

이런 적응의 대가로 퇴원을 하게 되면, 그는 유사하게 경직된 어떤 조직을 '밖'에서 찾아야 한다. 그는 자신의 삶을 살 능력을 상실했다. 다른 사람이 그를 위해 있고 그 역시 상대를 위해 있는 그런 구조 안에서만 그는 자신을 실현할 수 있다. 이런 공생적 존재방식이 불가능해지면 그는 현실감각을 또다시 붕괴시킨다. 병원은 '착한' 환자를 다시 맡게 되어 기뻐한다. 그렇게 되면 진행 중인 병의 '악화' 또는 '단계적 진전'(환자가 이런 반복적인 상황을 보다 오랫동안 견딜 만큼 충분히 안정되었을 때) 상태라는 진단이 내려진다.

환자의 공격적 요소가 더욱 명백해지고 비-정신증적 행동에서도 드러나면, 항문가학적 결탁이 시작된다. "당신들(조력자)이 너무 제한하고 통제하지만 않았어도 내가 이토록 반항적이고 배은망덕하지는 않을 텐데."—"당신이 그토록 반항하고 배은망덕하지만 않았어도 우리가 이토록 제한하고 통제하지는 않을 텐데."

환자는 시설이 그를 돕거나 이해할 능력이 없음을 끊임없이 증명하는 반면, 다른 한편으로는 자해적이고 제어되지 않는 행동을 통해 그에게 박해하고 통제하는 '어머니'가 없어서는 안 된다는 것을 거듭 보여준다. 비록 '나쁜' 환자가 '감사하는' '착한' 환자보다 조력자의 자기감을 덜 지지하기는 하지만, '나쁜' 환자 역시 '착한' 환자처럼 조력자들의 필수불가결함을 증명하는 데 일조한다.

조력자에 대한 반항은 근본적으로는 낙관적 능동성의 표현으로 볼 수 있지만, 조력자나 시설이 그것을 이해하지 못하고 받아들일 수 없을 때에는 틀림없이 자해적인 공격성으로 급변한다. 그것은 그래요-그런데-게임 참여자의 경우처럼 조력자에 대한 배은망덕과 호전성 때문이 아니라, 수동적 요구의 억제와 원래 호기심 활동에 의한 것으로, 전면적 통제시설에서의 반항 역시 병과 정신이상의 징표가 아니다. 그것이 지원되며 보다 성숙한 형태로 성장이 가능해질 때, 치유력의 신호탄이 된다.

조력자의 스승

전면적으로 통제된 조력자시설에서 인식할 수 있는 조력자와 피조력자 간의 거리와 소외는 사회적 직업의 교육현장에서 경험하는 그것과 매우 유사하다. 이미 여러 차례 언급한 것처럼, 아동기의 어쩔 수 없는 영향으로 주어진 초자아 동일시는 최대한 장려되며 거의 벗어날 길 없는 숙명으로 강화된다. 대부분의 조력자시설에서 관료주의적 요구는 조력자와 클라이언트 간의 직접적인 접촉과 공감적인 대면을 저해한다. 이런 거리는 조력자 교육을 통해 준비된다. 예를 들어 심리학을 공부하는 사람은 그 공부를 하게 된 이유가, 자신이 고독하며 다른 사람을 이해하고 긴밀한 정서적 관계를 만드는 데 큰 어려움을 느끼기 때문인 경우가 종종 있다. 그는 심리학 공부가 어떻게 만족스러운 관계를 맺는지, 어떻게 자신이 다른 사람에게 필요한 존재라는 느낌을 가질 수 있는지 알려줄 것이라고 기대한다.

그러나 그들의 스승은 대부분 클라이언트를 직접 대하는 일이 매우 드문 순수 이론가들이다. 그들은 자신의 자기애를 투여한 통계수치, 의미연산, 방법론 비판, 실험의 통제와 타당성 등을 배우도록 학생들에게 요구한다. 학생들은 기껏해야 그들의 지속적인 정서적 불안정을 더욱 완벽하게 합리화하고 관계에 대한 욕망을 비과학적인 선입견으로 여겨 생각에서 삭제하기를 배운다. 스승을 자신의 초자아에 융합시키고 이런 방식으로 '올바른 자'의 보호를 받으려는 욕구는 학생들로 하여금, 미래의 직업에 도움이 되기보다는 스승의 필수불가결함에 대한 욕구에 기여하는 지식을 쌓게 만든다. 자신의 천진한 양심의 가책을 해소하는 것보다 더 급박한 일이 없을 교수는 실제로 자신의 초자아 동일시를 학생들에게 전달한다. 대학에서 막 공부를 마친 심리학 석사들의 자기체험집단을 이끌어온 사람들은 저자와 마찬가지로, 이론적 예비교육이 따뜻한 인간관계의 수용을 오히려 방해하는 것을 관찰하게 될 것이다. 심리학 전공자들끼리는 일반적인 자기체험집단의 평균적 클라이언트들보다 더욱 불안정하며, 의심하고, 교류가 없다. 막 공부를 마친 심리학 전공자들은 의료기관에서나 교육 상담소에서나 매우 유사한 문제를 보인다. 그들은 우선 창백한 인공 언어로만 표현할 수 있는 비판적인 실험자에서 따뜻하고 열린 대화 상대로 거듭날 수 있도록 노력해야 한다.

많은 사회적 직업에서 비슷한 상황이 발생한다. 간호사, 직업재활사, 시설의 생활교사, 사회복지사, 교사, 의사들은 모두 그들 자신의 욕구와 그들이 갖게 될 직업의 요건을 충족시키는 교육이 아니라, 그들 스승의 자기애를 만족시키는 교육을 받았다. 이런 발언은 과도하게 신랄할지도 모른다. 나는 자기애를 성(性)과 마찬가지로 인간에게 자연스럽고 필요한 부분이라고 여기는 만큼 부드럽게 접근하고 싶다. 스승의 자기애가 분별 있는 자아에 의해 통제되어, 만족스러워하고 유능한 직업 종사자들을 교육시킴으로써 자기애의 확인을 받을 수 있다면 아무런 문제가 없다.

그러나 많은 선생들은 학생들을 교육기관에서 자신의 위치를 나타내는 무의식적 가치를 반영해주는 대상으로 여긴다. 이 점이 장래의 조력자들 역시 '삶을 위해서가 아니라 학파를 위해서(non vitae, sed scholae)' 배우도록 만든다. 이 문구는 학생들에게 꼭 필요하다고 강조하는 그 이면에 숨겨진, 선생의 자기애적 흥미를 위장하기 위해 대부분 상당히 잘못 인용되고 있다. 간호사는 생리학과 의학 과정을 수료했지만 환자들의 정서적 요구에 부응하는 방법을 준비하지는 못했다. 의사는 막대한 양의 화학, 통계학 그리고 다른 여러 자연과학 과목을 배워야 한다. 반면에 '의료심리학'은 가볍게 취급되며, 강단심리학의 불운한 분파로서 교육이 실천과 인간으로부터 유리되는 것을 완화시키기에는 전혀 적합해 보이지 않는다. 어떤 대학병원이나 직업전문학교, 어떤 사회복지국이나 감옥에서 클라이언트의 호의가 상관의 판단처럼 그렇게 신중히 취급되겠는가? 리히터는 의사 교육과정에서 환자와 거리를 두게 하는 압력에 대해 지적한다. 병상을 돌보느라 실험실에서처럼 많은 논문을 쓸 수 없는 사람은 학문 과정을 성공적으로 마칠 수 없다. "환자와 거리를 둠으로써 얻은 시간을 쥐, 체액 등과 자연과학적 효과가 있는 실험에 투여하는 것이 예나 지금이나 상위 그룹에 통합되기 위해 그리고 출세를 위해 가장 좋은 출발 조건이다."[15]

교육에서 스승과 학생 간의 소외가 이후의 활동에서 조력자와 피조력자 간의 거리를 미리 예정한다. 이 상황은 조력자증후군의 기제가 기관에서의 이력을 자주 장려함으로써 첨예화된다. 사회적 직업의 많은 출세주의자들은 동료들과 허심탄회하게 협력하고 집단 내의 동료를 편안하게 느낄 상황이 아니기 때문에 승진하고자 노력한다. 우월한 지위를 얻으려는 조력자증후군-조력자의 압박감은 동료와의 관계를 변화시킨다. 그가 높은 지위를 얻고자 애를

<hr>

[15]　H. E. Richter, Flüchten oder Standhalten, Reinbek 1976, S. 174

쓰면 쓸수록, 자기 클라이언트와의 작업에 대해 서로 솔직하게 의견을 나눌 여력이 없어진다. 공감과 상호교류가 가능한 관계를 맺기 어렵기 때문에 출세를 지향하도록 유혹하며 때때로 영향력 있는 상관들에게 다가가게 만든다. 이 상관들은 조력자증후군-조력자의 초자아 동일시를 혜택을 주는 듯이 인수하며 그에게 내적 갈등을 일부 표현하도록 그리고 이를 통해 부담을 덜 수 있도록 허락한다. 이를 통해 조력자증후군-조력자는 기관의 요구에 영합한다. 조력자(그리고 조력자 교육) 기관의 우두머리는 현장 지식에 정통하지 않은 경우가 많기 때문에, 예를 들면 집단의 연대에 반대하는 정보나 방책의 전략적 선택을 통해서 자기 부하를 능란하게 감시하려 할 것이다.

8

조력자증후군의
역전이 문제

심리치료자가 조력자증후군에 대한 글을 쓸 때 자신의 불안, 욕망과 연구대상 간의 상관관계에 대한 데베뢰[*]적 의문을 제기하는 것은 중요하다.[1] 나는 우선 이 장을 준비할 즈음 우연히 경험하게 된 어느 집단치료 장면의 범위 안에서 이에 대한 설명을 하겠다. 다음의 분석적 집단치료 장면에서 나 자신의 중재는 아마도 역전이에 대한 숙고의 한 기점으로서 의미가 있을 것이다.

---

1   G. Devereux, Angst und Methode in den Verhaltenswissenschaften, München 1973

*   조르주 데베뢰(Georges Devereux), 민속학자이자 정신분석가. 행동과학의 자료는 불안을 야기함에도 불구하고 이에 대한 고려 없이 완벽한 객관성을 지향하는 행동과학의 방법론을 비판했다.—옮긴이

내가 집단치료실에 들어섰을 때 참가자 11명 중 6명이 이미 와 있었다. 그때까지 옆에 앉은 I와 얘기를 나누던 V는 ('공식적' 치료모임을 이끄는) 내가 등장하자 집단에 주의를 돌렸다. 그녀는 마른 체격에 짧은 머리를 하고 다정하지만 약간 모욕당한 듯 느껴지는 미소를 자주 짓고 있었다. 교사인 그녀는 저녁에는 다양한 강좌(가장 최근에는 꽃꽂이 강좌)를 듣는다. 그녀는 나도 이름을 들은 적이 있는 치료사에게 장기간 개별분석을 받은 후에 집단치료를 받으러 왔다. 그 치료사의 세 가지 특징이 눈에 띄었다. 그녀는 예전의 환자들이 관심을 갖는 한 그들과 매달 토론의 밤을 갖는다. 그녀는 여행 중에 몇 년 전 자신에게 치료를 받았던 지인들에게 엽서를 보냈는데, 그중 한 사람이 내게 그 엽서를 보여주었다(이 일은 절대 무의미한 우연이 아니다!). 그 엽서는 내가 상상했던 (그때만 해도 아직 현실과 매우 동떨어진) '분석적 절제'와는 모순된, 상냥하고 위로하는 초자아적 격려 스타일이었다. 마침내 전에 이 치료사의 분석을 받았던 사람에게서 그녀가 남편의 장례식에 그녀의 환자들이 한 명도 찾아오지 않았다고 크게 탄식했다는 얘기를 들었다. (집단치료 장면에 관한 글을 쓰는 지금에서야 비로소 드는 생각은, V의 이전 치료자가 V처럼 조력자증후군에 시달리고 있다는 나의 무의식적 확신이 아마도 V에 대한 나의 태도와 집단에서의 나의 반응에 영향을 미쳤으리라는 것이다. 그 밖에 내게 특징적으로 보이는 것은, 전력투구하고 적극적으로 도와주려는 자세 등 그녀를 칭찬하는 얘기들은 이제야 생각나고, 그녀가 범한 몇몇 '실수'만 더 잘 기억하고 있었던 점이다. 궁극적으로 판명된 것은, 같은 클라이언트를 상담하는 다른 치료자의 행동에 대해 어떤 평가도

하지 않는다는 나의 원칙이 이성적이라는 것이다. 추가 질문을 하자면, 이런 예방책으로 내가 방어하는 것은 과연 무엇인가?)

V는 자신의 상태가 너무 '바닥'이라 집단에서 아주 사소한 비판에도 울음을 터뜨리게 될까봐 두렵다고 호소했다. 그렇기 때문에 오히려 자신의 얘기부터 꺼내는 것이 더 낫겠다는 것이다. 이렇게 자신의 얘기를 시작하는 것은 '어머니-집단'으로부터 확인이나 지지가 아니라 오직 비판만을 예상할 수 있는, '거부된 아이'의 특징이다. 실제로 V는 상태가 정말 좋지 않을 때는 집단에 참여하지 않았지만, 그녀를 집단에 나타나지 못하도록 했던 두통이나 사고, 우울감에 대한 관심을 촉구했다. 환자는 '저들이 나를 비판할 것이고 나는 울게 될 것이다.'라고 무의식적인 예언을 하는 반면, 의식적으로는 '제발 저를 비판하지 말아요. 아시잖아요. 제가 얼마나 약한지!'라고 얘기한다. 집단은 우선 의식적인 진술을 배려하려고 노력하지만, 결국 무의식적 예언이 '우연히' 실현된다.

V의 설명에 따르면, 그녀는 성탄절을 앞두고 사고를 당했고 곧이어 직장에서 넘어졌으며 한 여자 친척의 방문을 받았다. 하루만이라도 좀 쉬고 제대로 푹 자고 싶었지만 오후에는 날마다 열여덟 살짜리 친척에게 도시의 여기저기를 구경시켜줘야 했다.

사고가 난 정황을 보면, V는 고질적인 과로에서 한숨 돌리고자 산으로 갔다. 반드시 정상에 올라가고 싶었기에 해질녘이 되도록 산 속에 있게 되었고 낮게 드리워진 나뭇가지에 이마를 찧었다. 며칠 누워 쉬지 않는다면 엄청나게 괴로운 두통에 시달리게 될 것을 바로 알았지만, 일을 해야 했기 때문에 쉬지 않았다. 이런 이유로

두통이 심해져서 그녀는 결국 일주일 내내 직장에 나가지 못했고 집단상담에도 참여할 수 없었다. 이 전체가, 그녀가 이미 알고 있었지만 항상 일이 벌어진 다음에야 비로소 깨닫게 되는 무의식적 규칙에 따라 진행되었다. 그녀는 이미 여러 번 머리를 다친 적이 있었고 그때마다 곧바로 몸을 돌보지 않았기 때문에 오래도록 두통에 시달린 바 있었다.

V는 집단의 반응을 기다리지 않고 서둘러 얘기를 진행시켰다. 여기서도 조력자-결탁의 면모가 엿보인다. 자신이 다른 사람을 위해 일하지 않아도 이해와 관심을 받을 수 있으리라고는 상상할 수 없기 때문에, 예외적으로 자신의 얘기를 하는 상황에서도 그녀는 자신의 욕구를 타인을 원망함으로써 표현한다. 그녀는 이런 방식으로 듣는 이들에게 과도한 부담을 지워, 급기야 그들이 거부 반응을 보이도록 만들며 이를 통해 자신이 수용받지 못한다는 해묵은 감정을 다시 확인한다. 그녀는 친척과 피곤한 시간을 보내고 어머니의 성탄절 준비도 도왔다. 그때 한 친구가 와서 시험 준비를 도와달라고 부탁했다. V는 "저는 바보같이 그 친구를 위해 모든 걸 해줬어요. 차마 널 도와줄 수 없다거나, 조금만 도와줄 테니 나머지는 네가 하라고 말할 수 없었죠. 그 시험은 필기시험이었기 때문에 준비가 정말 많이 필요했어요. 그렇지만 그 친구의 남편은 항상 내게 빈정거리고 자기만 아는 이기적인 인간이라 친구가 시험에 떨어지면 남편에게 욕을 먹을 것이 마음 아파서 도와줬어요."라고 말했다.

집단구성원 I는 V가 그 남자에게 명백히 느끼는 불안에 대해 물었다. 그녀는 이 부부와 여러 번 휴가를 보낸 적이 있다고 설명했다.

이 자리에서 나는 V의 행동이 그녀에게 무슨 이득이 되는지 곰곰이 생각했다. 무엇보다도 그녀가 주위 사람들의 이기주의를 매우 경멸하는 투로 얘기하는 점이 눈에 띄었다. 그러므로 그녀에게 승리란 어느 누구도 그녀를 이기적이라고 부를 수 없는 상황을 의미했다. 하지만 나는 아무런 암시도 하지 않은 채 집단에서 그 점이 좀 더 명확하게 해명되기를 기다렸다. '이기주의'와 '이타주의'의 내적 양자택일을 통해 그녀가 얼마나 자신의 행동을 이해할 수 있는 통로를 차단하고, 가치판단 없이 창조적으로 새로운 느낌과 사고를 발전시킬 수 있는 영적 활동 공간을 협소하게 만드는지 알아야만 한다고 생각했다. 그녀를 통해 나는 마치 나의 무의식이 그녀의 피학적 제안에 가학적으로 반응하는 듯한 가벼운 혼란을 느꼈다. 동시에 이런 강박적인 도움 의무에 깔린 비극에 대해 공감과 동정심을 느꼈다. V는 삶에 적대적인('이기주의에 적대적'으로 합리화한) 초자아 동일시를 통해 생기는 내적 공허를 자신의 조력활동으로 채워야만 한다. 그녀에게는 '아무도 나를 도와주지 않는다.'는 느낌이 주기적으로 엄습하며, 그런 가운데 방어된 구강-퇴행적 입장에 대한 그녀의 욕구가 분명해진다. 그렇지만 이 소망은 오직 비난으로서 표현되기 때문에 충족될 수 없게 된다.

집단 구성원들은 다소 부담과 무력감을 느꼈다. 이런 상황은 매우 특징적인데, 조력자증후군-조력자가 지원에 대한 쌓인 욕구를 한 차례 표출할 때면, 바로 그렇게 쌓여왔기 때문에 충족시킬 수 없어 보인다. 그러므로 구성원들은 몇몇 사람을 제외하고는, 28세

의사인 E가 집단에 너무 늦게 나타나면서 가지고 온 것에 관심을 돌렸다. 그가 갖고 온 것은 부모에게 반항적으로 옥신각신하면서 매달리는 그를 '착한 어린 소년'으로 보이게 하는 사진이었다. 지난번 그는 36세 엔지니어인 F와 어릴 때 사진을 가져와 얌전한 소년이었던 모습을 서로 보여주기로 약속한 터였다. E와 F는 둘 다 거절과 비판을 그나마 가장 빨리 표현할 수 있는, 집단에서 '공격적'인 구성원들이었다.

E는 들어오자마자 V에게는 신경도 쓰지 않고 F에게 사진을 건네주었다. 사진을 본 F는 자신의 감상을 얘기하고 다시 옆 사람에게 사진을 전달했다. 그렇게 그 사진은 집단 내의 이 사람 저 사람 손을 거치게 되었다. 사진에 대한 소감이 예를 들어 예쁘다, 단정하다, 그가 늘 풍기던 인상과 달리 가여워 보이지 않는다는 등, 부모에 대한 E의 무의식적 의존을 낱낱이 누설하는 방식으로 언급되었다. V는 기분이 상한 듯 보였지만 입을 다물고 있었다. 사람들은 이제 본격적으로 사진에 대한 얘기를 나누기 시작했다. 이에 대해 나는 상반된 감정을 느꼈다. 집단 구성원들의 입장에서는 V의 얘기를 어떻게 다루어야 할지 난감했던 마음을 이제 드러내서 얘기하지 않아도 되었던 반면, 자신의 원초적 기대에 대한 확인을 막 받으려던 V가 거절당한 것이 애석했다. 다른 한편으로는 사진을 둘러싼 활발한 의견 교환에 내 마음이 끌렸다. F가 어린 시절 사진을 가져오기로 한 것을 '잊은' 이유가 무엇인지 규명하고 싶었다. 다른 한편으로는 계속해서 V에게 관심을 갖고 집단이 그녀를 어려움에 빠지지 않게 해야 한다는 의무감 같은 것을 느꼈다. 집단에

서 이 양쪽 노선이 너무도 분명해 중재가 필요하지 않다고 느꼈기에 나는 침묵을 지켰다. 집단에서 이에 대한 반대 의견을 들고 나와 해명할 것이라고 추측했기 때문이다. 실제로 V가 얘기를 시작했다. "당신(E)이 저를 이렇게 내팽개쳐서 저는 지금 화가 많이 났어요. 이 방에 들어오면서 당신은 제가 얘기를 하고 있는 건 아닌지, 도대체 신경을 쓰지 않더군요." E는 자신은 우연히 그 사진을 갖고 있었고 F가 보여달라고 해서 보여주었을 뿐이라고 변명했다. F도 자기는 그저 사진을 옆 사람에게 전했을 뿐이라며 V가 그렇게 느꼈다면 얘기를 계속 하지 그랬냐고 응수했다. 나는 V를 향한 공격적인 감정에 대해 설명하고, F에게 혹시 V의 얘기를 중단시킬 수 있는 기회가 매우 다행스럽게 느껴지지는 않았는지 물었다. 그는 이에 대해 긍정했고 V와 I가 매우 신경에 거슬렸다고, 그도 과도한 조력에 대한 문제로 자신과 싸워야 하지만, 그들이 너무 지루하고 생기가 없다고 덧붙였다.

이제 집단은 '사람들'이 과도한 조력에서 어떤 이득을 취하는가 하는 문제를 다루게 되었다. V는 "저에게 어쩌다 한 번 문제가 생기면 사람들이 여전히 저를 좋아하고 도와주리라 믿어요. 하지만 문제가 끊임없이 생기면 사람들은 '넌 잘 이겨낼 거야.'라고 할 뿐 그것으로 끝이지요." I는 이렇게 말했다. "많이 도와주면 사랑받는다고 절대 믿지 않아요……." (그녀는 시험공부를 함께 했던 한 친구에 대해 긴 얘기를 풀어놓았다.) "저는 그 친구를 너무 열심히 돌보느라 완전히 지쳤더랬죠. 심지어 같이 공부하겠다고 그 친구의 집으로 이사를 하기도 했거든요. 친구는 쉴 새 없이 제게 물으러 와서 잠도 못 자게 만들었어요. 제 시험 결과 중 한 교수의 과목은 점수가 나빴고, 전부터 알고 지내던 교수의 과목은 점수가 좋았는데, 그때 그 친구가 '그 교수가 너를 편애했어.'라고 말해 제게 큰 상처를 줬어요." V는 이렇게 얘기했다. "저는 '아니, 도와주지 못하겠어.' 또는 '조금만 도와줄게'라고 얘기했어야 한다는 걸 잘 알지만 그렇게 못하겠어요."

나는 점차 V의 언어적 습관을 지목해갔다. "제가 당신의 친척이라면, 열여덟 살이나 되어 뮌헨에 왔는데 시종일관 누가 저를 따라 움직인다면 그 사람에게서 도움을 받았다고는 별로 느끼지 못할 것 같군요. 물론 속으로는 '도와주지 못하겠어요.'라고 말하고 싶어도 당신이 실제로 그렇게 하기는 무척 어렵죠. 하지만 여기서 '도와준다'는 것이 뭔가요? 그 친척과 시종일관 함께 다니는 게 도와주는 건가요? 친구에게서 일을 뺏는 것이 진정 도와주는 건가요? 결국에는 알코올 중독자에게 술병을 줌으로써 그를 도울 수도 있겠네요!"

이와 같은 중재는 나의 집단상담 방식이 아니다. 원칙적으로 나는 한번에 한 가지 암시만을 주려고 한다. 이 경우에는 '도움'에 대한 V의 생각을 끄집어내는 것으로 충분했을 수도 있다. 무엇이 나로 하여금 한편으로는 젊은 친척과 동일시하고, 다른 한편으로는 알코올 중독자와 비교하도록 유도했을까? 추측컨대 여기서 나의 역전이를 알아차릴 수 있을 것이다. 나는 V가 토로한 불평에 과도한 암시로 반응하고 가벼운 비난이 실린 내용(알코올 중독자와의 동일시)을 통해 초자아 차원에 의지했다. V의 초자아와의 동일시가 아마 나 자신의 초자아에 좀 더 울림을 주었기에 내가 이런 아는 척하는 방식으로 그녀에게 화답했을 것이다. 나는 V에게 더욱 감정이입을 할 수 있었고 전체 상황을 이해했기 때문에, 이 상황에서 나의 역전이가 해롭지 않았다고 믿는다. 집단에서 촉발된(주의를 사진으로 돌리는 것으로 표현된) V에 대한 무의식적 공격성의 일부는 그녀가 자신의 고통에 대해 과도한 관심을 바랐기 때문인 것이 분명해졌다.

조력자증후군-조력자는 타인을 위한 조력활동으로 그가 완전히 고갈되었을 때에야 비로소 자신을 위한 요구를 한다. 그리고 그럴 때 실제 자신을 위해 뭔가를 원하는 것인지, 아니면 지금 도움을 제공하는 다른 조력자들의 무력함을 증명하며 ㅇ런 방식으로 발전적-조력자 입장을 둘러싼 무의식적 경쟁에 뛰어들기를 노리는 것인지, 그 자체를 판단하기가 매우 어렵다. V는 적시에 집단의 충고를 물리치고 거절하면서 그래요-그런데-행동을 보였다. "그래요, 그건 맞아요. 오래전부터 알고 있었고, 또 여러 사람들이 그런 얘기를 했지요. 그런데 전 아무래도 할 수가 없어요." 등등.

두 번째 중재에서 나는 V에게 그녀의 감추어진 자기정당성에 대해 언급했다. "지금까지 집단활동이 당신에게 아무런 도움도 되지 않았다고 느낀다는 점이 눈에 띄네요." "맞아요, 저는 도움을 받아들이기가 어려워요. 하지만 선생님이 하신 알코올 중독자 얘기에 대해서는 곰곰이 생각해봐야겠어요. 제가 간혹 사람들을 전혀 돕지 않는다고 믿거든요."

마지막 중재는 V가 여러 피조력자들에게 불평하는 '이기주의'와 연관된 것이었다(여기서는 나의 반응이 중요하기 때문에, 그 사이 집단에서 있었던, 다른 사람들이 도움을 청할 때 거절하기 어렵다는 점에 대한 논의는 생략하겠다). "당신의 그런 행동 덕분에 당신이 이기주의자로 불리는 일은 없겠군요. 하지만 당신은 절대 이기주의자가 될 수 없어요. 당신이 그러기를 원한다면, 그때는 단지 당신이 돌보는 이들의 욕구로 채워진 빈껍데기만 남아 있겠지요." V는 알아차린 듯 대답했다. "실제로 제 자신을 위해 무언가를 하기가 참 어려워요. 전에는 저를 위한 어떤 일도 하지 않기 위해서 전적으로 다른 사람을 위한 일을 했어요."

원래는 이 시점에서 집단과정의 설명을 중단하려 했다. 그러나 이 모임이 어떻게 진행되었는지 면밀히 숙고했을 때, 조력자증후군-조력자인 V 다음에 다른 여성이 화제의 중심이 되었을 때에도 그녀가 똑같이 그래요-그런데-행동을 보이는 것을 발견했다. 출발점은 공통적으로 '나의 선한 의도가 이용당한다'는 판타지다. A는 사업가 집안의 매력적이고 지적인 37세 여성이다. 미혼인 그녀는 타인과의 관계가 만족스럽지 못했다. 오빠, 부모, 선생님, 상사와 집단 구성원들 모두가 이제껏 다양한 방식으로 그녀를 부당하게 대했으며, 화나게 만들고, 그녀의 어리석음을 이용했다. 그녀가 여성의 역할과 동일시를 이루지 못했다는 사실과 모든 남성에 대한 무의식적 분노가 치료를 통해 명확히 드러났다. 치료를 받는 동안 그녀는 늘 그랬듯이 몇몇 남성들과 그리 오래 가지 않는 관계를 맺어왔다. 엄청난 증오와 파괴적 에너지를 간직한 A는 그녀의 지성과 때때로 드러나는 온화함을, 외부와의 접촉을 '금기'시하는

("오늘 저녁엔 너무 뚱뚱해 보이는 것 같아서 아무도 만나지 않겠어.") 건강염려증이 농후한 우울증("난 너무 뚱뚱하고, 머리카락도 빠졌어.") 속에서 인생을 보내고 도움을 거절하는 데 사용하는 것처럼 보였다. 그녀의 그래요-그런데-입장은 집단에서 이미 여러 번 얘기가 되었다. 그럴 때면 그녀는 버림받고 거부당했다고 느꼈다.

이 저녁모임에서 그녀는 최근의 남자친구가 아주 형편없이 굴어서 헤어졌다며, 그가 그녀의 집에서 식사를 하고는 그녀가 쫓아낼 때까지 저녁 내내 텔레비전만 보더라고 하소연했다. 그녀는 완전히 이용당한 기분이 들었고 얘기조차 할 수 없는, 아무짝에도 소용없는 사람을 더 이상 상대하고 싶지 않았다고 말했다. 한 집단 구성원이 어떻게 그런 일이 일어났는지를 묻자, 그녀는 그 남자친구(분명 인내심이 많은)를 저녁식사에 초대하기 전에 이미 그와의 약속 세 건과 그의 점심식사 초대를 거절했다고 했다. 당일 저녁에서야 비로소 그녀는 저녁식사를 하고 텔레비전을 보자는 그의 제안을 받아들였다. 그러고 나서 그녀는 점점 더 자기 생각에 빠져들고, 그에게 은근히 화가 치밀어 텔레비전 프로그램이 끝났을 때 급기야 그를 집에서 쫓아버린 것이다.

V와 A의 공통점은 자신의 욕망을 충족시킬 수 없게 되어서야 비로소, 그것도 비난의 방식으로(자기 자신이나 타인을 향한) 표현하는 데 있다. 그 무의식적 배경에는 마술적인 전능 판타지가 자리하고 있다. 즉, 욕망을 표현하지 않아도, 또 무엇을 전하려는지 다른 사람들은 도저히 알아차릴 수 없는 어떤 행위를 해도, 마치 어린 아기였을 때 욕구 충족을 위해 별다른 의사소통이 필요치 않았던 것

처럼 자신의 욕망이 실제로 충족되어야 한다는 것이다. 소망의 표현과 그것을 충족시킬 수 없는 무능력이 이 경우에는 기대대로 행동하지 않는 타인에게 투사된다. 동시에 자기감이 커다란 위협을 받기 때문에 건강염려증적 판타지나 다른 사람을 위한 새로운 희생을 통해 자기의 와해를 막게 된다.

집단에서 A가 자신의 자해적이며 관계의 모든 싹을 잘라버리는 행동과 직면하는 동안 P가 기절을 하는 극적인 상황이 펼쳐졌다. P는 나중에 이렇게 말했다. "A가 '일단 식사가 끝나자 그 남자는 내내 텔레비전만 보더라고요.'라는 얘기를 할 때 그 목소리나 태도가 꼭 저희 어머니 같았어요. 어머니는 늙고, 자기연민에 휩싸여 있고, 불만으로 가득 차 있어요. 아무도 그녀를 좋아하지 않고 그녀 역시 기꺼이 도와주려는 사람들을 어렵게 만들죠." 집단의 남자들은 퇴짜 맞은 그 사람과 분명히 동일시를 하고, 그가 A에게 그런 인내심을 보인 걸 놀라워했다. "저라면 이미 오래전에 당신에게 연락하길 그만두었을 텐데요." A는 차라리 그 남자가 텔레비전이 없어서 단지 먹고 텔레비전만 보려 했다면 자신이 좀 더 이해심을 갖고 대했을 거라며 냉정하게 응대했다! 그러자 P가 떨리는 음성으로 말했다. "당신이 그에게 식사를 제안했잖아요. 그래도 그 사람은 당신 손님이에요!"

이 지점에서 A의 반복강박이 확연히 드러난다. 그녀는 자기감이 약했기에 부모의 이상적 요구와 동일시하고 이런 방식으로 반복해서 실제 충족할 수 있는 모든 기회를, 손상된 자기를 구축하고 자기애적 결핍의 상태를 만회할 모든 기회를 파괴한다. 그녀는 실망하게 될까 두려운 나머지 파트너에 대한 기대를 매우 높여서 실망하지 않을 수 없게 만들었다. 기만당하고 이용당할까 두려운 나머지 파트너로 하여금 이익을 좇으며 덜 협조적이 되도록 강요한다. 그가 그렇게 자기 이득을 챙기는 것처럼 보이기에 그녀는 자신의 의구심이 확인된 듯 느낀다(이런 감정은 A로 하여금 언젠가 그와 함께 저녁식사를 할 때, 맛있는 요리를 사다놓은 것을 '잊게' 만들고, 손님으로 온 그에게 보잘것없는 음식만 대접하게 했다). 이런 방식으로 거듭되는 실망은 자기감을 더욱 저하시키지만, 또 다른 실망이 이미 예정되어 있는 의심 어린 요구는 증가시킨다.

조력자증후군-조력자와 그래요-그런데-게임 참여자들의 공통점은 현실 검증과 소망 충족을 담당하는 자아의 기능이 약화되어 있다는 점이다. 이 취약함은 자아이상이나 초자아와의 동일시를 통해서 균형을 이룬다. 조력자에게 자기애적 필요는 과도하게 부정된다("나는 나 자신을 위해서 아무것도 하지 않겠어. 다른 사람을 위해 희생할 뿐이야."). 그래요-그런데-게임 참여자는 지나치게 높은 기대치와 초기의 부정적 자기상("나는 무능하고 못생긴 데다 이제는 주정뱅이까지 될 것 같다. 늙어빠진 노처녀가 될 거다." 등등)을 통해 자기애적 결핍을 충족시킬 현실적인 방법을 거부하며, 무력하고 어리석은 조력자에 대한 공격성을 분출함으로써 대리만족을 얻는다.

이제 역전이의 관점에서 조력자증후군의 기본 특징을 하나하나 음미해보겠다.

1. 거부된 아이 조력자 외형 이면의 이 콤플렉스와 공감적으로 동일시하는 것이 조력자증후군-클라이언트(그리고 그래요-그런데-게

임 참여자) 치료에 기본 전제가 된다. 치료자의 이러한 감정이입과 내면의 아이와의 부분적 융합을 통해서만 조력자증후군-조력자는 이제까지의 초자아 동일시의 외형 뒤의 창조적·소망 충족적·현실 검증적인 면을 점차 발전시킬 기회를 얻게 된다. 그럼에도 불구하고 아동기의 고통스럽고 상처받았던 체험으로 인해, 또한 그것 때문에 생긴 격렬한 분노로 말미암아 전반적인 영역에서 억압되어 있기에 이 '아이'를 찾아내기는 어렵다. 조력자증후군-조력자의 행동에서 그의 자발성과 창조성이 배려, 노동 윤리, 과도하게 발달된 이타주의로 인해 차단되지 않도록 하는 것이 중요하다.

조력자증후군으로 자신의 감정과 욕망을 끌어낼 수 없었던 30세의 한 수녀는 집단역동 행사에서 변장을 하고 역할놀이를 하도록 제안받았을 때, 작은 악마로 변장하고 그 역할을 수행하면서 집단과 완전히 새로운 관계를 맺게 되었다. 그녀가 너무도 완벽하게 그 역할을 소화했기에 참가자 가운데 아무도 그녀를 알아차리지 못했다. 사람들의 놀라움이 그녀에게 그야말로 좋은 영향을 미쳤고, 그녀로 하여금 집단에서 더욱 자발적으로 반응할 수 있도록 만들었다.

이 영역에서 역전이 문제는 주로 치료자의 조력자증후군과 '거부된 아이'에 대한 그 자신의 관계와 관련이 있다. 그가 이런 측면과 대면할 수 없다면 클라이언트들에게도 역시 초자아 동일시를 고수하도록 가르칠 것이다.

자기체험 집단에서 어떤 심리학 전공자는 "아무런 사회적 관련이 없는 이런 감정의 홍수를 견딜 수 없군요."라고 말하면서, 한 집단 구성원이 울면서 거부된 아이와 관련된 자기 감정을 보고하는 것을 중단시켰다.

2. 초자아와의 동일시 대부분의 역전이 문제는 이를 통해서 나타난다. 조력자를 도우려는 사람은 조력자 역할을 둘러싼 무의식적 경쟁의 위험에 빠져서, 클라이언트를 지원하는 역할을 하는 대신 그를 공격하고, 그에게 아무런 통찰도 가능케 하지 않고, 오히려 그를 방어 투쟁에 끌어들인다.

어떤 자기체험 집단에서 집요하게 합리화하는 한 심리학자와 논쟁하던 집단 지도자가 이렇게 얘기했다. "심리학자라서 감정을 허용하는 것이 더 좋다는 걸 잘 아실 텐데요!" 이 집단의 슈퍼비전에서 그 지도자는 자기 역시 감정을 허용하지 못한 채 단지 조력자로서 행동했던 자신의 첫 번째 집단 자기체험의 기억을 떠올렸다.

초자아 차원에서의 관계들은 옳다-그르다, 좋다-나쁘다로 양분되어 작동하는데, 이때 이 가치들에 대해 공감적이지 않고 현실연관성 없이 얘기된다. 좀 더 정확히 얘기하자면, 그것을 완강하게 옹호하고, 다른 가치들을 간접적으로 응징하며 그 옹호자들에게 비난을 퍼붓는 뚜렷한 경향이 눈에 띈다. 조력자와의 치료나 상담에서 비난, 평가적인 비판, 또는 소위 더욱 선하고 올바른 행동과 충돌이 일어나는 지점에서는 역전이의 이 같은 면이 분명해진다. 반면에 조력자증후군-조력자로 하여금 거리를 둔 채 자기 행동을 지각할 수 있도록 하고, 조력자증후군과 클라이언트의 특정 행동 간의 정신역동적 상관관계를 통찰하게 하기란 매우 어렵다. 초자아와의 동일시는 자신의 문제에 대한 시인을 자기감을 위협하는 일로 만든다. 그러므로 평가적 표현방식을 상기시키는 것들을 극도로 삼가야 한다.

슈퍼비전 집단에서 분석 훈련을 받은 한 사회복지사는 철저한 시간 준수, 집단 구성원의 지각에 대한 경고와 시간 엄수에 대한 구성원들의 '저항'이 항문가학적 결탁으로 암시될 때 깊은 상처를 받았다("당신이 그렇게 강요적이고 지나치게 엄격하기 때문에 제가 폐쇄적이고 고집을 피우게 돼요."—"제가 그렇게 강요적이고 엄격한 이유는 당신이 그렇게 폐쇄적이고 고집스럽기 때문이죠."). 그는 그때부터 슈퍼비전 집단에 더 이상 참가하지 않는다. 항문가학적 결탁을 지적한 집단 지도자의 역전이는 동료와의 경쟁에 의한 것이다. 경쟁심으로 인해서 그는 주로 경멸적으로 느껴지는 개념의 사용을 적절한 암시로 합리화하고, 이 개념을 공감적이지 않은 방식으로 사용했다. 지도자가 이 실수를 시인했음에도 불구하고 클라이언트와의 슈퍼비전 작업은 오랫동안 제대로 이루어지지 않았다.

심리치료 클리닉의 한 발린트-집단[*]에서 청소년 환자의 자살에 대해 얘기를 나누었을 때, 평소에는 특히 공정한 태도를 취하는 것으로 알려진 한 신경과 의사가 '책임을 지고 있는' 팀의 사회복지사에게 정신과적 전문용어를 써가면서 윽박지르며, 그녀가 어떤 정신의학 교과서에나 다 나와 있는 자살 위험의 징후를 제대로 감지하지 못했다고 비난했다.

한 정신분석 교육기관의 교육위원회에서 이른바 '폭리를 취하는' 수업료에 항의하는 교육생의 '선동적인' 편지가 언급되었다.

---

[*] 발린트에 의해 시작된 정신분석적 슈퍼비전 집단. 클라이언트와의 작업에서 무의식적 과정을 더욱 잘 지각하도록 하는 것이 목적이다.—옮긴이

대부분의 위원들이 그 글을 너무 진지하게 받아들이지 않고 실제적인 면에 관해 논의하는 것에 찬성한 반면, 교수 중 한 사람은 그 지원자를 선발에서 배제할 것을 제안했다("폭리를 취한다는 비난을 용납할 수 없습니다!"). 반면에 또 다른 위원은 지원자의 분석교수와 그 편지에 대해 얘기해보기를 제안했다. 지원자의 선동적인 태도, 비판적-혁명적 초자아와의 동일시는 그에 상응하는 초자아 공격성으로 응답받았다.

조력자증후군-조력자와의 비생산적인 관계를 피하기 위해서는 자신의 초자아 규범에 대한 정확한 인식이 필요하다. 선한 의도나 완전히 인지적인 측면에서의 이해만으로는 충분치 않다. 조력자증후군-조력자는 지속적으로 자기애적 확인을 구하지만, 무의식적으로는 비판과 거절을 기대한다(그는 초자아 동일시를 통해서 그것들을 미연에 방지하려고 한다). 이런 이유로 그의 귀는 칭찬보다는 책망과 비판에 매우 민감해져 있다. 누군가 그에게 행동의 이유, 어떤 실패의 의미에 대해 질문을 던지면, 이미 마음이 상한다. 동시에 그 조력자증후군-조력자는 이를 통해 '거부된 아이'와 '초자아와의 동일시'라는 기본 입장에서 그를 확인시켜주는 특정 역전이를 무의식적으로 재현한다. 그는 긍정적인 표현을 듣지 않는 것처럼 보이며 그런 반응에 시큰둥하며 당황해하고 방어적이다. 그렇지만 비판에는 항상 관심을 보인다. 비판을 매우 진지하게 받아들이고 그것에 집중적으로 매달린다. 칭찬보다는 비판으로 그에게 동기를 부여할 수 있다.

3. 감추어진 자기애적 욕구 조력자증후군-조력자는 거의 모든 것

을 무릅쓰고서라도 사랑받으려 한다. 그는 그러한 자기애적 확인을 축적하여 그것으로 자기감의 안정을 도모하는 일에 미숙하다. 그러므로 과도하게 높아진 자아이상에 부응하기 위해(그리고 상호적인 긴밀한 관계를 피하기 위해) 과로하는 경향이 있다. 조력자증후군-조력자의 경우 강한 조력자 외형과 그 이면의 확인에 굶주린 아이 사이의 대화가 단절되어 있기 때문에 자신의 자기애적 욕망을 외형을 이용하여, 즉 대부분 타인이 이해할 수 없거나 내면의 아이를 전혀 만족시켜주지 못하는 방식으로 표현한다(예를 들어 일에 대한 성과로 감탄의 대상이 된다). 욕망은 대부분 그것이 넘칠 듯 차올랐을 때, 비난받을 때, 과로로 인해 신체적 또는 정신신체적 반응이 나타날 때가 되어서야 비로소 표현된다.

한 심리치료 클리닉의 치료 팀장이 두 사람 몫의 일을 해야 하는 긴장된 나날을 보내던 중 '우연히' 병동 입구에서 골절상을 입었다. 다치지 않았다면 받지 않았을 휴가를 그녀는 드디어 그런 방식으로 챙길 수 있었다.

역전이 반응은 조력자증후군-조력자의 파트너가 숨겨진 자기애적 필요를 알아차리는지 아닌지에 따라 구별된다. 그것을 인식하지 못하면 그는 조력자증후군-조력자를 강하게 여기고 그의 능력을 이용한다. 그러다 마침내 확인받으려는 억눌린 욕망이 조력자에게서 어떤 형태로든 드러나면, 경악하거나 거부한다.

어떤 의사가 여러 해 동안 지나칠 정도로 열심히 일한 어느 병동 간호사에 대해 설명했다. 언제나 시간을 엄수하며 환자들에게 친절하고 동료들과 의사들에게는 어느 정도 거리를 두며 겸손하게 대하던 그녀는 다른 사람의 확인을 필요로 하지 않는 것처럼 보였다. 그녀는 그에게서도 별다른 확인을 받지 못했다. 그녀가 소정의 과정을 수료하고 직장을 떠날 때 몹시 마음 상해하면서 그에게 이렇게 말했다. "그동안 제게 칭찬 한마디 없었던 점, 절대 용서 못하겠어요."

집단치료에 적극적으로 참여하고 있는 G의 근본적인 갈등은 직장이 없는 약한 남편에 대한 의존이다. 그녀는 가정의 화목을 위해서 남편에게 아무런 요구도 할 수 없다며(남편이 퇴행적이고 그녀가 발전적 역할을 하는 '구강적 결탁') 자신의 부담에 대해 얼마 동안 하소연했다. 그녀가 가사와 직장일을 전담하는 반면에 남편은 거의 아무 일도 하지 않지만, 그녀는 그에게 일을 부탁할 수 없었다. 남편과 다투고 그에게 불평을 해대면 온종일 우울하기 때문이다. 언젠가 G는 지나가는 말로 어릴 때부터 크고 하얀 테디베어를 갖고 싶었지만 아무도 선물해주지 않았다며, 그녀만 늘 주위 사람들이나 아이들에게 그런 봉제인형을 선물한다고 얘기했다. 이에 대한 나의 역전이 반응을 살펴보면, 우선 내게는 이 얘기가 의미심장하게 들렸지만, 집단의 화제가 다른 방향으로 바뀌는 바람에 별다른 암시를 할 수 없었다. 이 얘기는 내게 깊은 인상을 남겨서 몇 주 후 휴가를 떠나 그곳에서 아이들에게 줄 인형을 고를 때, G를 위해 커다란 테디베어를 살 것인지 오래도록 망설였다. 나의 판타지를 분석해보면, 그것은 친밀하고 상징적인 제스처일 것이다(한 집단에서 물론 경쟁, 질투 그리고 비슷한 감정을 불러일으킬 수 있는). 그 안에는 G의 채워지지 않은 자기애적 욕구를 내가 충족시킬 수 있다는, 이제껏 어느 누구도 그녀에게 준 적 없는 것을 내가 줄 수 있다는 일정 부분의 전지전능감도 깃들어 있다. 그럼으로써 나는, 자신이 선물로 받고 싶은 동물 인형을 다른 사람에게 선사하는 G와 유사해진다. 지금 또 떠오르는 생각은 내가 어린 시절 무척 좋아했던, 까만 우단으로 된 동물 인형을(나는 그것을 '맘모스'라고 불렀다) 이제껏 가끔씩 그리워했다는 것이다. 나는 이미 오래전에 다른 사람들이 들어와 살고 있는 파사우의 오래된 집 다락방의 잡동사니들 가운데에서 그 맘모스를 다시 한번 찾아내야 한다는, 완전히 비현실적인 생각을 지금까지 포기하지 않았던 것이다.

나는 나의 역전이 분석을 더 진전시키지 않았다. 그러나 욕구는 분석하는 것이지 충족시키는 것이 아니라는 분석 규칙에 따라 테디베어를 사지 않기로 마음 먹었다. 방학이 끝나고 첫 번째 집단치료 시간에 G는 H를 격렬하게 공격했다. H가 G의 자기도취와 수동성이 자신에게 시중들게 하려는 것 같은 커다란 테디베어를 떠오르게 한다고 막 얘기한 참이었다. 이 상황에서 나는 G에게 언젠가 테디베어 선물을 받고 싶다는 그녀의 욕망을 상기시켰다. 나의 암시는 격렬한 반응을 불러왔다. G는 말 그대로 '배신당한 듯' 느꼈다. "내가 테디베어에 대한 욕망과 같이 무언가를 고백하기만 하면 바로 뒤에서 목을 조르는군요!" 구성원들은 나의 지적과 G의 반응을 다뤘다. 많은 구성원들이 내 표현이 공격적이거나 음험하지 않고, 오히려 사려 깊고 G를 도우려는 시도로 느껴졌다고 말했다.

나 스스로는 내가 덜 공감적으로 반응했다고 보며 G가 그다음 시간에 침묵하고 말을 건네지 않는 것에 놀라지 않았다. 모성적

이기보다는 오히려 활달(방자)하고 남성적인 강한 외형 뒤의 수동적-자기애적 욕망을 그녀에게 암시하기 위해서는, 혹시 그녀 역시 대접받고 시중들게 하고 싶은 욕망은 없는지 묻는 것만으로 충분했을 터이다. 테디베어는 G가 초자아 동일시를 멈추도록 내가 멈춤-신호로 사용한 상징이었기에, 그녀는 자신의 전 존재가 거부당한 것처럼 느꼈을 것이다. 내가 상상(테디베어를 사서 G에게 선물하는) 속에서 그녀에게 너무 많이 주었기 때문에 이제 현실에서 너무 조금 주게 된 것은, 조력자증후군-클라이언트의 숨겨진 자기애적 욕구에 대한 매우 특징적인 역전이 반응이다.

나는 G가 평소와는 매우 다르게 침묵으로 일관한 두 번의 모임이 끝날 무렵, 그녀에게 침묵의 의미를 물었다. "잘 모르겠어요. 하지만 여기 앉자마자 목이 졸리는 느낌이에요. 무슨 이유인지는 모르겠지만 그저 거리를 두자고 생각했어요."—"테디베어가 목에 걸려 있나보군요."—"네, 그 이야기를 처음 하셨을 때 저는 바로 뛰쳐나가고 싶었어요. 그러다 이대로 나간다면 다시는 돌아오지 못하거나 선생님이 받아줄 것 같지 않다는 생각이 들었어요. 절 도와주려는 의도로 얘기하셨으리라 믿지만, 테디베어는 여전히 제 목에 걸려 있어요. 그 후에 꿈을 꿨는데, 어머니가 제 개를 굶겼고, 그 개가 결국 어머니의 말을 먹어버린 꿈이었어요. 그 말은 어머니가 살아가는 유일한 이유거든요."

이 자료들을 근거로 나는 그때 G에게 자기애적 확인에 대한, 다정한 손길과 부드러움에 대한 그녀의 욕구를 그녀가 고집스럽게 방어하는 모습을 보여줄 수 있었다. 그녀는 이런 욕구로 인해서 거부당할까봐(전에 그녀의 어머니에게서처럼), 또한 이런 욕구와 함께 꿈에서 분명해진 유아적·카니발적 분노(“어머니가 내 개를 굶겼기 때문에 내 개가 말을 먹어버렸다.”)를 다시 경험하게 될까봐 두렵기 때문에 이런 방어가 필요했다. 또한 이 분노가 집단에서 그녀의 저항과 어색함의 이유가 되었을 것이다. 왜냐하면 그녀는 유아적 욕구와(“테디베어를 선물해주세요.”) 대면하는 것을 상처와 거절로 느끼기 때문이다.

카니발적 공격성으로 변화된 자기애적 불만족과 구강적 욕구가 아마 역전이를 일으켜 치료자로 하여금 무의식적으로 수용과 거절의 급격한 태도 변화를 일으키도록 만들었을 것이다. 나는 그 욕구를 느꼈고 판타지 속에서 많이 허락하려 했다(아직 아무도 그녀에게 사주지 않은 커다란 테디베어를 사려고 했다). 반면에 집단에서는 평소의 방식보다 그녀에게 더욱 엄격했으며 그녀가 자신의 욕구와 비공감적으로 대면하게 만들었다. 내가 암시를 주는 방식에 틀림없이 허용과 거절의 이 역전이-긴장이 일부 내포되었던 것이다. 나는 잠시 동안 집단에서 개별 분석 상황을 설정했다(“오직 나만이 지금 G를 이해할 수 있다.”). 집단구성원 I는 이때 내가 ‘고해소의 신부처럼’ 느껴졌다고 전했다.

4. 관계에서 상호성의 회피 이타적 초자아와의 동일시, 즉흥적이며 감정적으로 체험되는 자아의 허약함, 거부된 아이의 기본 감정은 조력자증후군-조력자로 하여금 파트너 간에 발전적이고 퇴행적인 입장이 교차되는 관계를 만들기 어렵게 한다. 이 경우 한쪽이 금방 ‘강하고’ 통제적으로 변하거나, 다른 쪽이 ‘약하고’ 충동적으로 변

할 것이다. 조력자증후군-조력자의 치료나 상담에서 그가 치료에 필수적인 퇴행을 불안하게 방어함으로써 문제가 발생한다. 도움이 필요한 조력자증후군-조력자는 한편으로는 충분한 전면적 지원을 구하지만, 다른 한편으로는 아동기에 거절당한 보호받고 싶은 욕망과 연결된 자신의 수동성과 분노에 대한 불안으로 인해 그것을 차단한다. 그래서 그는 치료자에게 현실에 맞는 작업 동맹을 맺지 못한다는 인상을 준다.

심리치료적인 지원은 조금씩이나마 배움의 진전이 받아들여질 수 있어야만 가능하다. 그러나 조력자증후군-조력자는 치료를 시작할 때 무의식적으로는 전면적이고 포괄적인 도움을 원하는 반면, 의식적으로는 극도로 회의적이며 오히려 불유쾌한 경험을 기대한다("저로서는 아무것도 기대하지 않아요.", "제가 어떤 실수를 했는지 알고 싶군요.", "다른 사람에게 더 잘 다가가는 법을 알고 싶어요." 등은 자기체험 집단[2]에 대한 조력자증후군-조력자들의 특징적인 표현이다).

이 부분에서 조력자증후군의 특징적인 역전이는 치료자의 체념이다. 그는 자신이 주는 것이 받아들여지지 않으며, 그의 조력자증후군-클라이언트가 속으로 또는 간접적으로 그를 공격하고 그가 아무런 도움도 주지 않는다고 불평한다는 것을 안다. 치료자는 교육분석(Lehranalyse)이 어떻게 공허한 분석[*]이 되는지, 자신의 문제

가 아니라 늘 다른 사람의 문제만을 다루게 됨으로써 자기체험이 어떻게 실패하는지 느낀다. 그래서 그는 '정확히 적용된 기법'이라는 자신의 초자아 뒤로 물러섬으로써 자기 자신을 스스로 비난할 수 없도록 만든다(그것으로써 그는 이미 치료를 방해하는 체념적 상호작용에 연루되어 있다). 그는 조력자증후군-조력자가 자신의 완고함, 공허감과 직면하도록 할 수 있다. 조력자는 그것을 어떻게 개선할지에 대해 선의를 가지고 책임 있는 지적 신중함을 나타내지만, 실제로는 아무 일도 일어나지 않는다. 치료자와 클라이언트는 "자발적으로 하세요." 또는 "자유롭게 연상하려고 노력하세요."와 같은 모순된 요구들이 공허한 구호에 그칠 따름임을 서로 확신할 수 있게 된다.

나는 어떤 조력자증후군-조력자를 교육분석하는 동안 깊은 체념을 경험한 적이 있다. 그 시간은 B가 꾼 꿈을 얘기하고 암시를 기다리고, 꿈에 대해 떠오르는 생각들을 모아보라는 나의 부탁에 그가 몇 분간 침묵한 후 그것으로는 무언가 시작해볼 수 없는, 정연하게 다듬어진 표현을 내놓는 식으로 진행되었다. 나는 졸음이 오는 것을 애써 참아야 했고, 우리가 진짜 함께 작업하려면 무엇보다도 B의 결혼생활에 대해 얘기해야 한다는 느낌을 때때로 받을 뿐이었다(항상 긍정적이고 이성적인 생활 태도를 보이는 그의 경직된 외형에 그의 부인이 신랄한 비판으로 흠집을 내려 할 때면, 그녀가 그에게 때때로 분노를 표현하는 유일한 인물로 보인다). B도 이런 분석이 불만족스러웠다. 그는 스스로 더 많은 감정을 적극적으로 불러와야 한다는 점을 알고 있었지만, 내가 그의 경직성을 '때려눕히는' 일을 해주기를 더욱 바랐다. 마침내 기대치 않은 일이 일어났다. 시간상의 문제로 나는 두 달 동안 B에 대한 분석을 중단해야만 했다. B는 이 중단을 완전한 거절로 받아들이고 격노했다. 그는 즉시 다른 교육분석가를 찾아 분석을 계속 받고자 했으며 나를 통렬히 비난했다(분석을 중단한 이유는 나의 체념적 역전이 때문이 아니라 실제로 시간상의 문제 때문이었다. 이미 나는 내 체념의 이유에 대해 명확히 알고 있었기 때문에 그것이 행동으로 이어질 염려는 없었다). 이 분노 반응에 대한 해명이 있은 다음에야(그 분석가는 B와 두 번째 면담을 가진 후 그를 다시 내게 돌려보냈다) 비로소 진정한 작업동맹의 기반이 다져지기 시작했다. B는 일련의 간접적-공격적 판타지를 해명할 수 있었으며 적어도 부분적으로는 그 자체의 감정을 느낄 수 있었다. 어느 날 B는 열을 동반한 심한 감기가 든 상태로 내게 와서는 계속 기침을 하며 학회에서 방을 같이 쓰던 사람에게서 감기를 옮았다고 했다. 같은 시간에 그는 돌아가신 할아버지의 약장에서 여러 가지 약을 섞어 페스트 냄새가 가득한 화살독을 만들던 어린 시절 얘기를 했다. 그 이면에는 내게 독을 퍼뜨리기를, 즉 자기 감기를 옮기기를(이 일은 실제 이루어졌다) 바라는 무의식적인 판타지가 숨어 있었다. 분석이 중단되어 그가 분노를 나타내던 시점에 그는 다음과 같은 꿈을 꾸었다. 그가 우리 집에서 급히 화장실에 가려는데 이미 내가 그 안에서 볼일을 보고 있었다. 그는 '개자식(Scheißkerl!)[*]' 하며 투덜거렸다. 나는 이 꿈을 눈에 띄는 그의 두

---

[*]   Scheiße(변, 제기랄)+Kerl(녀석)의 합성어로 남성을 비하하는 흔한 욕―옮긴이

가지 행동을 설명하기 위해 선택했다. 우리 집에는 현관문이 두 개 있는데 B는 대부분 치료실 현관문을 이용하지 않고 가족용 문을 이용한다. 그 외에도 그는 항상 10분 정도 일찍 와서는 화장실을 찾는다. 그가 가족용 문을 이용하는 이유는 "그곳이 화장실과 가깝고", 때때로 내 아내나 아이들을 만나서 짧은 대화를 할 수 있기 때문이 분명했다. B 자신은 화장실에 가는 것을 분석을 받을 동안 배설 욕구로 인해 당황하게 될까봐 불안하기 때문이라고 설명했다. "제가 여기서 선생님과 함께 있을 때 닫힌 상태로 있기 위해 미리 속을 다 비운답니다." 그가 가족용 문을 사용하는 이유는 약속 시간보다 일찍 오는 것과 연관이 있다(내가 아직 자리에 와 있지 않아 치료실 현관문을 열 수 없을 때가 종종 있었다). 그는 일찍 도착함으로써 비싼 분석 시간을 낭비하지 않을 뿐만 아니라 내 사생활에 대한 정보를 얻을 수 있었다. 그가 화장실에 있는 나를 놀라게 하는 꿈은 그 자신의 불안이(괄약근에 지배되는 것이 아닌, 나로 인해 제어되지 않는 상황에서 놀라게 되는) 변형된 것이며 내가 나의 개방성과 적극성으로 그의 폐쇄성과 수동성을 보상해야 한다는, 그에게 익숙한 발전적인 '강한' 입장을 유지할 수 있도록 내가 퇴행적인 '약한' 입장을 취해야 한다는 욕망의 표현이다. B가 이런 해석에 대해 의례적인 선의로 답하는 것이 아니라 탄식조로 "제기랄!" 하고 내뱉었을 때, 나는 훨씬 홀가분해졌다.

5. 간접적인 공격성 빌헬름 라이히는 면담이 시작되기 전에 먼저 치료자에 대한 클라이언트의 부정적인 감정이 반드시 얘기되어야 한다고 충고했다. 그러나 거부되고 규제된 아동이 자신을 억압하

는 대상에게 갖는 원형적인 증오와 유아적 분노의 감정은 표출되지 못한 채 각 관련 인물에 대한 무의식적인 태도에 담긴다. 그것의 억압이 파트너를 이상화하여 관계를 피상적으로 만들기 때문에 관계가 이루어지지 않거나, 오래된 증오가 표출되기 때문에 다시 무너진다. 증오의 억압과 부정으로 교류와 관계 결핍이라는 정신분열적 장벽을 구축하게 되고 자학적 고립 속에서 우울하게 위축된다.

그럼에도 불구하고 나는 라이히의 충고를(정신분석적 상호작용의 각 형식적 규정처럼) 바로 조력자증후군-조력자의 경우에 생길 수 있는 특정 역전이의 표현으로 여긴다. 공격성의 직접적인 표출이 긍정적인 관계를 만드는 데 중요한 토대가 된다는 것은 개별 심리치료나 (더욱 흔하게는) 집단 심리치료에서 익히 확인된 사실이다. 분명한 '아니요'를 이미 금지된 공격성의 표현으로 여기기 때문에 공격성을 표출하거나 거절할 수 없는 사람은 결국 삶과 관계의 전체 영역을 부정해야만 한다. 그러므로 긍정적인 감정의 통로를 터놓기 위해 부정적인 감정을 표출하도록 직접적으로 요구하며 클라이언트를 독려하고 강요까지 하는 것은 당연하다.

어떤 치료방식이든 치료적 상호작용의 조종은 무엇보다도 불확실함에 대한 치료자의 불안을 억제하는 데 기여한다. 라이히가 제안한 조종이, 요청이 없으면 표출되지 않는 간접적 공격성에 대해서도 그 목적을 달성해야만 한다. 나는 여기서 바로 조력자증후군-클라이언트를 대하면서 생길 수 있는 반응적 공격성의 과대평가를 발견한다. 그들의 배려, 이타주의, 공격성의 기피(또는 자기 자신을 향한 자학적 공격성의 가공)에 의해 규정된 우울한 외형은 간접적으로만 드러나는 분노와 파괴의 미묘한 징표가 분석가의 시선에 더욱 잘 포착되게 만든다.

조력자증후군-조력자의 경우 직접적 공격성의 억압은 아마도 치료자로 하여금 긍정적인 전이를 미심쩍게 여기도록 만들고, 클라이언트가 공격성을 부정할수록 부정적인 전이를 더욱더 기대하게 할 것이다. 따라서 치료자는 자신의 클라이언트를 부당하게 대하고 클라이언트에게 방어 상태의(대부분 사회적으로 단연코 긍정적인) 자신은 인정되지 않고 자신의 공격적인 감정과 대면할 때에만 호의를 보여주는 듯한 느낌을 어느 정도 알아차릴 수 있도록 전달한다. 이제껏 커다란 불안과 죄책감을 느껴온 성격 영역을 지나치게 강조하는 것은 치료자의 노력과는 전혀 상반된 결과를 초래할 수도 있다. "제가 당신에게 받아들여진다고 느낄 때 비로소 공격성이나 깊은 감정과 대면할 수 있어요."(클라이언트)—"당신이 공격성을 좀 더 자유롭게 표현하고 감정을 나타낼 수 있어야, 제가 비로소 당신을 받아들일 수 있어요."(치료자)

이렇게 상대가 먼저 시도하기를 기대하기 때문에 서로의 발전을 저해하는 진퇴양난의 비치료적인 상황이 발생한다. 여기서 흥미로운 것은, 클라이언트의 조력자증후군과 관련된 치료자의 역전이는 그 기본 동기가 치료자의 조력자증후군에 있다는 점이다. '거부된 아이'의 동기는 치료자 자신에게도 강렬하고, 치료자는 클라이언트의 표면상의 관심과 협력 이면의, 간접적으로만 표현할 수 있는 무의식적 공격성의 징후를 감지하기 때문에 그를 수용할 수 없다. 치료자는 자신과 타인에 대한 원초적 신뢰의 결핍을 넘어서 결코 단정적으로 파악할 수 없는, 인간을 성장시키는 힘을 발견할 때에야 비로소 조력자증후군-클라이언트가 그와 새로운 사실을 나누도록 진정으로 도울 수 있다.[3]

3   Vgl. B. Staehelin, Haben und Sein, Zürich 1969

9

조력자에 대한 지원
—조력자증후군의
예방과 치료

정신분석연구는 경계 설정의 중대한 문제를 통해서 실제에 접근하고 자기 삶과 직접적인 연관을 갖게 되는 장점을 취한다. 조력자증후군은 사회적 행위, 사회계약의 영역에 그야말로 적합해 보인다. 경직성, 초자아 동일시로 인한 욕망과 쾌락에 대한 적대감, 거부된 존재의 판타지와 다른 범주들은 정치적 내용과 한참 거리가 있다. 각인된 조력자증후군은 사회주의적 좌파 교사나 마오주의 사회복지사들과 마찬가지로 극히 종교적으로 결속된 간호사들에게서도 발견할 수 있다.

사회학자와 정신분석가의 대화가 자주 악화되는 이유는 각자 초자아 측면에서 상대방을 능가하려고 하기 때문이다. 분석가는 사회학적 사고와 대규모 집단의 형성에서 무의식적인 일차과정의 맥락을 밝히려는 반면, 사회학자는 정신분석의 사회적 입지를 제한한다(그리고 분석을 자칫 '부르주아의 이데올로기'로 치부한다).

이러한 논쟁은 억지스러운 대안과 괴리를 부각시키기 때문에 결실이 없다. 각자 그들의 관점을 보편타당하게 여기고, 사회적 발달처럼 생물학적 발달의 특징인 끝없는 과정을 부정하자마자, 사회학자와 정신분석가는 서로 믿을 수 없게 된다. 이 과정에서 이제 사회학적 또는 정신분석학적 조사에 관한 것인지는 차치하고, 특정 지점에서 그 자체로 명백하지 않은, 별 의미 없고 필요 없는 관점이 제외되는 경계를 짓는 일은 항상 필요하다. 나는 증후군 정도의 기준을 정하는 문제를 다시 한번 간단히 검토하는 한편, 여기서 정치 또는 다른 '돕는 직종'에서의 조력자증후군은 제외하겠다. 그러나 이 질문에 대한 답을 다른 주제 선택과, 즉 조력자증후군이 언제나 조력자의 역량을 손상시키는지, 혹시 이것으로 이타적 인생관이 실현되기 때문에 미약한 정도의 증후군이 필요한 것은 아닌지, 분리할 필요가 있다고 여긴다.

이로써 우리는 아직 명확한 답을 찾을 수 없는, 인간의 '본성'과 이 '본성'에 미치는 '문화'의 영향에 관한 일련의 물음에 봉착한다. 이타주의가, 타인에 대한 걱정이, 과연 우리 본성의 기본 특징인가, 아니면 원래 이기적이며 공격적인 동물적 특성이 문화에 의해 강제로 승화된 것인가? 인간 개개인의 성격은 유전과 심리사회적 환경의 상호작용으로 형성된다. '인간의 본성'에서 이른바 '영원한' 도덕률의 근원을 찾고자 그것을 고정된 것으로 여긴다면, 이는 헛

수고일 뿐이다. 생물학적 기질로 본다면, 오히려 인간은 본성적으로 문화적 존재이다. 인간은 인간이 되기 위해 자기 '본성'을 다듬어주는, 문화에 의해 결정된 상징 체계의 내재화를 필요로 한다. 반면에 인간의 수용 능력은 제한되어 있다. 인간의 사회화는, 건너뛴다면 손상을 입게 되는 정해진 순서를 통해서만 진행될 수 있다. 불행한 아동기를 보낸 다음, 특히 성인의 나이에 감화의 기회는 상대적으로 제한된다. 인간이 일을 통해서 자기 자신과 주위 환경을 형성한다는 이유로, 인간을 생물학적 자연법칙과는 더 이상 관련이 없는 존재로 규정하는 것은 옳지 않다. 마찬가지로 생물학적으로 이해할 수 있는 욕동을 통해서 사회의 발전을 설명할 수 있다는 가정도 옳지 않다. 정신분석과 그것으로 인해 촉발된 초기 아동기에 대한 연구가 바로 이 점을 입증한다.

　나는 익히 알려진 사실을 이 자리에서 반복하는 우를 범할까 걱정스럽다. 생물학적으로 결정되었지만 개별적 발달 조건에 따라 매우 달라지는 적응의 한계가 있음을 생각해보자(어떤 사람은 심각한 신경증적 증상 없이도 과도한 성적 억압을 견딜 수 있지만, 또 그렇지 않은 사람도 있다). 물론 사회적 관련성 역시 인류의 그리고 영장류의 생물학적 장비에 속한다. 어미-새끼-결합의 본능적 토대로서, 성장한 형제 사이의 '동지 관계'로서, 맹수가 집단을 공격할 때 본능적으로 표출되는 전투 반응으로서 말이다. 마찬가지로 그 차이들도 분명하다. 유인원의 이타적 행동이 관찰자에게는 완전히 감정적이고(집단방어처럼) 즉각적인 또는 본능에 의한 자동적인 행동으로 보인다. 성인 간의 관계에서 발전적이고 퇴행적인 역할의 분업이나 또한 분열과도 같은 문화 결정적 요소가 설계에 결여되어 있다. 진화론적으로 생각할 때 이타적 행동이란 임상 위주의 고전적 정신분석이 주장하듯이 오로지 공격성의 승화와 관련된 것만은 아니라는 점을 우리는 확신할 수 있다. 그러나 인간의 행동을 갈등의 관점에서 바라보면, 조력자 행동방식은 주로 공격성을 승화하고 각인된 자기애적 결핍을 간접적으로 만족시키는 데 기여한다.

우리는 조력행동의 각 장면에서 '자연적'이고 '문화적'인 영향의 성분들을 증명할 수 있다고 믿는다. 가장 현저한 조력자증후군에서조차 조력자증후군의 기제 외에 즉각적이고 감정이 실린, 자아에 의한 원조도 이루어진다. 다른 한편 인간 사회에서는 어떤 효과적인 조력자 행동도 즉각적이고 '동물적'으로, 즉 우리의 영장류 유전자에 기인한 원조와 이웃의('형제자매적') 상관성만을 근거로 나타나지는 않는다. 우리의 행동에는 항상 초자아적인 요소가 끼어든다. 자연스러운 인간 행동에는 본디 초자아, 자아 그리고 원본능이 함께 활동하며, 그것들은 분리된 심급으로서가 아니라 규범적 동일시, 현실 지향적 성과, 정서적 욕망 충족의 중요한 흐름이 시너지 효과를 일으키는 부분으로 지각된다. 이런 조화로운 흐름은 정신 장치의 한 부분이 다른 부분의 희생으로 과도하게 발달될 때 바로 방해를 받는다. 마치 한쪽으로 치우친 훈련을 받은 역도 선수의 전체 움직임이 조화롭지 못한 것처럼. 조력자증후군-조력자는 자신의 조력자증후군을 자아의 활동에 두고 그것으로부터 거리를 유지할 수 있을 때, 유용하고 의미 있는 작업을 수행할 수 있다. 그렇지 못하면 그는 조력자증후군의 특징이 완화되는 것이 아니라 오히려 강화되는 조력자-시설에서 에너지를 낭비하고 때때로 피해도 입게 될 것이다.

그러므로 조력자증후군의 예방과 치료의 목표는 초자아 동일시를 통해 이타적 행동을 강요하는 것이 아니라 그것을 자아의 활동으로 만드는 것이다. 이 추상적인 프로그램을 조력자증후군의 성격 특성에 맞춰 구체화시켜보겠다.

1. 거부된 아이 아이의 관련 인물은 아이가 태어나면서부터 항상은 아니더라도 충분히 아이에게 공감적 관심을 보여야 한다. 이렇게 쓰기는 쉽지만 행하기는 어렵고 실현하기는 때때로 불가능하다. 그렇지만 이런 기반이 부모의 초자아에 호소하고 그로 인해 자주 그들의 공감 능력을 감소시키는 특정 교육 원칙이나 금지, 명령보다 훨씬 중요하다(그러므로 교육상담자는 어머니나 아버지에게 충고를 함으로써 부모의 초자아 동일시를 강화할 것이 아니라 그들의 공감 능력이 제대로 발휘되지 않는 원인을 밝히고, 가능하다면 그것을 제거해보려고 "내 아이가 …할 때, 내가 할 수 있는 것이 과연 무엇일까?"라는 질문을 던졌어야 했다).

적절한 '교육을 위한 교육'[1]은 자연스럽게 부모의 공감 능력을 지원하고 아동의 욕구에 대한 그릇된 생각을 없앨 수 있다. 어린 시절의 청결, 질서, 욕망의 단념, 성실성, 자주성, 스포츠 재능, 신앙심, 예술가적 재능, 이타주의 등 '거부된 아이' 영역의 감정에 주된 책임이 있는, 리히터가 '아이에 대한 자기애적 투사'라고 묘사

1　　　이 주제에 대한 자료는 인도주의 연합의 '교육을 위한 교육' 실무진이 보고한 서류 No. 3/1973과 5/1973 참조.

한[2] 현실과 유리된 이상은 그 무의식적 특성 때문에 파악하기 훨씬 어렵다. 그것은 공감 능력을 현저히 제한한다. 아이의 '올바른' 행동에 대한 그런 무의식적이고 무분별한 이상적 상(그에 부응하면 실제 아이의 체험 영역까지 거부하게 만드는)은 교육 관련 서적이나 잡지 또는 그 밖에 평생교육원 프로그램이 제공하는 합리적인 설명을 통해서는 좀처럼 해결되지 않는다. 이를 위해서는 부모 자신이 사회화 과정에서 품게 된 무의식적 이상에 대한 통찰도 얻을 수 있는 부모 교육이 필요할 것이다(예를 들어 교육 상담과 자기체험을 결합시키는 부모 집단).

개별 사회화 조건들은 생명 경시, 환경 파괴, 무의미한 경쟁과 불안이 횡행하는 사회적 상황을 반영한다. 부모가 그들이 이상적으로 여기는 수준에 부응하지 못하는 아이에게 행사하는 거부는 언제나 일부만 신경증적 판타지로 가공된다. 다른 부분은 사회 현실에 부응하며 단지 그것과 함께 변화될 수 있을 뿐이다. 그런 변화는 경제적 불평등뿐만 아니라 '성 차별'의 영역, 즉 성역할의 가부장적 양극화로 인해 여성과 남성이 받는 피해에도 해당된다. 예를 들어 소년들이 '부드럽고', 다감하고, 헌신적이고, 불안해 보일 때, 또 요리와 인형에 관심이 있을 때 그들은 거부된다. 소녀들은 합리적이며, 통제적이고, 공격적이고, 추진력 있고, 독립적이고 기타 등등의 경우 거부된다. 원래는 다양했던 아이의 감정과 신뢰의 넓은 영역이 이런 방식으로 성격 발달에서 제외된다. 성별이 다른

---

2   H.-E. Richter, Eltern, Kind und Neurose, Stuttgart 1963

사람에 대한 공감 능력이 매우 손상되며, 그것과 더불어 평등하고 상호적인 관계를 만드는 능력도 저하된다.

2. 초자아 그리고 자아이상과의 동일시 조력자증후군-조력자는 자신의 감정과 욕구를 지각하지 않으려고 타인을 돕는다. 다른 사람을 돕는 활동을 함으로써 자신을 도울 수 없는 무력함과 싸운다. 이는 즉흥적인 감정에 대한 불안으로 생기며, 거부된 아이의 영역에서 무의식적·원형적 분노로 환원되는 내적 공허로 가득 찬다. 초자아 동일시와 자아이상 동일시는 도움에 강박적 특성을 띠게 한다. 일을 즐겁게 하지는 않지만 믿음직스럽게, 투덜대지만 희생적으로, 자기 자신에 대해서는 가혹하지만 타인에 대해서는 성실하게 수행한다. 가장 본질적인 예방 효과는 앞에서 언급되었다. 부모가 자신을 받아들인다고 아이가 느끼면(부모가 아이를 공감할 수 있을 때에만 가능한 일이다) 아이의 초자아, 자아이상, 자아가 하나로 연결된다. 그렇지 않은 경우에는 이 영역에서 갈등이 생성되며, 욕동의 분출 그리고/또는 초자아의 경직을 예상할 수 있다.

그러나 예방적·치료적 조처는 나중에도 가능하다. 여기서 무엇보다도 조력직에서의 수련 과정을 염두에 두게 된다. 거부되고 오직 경직된 초자아 동일시를 통해서만 유지될 수 있는 감정이 수련 과정 동안 더욱 강화되거나 아니면 완화될 수 있다. 수련 과정은 조력자증후군을 없애는 대신 오히려 완성시키고, '합리적' 근거를 들어 그에 대한 준비를 시키기에 매우 적합하다. 조력자들은 그들이 부단한 투입 준비, 친절, 수용, 신중성, 통찰력, 자제력, 시간 엄수 등과 관련된 엄격하고 과도한 부담이 되는 규범에 부합하지 못할 때, 스스로를 좋지 않게 느끼고 열등감을 갖도록 가르침을 받았다. 그들은 조력 활동에서의 실수를 나쁜 결과를 초래하는, 무언가 끔찍한 것이라고 배운다. 그렇게 기존의 초자아 동일시가 강화된다. 그 결과가, 늘 옳고 모든 이들에게 공정하고자 정서성과 창조성을 잃은 조력자증후군-조력자의 경직되고 잘 공감하지 못하는 평가적('옳은' 것과 '그른' 것을 구분하는) 태도이다.

병원이나 간호학교, 대학의 사회복지학이나 교육학의 교육과정에서 이런 위험을 고려해 정서적 교육과 자기체험의 요소를 교육과정에 포함시킬 수도 있었을 것이다. 자기체험, 창의성 훈련, 역할놀이, 다양한 형태의 집단역동적 훈련에 대한 수요는 사회적 직업을 위한 교육 현장에서 좀처럼 충족되지 않는다. 강사 스스로가 이런 과정을 단지 책을 통해서만 알고 이에 대한 개념이 매우 부족하기 때문에, 이에 대한 교육은 받지 않은 채 집단역동적으로 감정을 담아 작업하려는 시도들은 철저히 잘못되었다. 다른 한편으로 집단역동적 교수법이 멋지고 부담을 덜어주는 체험으로만 한정된다면, 실천적 사회복지, 학교 또는 의료 활동과의 관련성을 잃을 위험에 처하게 된다. 집단역동적 기관[3]과 조력자 교육기관 간의 더욱 긴밀한 협력이 여기서 매우 유익하리라 생각된다. 이런 협력을 하는 가운데 특히 정신건강에 대한 준비와 사회적 직업에서 활동의 조절을 다루는, 자기체험과 감정이 담긴 고유한 교육 프로그램이

3　　Z. B. Deutscher Arbeitskreis für Gruppendynamik und Gruppentherapie (DAGG), Workshop Institute of Living Learning (WILL-Europa), Gesellschaft für analytische Gruppendynamik (GaG), Fritz-Perls-Institute(FPI)

고안될 것이다.

"제게는 매일 밤낮으로 전화하는 클라이언트가 많았고, 그럴 때마다 저는 소방대원 노릇을 해야 했어요. 그러다 제가 그렇게 즉각 개입해야 할 필요가 전혀 없다는 것을 알아차렸기 때문에 완전히 지치고 화가 나는 일이 잦았답니다. 이용당한다는 생각이 들었지만 차마 거절할 수는 없었어요. 그러면 끊임없이 죄책감을 느끼게 되거든요. 어떻게 해야 한다고 생각했던 것처럼 모든 것을 잘할 수는 없었어요. 그리고 완전히 체념한 많은 선배들을 보면서 처음에는 '넌 절대 저렇게 되어서는 안 돼!'라고 다짐했지만 점차 그들을 이해할 수 있게 되었죠. 하지만 요즘도 학생 시절에 배웠던 것들을 생각하면 화가 나요. 언제 그것에 부응할 수 있을지 전혀 모르는 규칙과 요구로 우리에게 항상 가장 큰 의무를 부과했어요. 모든 것이 추상적이었고, 우리 스스로 우리의 감정과 더 이상 조화를 이루지 못할 때 과연 무엇을 해야 하는지, 어느 누구도 얘기해주지 않았죠. 그런 일은 그저 있어서는 안 되고, 절대 없다는 것이지요. 하지만 이곳에서 교육을 받고서는 큰 변화가 있었어요. 처음에는 자기체험 집단이 매우 낯설었어요. 지도자가 전혀 적극적이지 않고 거리를 두다니요. 그렇지만 제가 절대 충족시킬 수 없는 어떤 이상들을 더 이상 쫓지 않는 것을 점점 배웠어요. 저는 거절하는 법을 배웠죠. 지금은 아주 분명히 거절해요. 제 클라이언트들은 이제 제게 밤에 전화하면 안 된다는 걸 잘 받아들여요. 그렇게 하니 오히려 그들이 더 잘 지내고 덩달아 저도 좋아요. 저는 더 이기적이 되고, 저를 더 생각하고, 더 받아들이는 법도 배웠어요. 그 후로 훨씬 더 클라이언트들에게 관심을 기울이고 그들 편에 서게 되었어요.”
(32세 사회복지사의 집단역동과 소셜테라피 연수 경험)

내게 제일 잘 알려진 분석적 집단역동협회에서의 교육 경험은
(다른 집단역동 전문기관들도 비슷한 요구를 하지만, 필수적으로 생각되
는 개별적 자기체험을 자주 생략한다) 대략 300시간의 자기체험과(개
별 125시간, 단기집단과 장기집단 200시간) 그만큼의 이론 교육과 슈
퍼비전을 필요로 한다. 이 프로그램은 사회적 직업이 대부분 필요
로 하는 (전문)대학 교육에는 포함되지 않는다. 하지만 조력 현장
에서 성격과 연관된 어려움을 겪을 때 이미 전체 학업과정(이론과
실습!)을 통해 노련한 지도자 밑에서 자기체험집단을 경험했다면
당연히 매우 큰 도움이 될 것이다. 앞으로 모든 조력자 기관이 (집
단)슈퍼비전의 기회를 이용하도록 해야 할 것이다.

3. 관계에서 상호성의 결여 조력자증후군-조력자들은 개인적 교
류도 조력자-피조력자 관계를 본보기로 삼는 특징이 있다(많은 조
력자증후군-조력자들은 증후군을 단지 개인적 관계에서 발전시키고 직
업에서는 중립적인 태도를 취한다). 아니타(Anita)와 만델(Karl Herbert
Mandel)은 분석 수련을 받은 심리치료자들에게도 권하는 흥미로운
예방 방안을 계발했다. 그들은 뮌헨 의사소통치료 연구소에서 초보
부부치료사와 부부상담가들을 대상으로 ‘파트너와 함께 하는 자기
체험’[4]이라는 교육을 실시했다. 또 다른 방법은 모든 조력직의 교육
중 가장 중요한 부분을 이루는 실무 관련 슈퍼비전에(이제까지는 심

[4]　　　K. H. Mandel, Lehrpläne des Instituts für Forschung und Ausbildung in
Kommunikationstherapie, in: Partnerberatung 13, S. 80, 1976

리치료자의 지도과정, 의사들의 임상교육, 교사들의 연수에서 부분적으로 실행된 반면, 간호사를 비롯한 그 외의 직업 종사자들의 경우에는 우연이나 개인적 결정에 의해 이루어져왔다.) 개인적인 문제도 포함시키는 것이다. 이것은 물론 사회적 인식의 현저한 변화를 전제한다.

모든 정신분석가들은 제대로 일을 하려면 우선 자신의 사생활이 해결점을 찾지 못한 갈등으로 인해 휘둘리지 않아야 한다는 점을 분명히 알고 있다. 이 갈등의 무의식화가 아마도 갈등의 정도보다 더욱 중요할 것이다. 어떤 분석가가 그의 결혼생활을 고집스럽게 이상화한다면 그는 아마도 그 갈등을 솔직하게 끄집어내는 분석가보다 클라이언트의 배우자에 관한 문제를 제대로 다루지 못할 것이다. 상호성(예를 들어 두 파트너 간에 교대로 일어나는 발전과 퇴행)의 문제를 부정함으로써 생기는 무의식적 갈등은 그가 현재 심리치료자든, 아니면 교육상담가, 결혼상담가, 의사, 교사 또는 사회복지사든 간에 조력자의 공감 능력을 약화시키고 그럼으로써 성과를 감소시킨다. 조력직에서 직업활동이 방어적 성격을 띤다면 그것은 사생활과 명확히 분리되지 않는다. 조력자는 개인적 불안과 걱정이 업무를 방해하기 때문에 그것들을 인정해야만 한다. 우울한 사생활로부터 도피하기 위해 일을 하는 것이 조력자증후군-조력자의 특성이다. 이 경우 조력자가 클라이언트 이외의 사람과의 관계에서 진정한 상호성을 누리며 잠시 발전적 입장의 과제를 내려놓을 수 있어야만, 장기간 효과적인 조력활동이 보장된다는 사실을 인식할 때 비로소 시정이 가능하다. 그러므로 실무 관련 슈퍼비전에서 조력자 성격의 이런 면이 참작되었어야 했다. 이런 이유로 나는 직업 관련 자기체험집단에서 발린트-모델에 따라 구성원의 개인 문제를 제외하고 직업적 질문만으로 주제를 제한하도록 고집하는 것이 적절치 않다고 생각한다. 바로 조력자 역할, 개인 영역, 조력기관에서의 자기책임, 기술적인 과정과 역전이에 대한 관찰을 연결시키는 것이, 실무 관련 슈퍼비전에서 조력자증후군이 간과되거나 초보 조력자의 경우 오히려 비공감적·도덕적 태도를 통해 조력자증후군이 강화될 위험을 줄일 수 있다. 자기 문하생들에게 매일 최소 14시간의 노동과 주말 근무를 강요하고 이에 저항하는 그들의 파트너와는 헤어지도록 요구하는 내가 아는 어느 유명한 분석가처럼, 특히 슈퍼바이저 자신이 조력자증후군을 갖고 있을 때 이런 위험이 닥친다.

4. 숨겨진 자기애적 필요 가정과 사회에서 경험하는 자기애적 욕구의 폄하가 서양 문화에서 흔히 볼 수 있는 자기감의 손상과 상처의 원인이 된다. 심리학적 지식을 갖고 있는 구성원들의 자기체험집단에서도 "오직 관심을 끌려고 그런 얘기를 하는군요.", "늘 자기만 내세우려고 하네요.", "연극 하는군."과 같은 비난을 자주 들을 수 있다. 많은 사람들은(그리고 적지 않은 조력자증후군-조력자들은) 강렬한 감정의 자유로운 표현을 기본적으로 정당화되지 못한 자기애적 욕구로, 모든 사람을 괴롭히는 뻔뻔스러운 쇼로 여긴다. 아이들이 즉각적인 자기애적 욕구를 부정하고 겸손하게 뒤로 물러서며 이런 거부에 대한 확인만을 기대하게끔 길들여지는 한, 인정받지 못하고 숨겨진 채로 작동되는 자기애적 욕구의 파괴적 표출을 예상해야 한다. 숨겨진 자기애적 필요는 이중구속적 의사소통

(언어적으로는 "나는 너를 위해서라면 뭐든지 하고, 나 자신을 위해서는 아무것도 요구하지 않는다."라는 메시지를 전달하는 한편, 비언어적으로는 "네가 내게 의존하며 감사하지 않으면 내가 슬프다."라는 메시지를 전달함)이 특징인, 인간 상호 간의 불명확하고 해명할 수 없는 상황을 초래한다. 그것은 간접적 공격성, 독선적 이상의 고수, 제삼자에 대한 변호를 표방함으로써 다른 사람을 폄하하고 동시에 자기 자신을 높이려는 시도를 하게 하면서도, 이런 요구를 이해하도록 만들지는 못한다. 부모가 그들 자신의 자기애적 욕구를 시인하지 않으면, 아이들에게도 마찬가지로 이 욕구를 부정하고 간접적으로 표현하도록 가르친다. 타인을 위한 이른바 무욕적 희생의 전형을 분명히 보여주는 조력자 교육을 담당하는 사람들도, 마찬가지로 자신의 조력자증후군을 학생들에게 재생산시킨다.

조력자는 이와는 정반대로 클라이언트와의 관계에서 상호성의 성격을 인식하고 강조하기를 배워야 한다. 그는 "그저 도우려 했을 뿐인데요!"라는 상투어에 담긴 방어를 알아차려야 한다. 그와 클라이언트 간의 계약은 명확하게 작성되어야 한다. 지원의 범위, 가능성, 종류, 협력의 목표, 그 모든 것들이 무분별한 희생을 통해 감추어져서는 안 된다. 이 점이 명확치 않다면 조력활동의 실패가 이미 예정되었다고 볼 수 있다. 한편으로는 조력자의 희생 뒤에 잠복해 있는 엄청난 자기애적 욕구, 다른 한편으로는 그런 무욕을 신뢰할 수 없어 그것을 끊임없이 시험해보는 피조력자의 수동적 기대가 결국 상호작용의 와해를 초래한다. 거기서 양쪽의 죄책감과 더욱 부정적인 자기감이 비롯된다.

감추어진 자기애적 필요의 불리한 결과는 조력자가 그의 자기애적 욕구와 대면함으로써 예방할 수 있다. 이미 앞에서도 강조했듯이 조력자의 교육과 연수에서 자아상과의 만남이 이루어져야 마땅하다. 자기애적 욕구가 억압되거나 부정되었음을 누설하는 신호로는, 칭찬과 인정을 진정으로 기뻐하지 못하거나, 조력자 상호작용에서 성과와 보상에 대한 명확한 협상을 회피하고, 도움을 분별없이 제공하고, 여러 조치가 절망적이라는 사실을 부정하고, 클라이언트의 감사나 자기개선을 늘 불충분하게 여기고, 클라이언트에게 정당한 요구(예를 들어 시간 엄수, 약속 이행, 청구서 지불)를 하는 것을 불안해하고 주저하는 것 등을 예로 들 수 있다.

이 문제를 단호하게 처리하여 과도하게 상쇄하려는 태도는 치료비 지불이 절대 늦어져서는 안 된다는 요구에서(극단적인 경우에는 매번 즉각적인 지불을 요구한다) 입증된다. 유사한 반동형성을 하는 조력자증후군-조력자는 절대 조력자-상호작용의 교환 특성을 억지로 유지하려고(그리고 역전이에서 냉정하고 강박적으로 이성적인 부모와의 관계를 재현하려고) 치료의 전망이 불투명한 클라이언트를 담당하지 않을 것이다("저는 원칙적으로 중독증이나 성 도착증은 치료하지 않습니다."). 여기서 핵심적인 문제는 한편으로는 클라이언트의 자아강도를 강화하고 그를 격려하는 호의를 베풀 준비가 되어 있다고 느끼지만, 다른 한편으로는 자신의 힘에 부치거나 지원이 클라이언트의 능동성을 저해하여 그를 강화시키는 것이 아니라 오히려 약화시킬 때, 모든 조력을 거부할 만큼 (비난이나 책망의 기색 없이) 내적으로 자유로워지는 데 있다.

이런 관계에 대한 상징이 아이를 이끄는 방식이다. 나는 아이의 손을 뿌리칠 수 있다. ―네가 무엇을 할지 너 스스로 알아야 한다. 나는 그 손을 늘 꼭 쥐고 있을 수 있다. ―네가 어디로 가야 할지 너는 모르지만, 나는 알고 있다. 나는 아이에게 손을 내밀 수 있다. ―네가 손이 필요할 때 내 손을 잡을 수 있고, 그렇지 않을 때 놓을 수 있다. 그리고 나는―가장 중요한 것―아이에게 뭘 원하는지 물을 수 있으며, 내가 원하는 것을 그에게 말할 수 있다. 가끔은 아이가 모르는 위험으로부터 아이를 보호하기 위해서 아이의 뜻에 어긋나게 손을 잡아야 할 때가 있다. 이런 위험이 단지 아이를 기르는 아버지의 판타지일 뿐이라면, 이런 행동은 대부분 위험하다. 우리는 각자 그렇게, 우리 모두 함께 마주하는 현실과 얼마간의 관계가 있는 자신의 상징 세계를 구축하고 그 안에서 살며 아이를 기른다.

이것은 클라이언트와 함께 무의식의 세계를 여행하는 정신분석가에게도, 특히 이 무의식이 둘의 상호작용을 통해 만들어지는 것을 부인할 수 없을 때 해당된다. 클라이언트가 정신적으로 심하게 와해된 경우에는, 관계가 상호적인지 아닌지에 대한 치료자의 느낌이 이 치료가 과연 계속될 수 있는지, 아니면 중단되거나 다른 형태로(약물, 입원) 유지되어야 하는지 결정하는 유일한 기준이다.[5] 그에 따라 어느 정도 심각한 증상까지 치료될 수 있는지, 그리고 치료자가 어디까지 자신과 환자들의 생활을 연결 지을 수 있는지

5   M. Balint, Therapeutische Aspekte der Regression, Stuttgart 1970

에 대한 치료자들의 매우 다른 견해들도 밝혀진다.

5. 간접적 공격성 타인의 요청을 거절하지 못하거나 부당한 취급에 저항할 수 없는 지경까지 갈 수 있는, 직접적인 공격성의 표현을 억제하는 것은 초자아 동일시의 결과이다. 조력자증후군-조력자는 아이 때 겪은 거부와 자기애적 상처로 인해 생긴 원시적인 거대한 분노에 휩싸이게 될까봐 두려워 어떤 사소한, 현실과 관련된 공격성도 표출할 수 없다. 공격성 억제로 인해 이 분노는 앞으로도 거듭 강화된다.

어느 분석 시간에 협회 대변인으로서 학생들의 이익을 용감하게 대변하고 공격적으로 관철시켰던 한 젊은 심리학자가 눈물을 흘리며 얘기했다. 그는 예를 들어 오래전에 자격을 구비한 세미나 지도와 같은 아주 당연한 소망도 자기 자신을 위해서는 표현하지 못한다고 했다. 누군가 그 일을 그에게 의뢰할 때까지 기다려야만 하는 것이다. 한편 그는 자신이 빈정대고 아는 체를 해서 다른 사람의 감정을 상하게 하고 자신의 앞날을 흐리게 한다는 걸 스스로 느낀다.

한 사회학자가 실직으로 인한 심각한 우울감 때문에 치료소에 찾아왔다. 그는 평화 연구에 관한 논문을 이미 여러 차례 발표한 적이 있었다. 그럼에도 그는 간접적 공격성으로 인해 취업의 기회를 고의로 걷어차고, 대부분 수습 기간을 마치기도 전에 중요한 일을 마무리하지 않거나 상사를 모욕했다는 등의 이유로 해고당했다.

조력자의 간접적 공격성이라는 주제는 공격성의 억압이 다른 모든 억압처럼 문제를 해결하는 것이 아니라 첨예화하기 때문에 더없이 중요하다. 공격성을 절대 제대로 부각시키지 못하는 조력자 증후군-조력자는 결국 늘 잠재적으로 공격적이며 우울하고 기분이 언짢다. 그는 그의 공격적 긴장을 촉발시킬 대상을 기다렸다가 클라이언트의 방해가 되는 가족에게, 경쟁적인 동료에게 그리고 무엇보다도 자기 자신에게 그 공격적 긴장을 분출해 우울에 빠지거나 정신신체 증상 등으로 풀어놓는다. 주위는 그의 투사된 공격성에 상응할 만큼 위협적이다. 그에게 호의를 느끼는 사람은 아무도 없다. 타인의 실수가 모두 그를 공격한다. 조력자의 비공감적인, 냉혹한, 숨겨진 가학적 행동은 대부분 조력자 기관(특히 병원)의 많은 사람들에게 알려져 있다.

언젠가 아내의 손가락 두 개가 문틈에 심하게 끼어서 손톱이 빠졌다. 나는 고통스러워하는 아내와 함께 병원에 갔다. 병원에 도착한 지 15분이나 지나서야 응급실 간호사가 일단 개인 정보와 병력을 물었다. 그 후 방사선 검사를 할 때 방사선과 의사가 이렇게 물었다. "무슨 일로 왔어요? 손가락이 아직 그대로 있는데!" 우리는 치료실에서 기다렸다. 보조원이 들어와서는 말했다. "여기서 뭐하세요? 여기는 의사 선생님들이 계시는 곳이에요. 호명될 때까지 나가서 기다리세요!" 아내가 치료받을 필요가 없는지 거듭 물을 때마다 의사들은 한결같이 "우리라고 이러고 싶어서 이러는 줄 아세요?" 아니면 "당신 앞의 환자도 아프거든요."라고 대꾸했다.

이런 에피소드는 조력자 기관에서 얼마나 공감 능력이 감소하고 잠재된 가학증이 드러나는지 폭로한다. "더 심한 경우도 있어요."

("손가락이 아직 그대로 있는데.")와 같은 상투적인 표현이 그런 면을 단적으로 드러낸다. 가장 심각한 경우를 위해서 이타적 태도를 유보하는 반면, 덜 심한 경우에는('방해가 되는 가족'과 유사하게) 간접적 공격성의 표적이 된다. 게다가 조력자 기관에서는 공격성(예를 들어 불필요하게 환자들을 기다리게 하는 것)이 관료주의의 규범을 통해 합리화될 수 있다.

개인의 경우에는 직무 관련 자기체험에서 시정의 기회를 찾을 수 있다. 기관에서는 자신의 과제에 대한 지속적인 숙고, 관료주의로 과도하게 증가된 자신의 요구와 대면함으로써(병원은 행정, 간호사, 의사가 아니라 환자를 위해 있다) 기회를 만들 수 있다. 아마도 조력자 기관에서의 간접적 공격성과 잠재적 가학성은 클라이언트와 조력자들, 예를 들어 환자들, 간호 인력, 행정직원 그리고 의료감독 간의 허심탄회한 논의가 가능할 때 일단 감소될 수 있을 것이다. 대부분 이런 형태의 간접적 공격성에 시달린 '전면적 통제 시설', 즉 정신병원에서 역시 변화의 시도가 가장 많았다. 무엇보다도 환자, 간호 인력, 의사, 행정직원들로 이루어진 대규모 집단에서 정기적으로 집단의 문제를 상의하고 전체의 결정에 따라 해결하려는 '치료공동체'에 대한 시도를 생각할 수 있다. 이런 형태의 민주화는 오늘날에도 계속 가장 진보적인 사회정신의학자들의 실험으로 여겨진다.[6] 내게는 병원과 다른 조력자 기관(예를 들어 사회복지국,

---

6   E. Wulff, Psychiatrie und Klassengesellschaft, Frankfurt 1972, darin "Über den Aufbau einer therapeutischen Gemeinschaft", S. 214f. Vergleiche auch F. Basaglia, Die negierte Institution, Frankfurt 1973.

요양원과 보육원, 청소년 및 후견 감독관청)의 민주화만이 증가하는 관료주의와 그것과 연결된 간접적 공격성을 제지할 수 있는 길로 보인다. 조력자들의 교육기관에서도 물론 이와 같은 민주화와 참여가 간접적 공격성을 예방하고 직접적이고 진실한 대면에 필요한 능력을 단련시키는 중요한 수단이 될 수 있었을 터이다. 간접적 공격성은, 외적 억압이 스스로의 초자아를 통해 이미 내적 억압으로 변화되었어도 분명히 대부분 보유하고 있는 억압된 자들의 무기와 같다.

물론 그런 집단의 구성원들도 자신의 동기와 대면하기를 회피하지 않는다. 그들은 창의성이 위축되어 성찰과 자기변화의 단초를 어렵지 않게 없앨 수 있는, 위계적 의무에 의해 규정된 조력자 기관의 구성원들보다 그에 대해 훨씬 개방적이고 적합하다. 아마 주도적 집단에서도 조력자증후군이 근본적인 영향을 미칠 수 있을 것이다. 그러면 직접적이고 창조적인 사회사업에 대한 즉각적·정서적 욕구가 충족되지 않고 (또는 그뿐만 아니라) 죄책감이 얼버무려지거나 파트너 관계의 어려움으로 초래된 혼란이 늘 새로운 활동 영역에 정신없이 끼어든다. 나는 두 군데 '킨더라덴'[*]에서 조력자증후군에 지배된 구성원들이 편협하고 지적인 언변으로 그들의 교육관을 강요하며 다른 부모들의 어려움에 공감하지 못하면서 어떻게 상호협력을 저해하는지 관찰했다.

6. '구조적 폭력'과 조력자증후군의 예방 조력자증후군의 정신분석

---

[*]   Kinderladen, 반(反)권위주의적 교육을 표방하는 일종의 대안 유치원—옮긴이

적 측면에 집중하려 함에도 불구하고, 조력자증후군의 몇몇 사회적 요인이 미치는 영향이 너무도 커서 그 부분에 대해 언급하지 않을 수 없다. 인간 사회의 발달은 진화론적 시간관념에 따르면 비교적 늦게(인류 전체 발달의 약 1퍼센트), 역사적 시간관념에 따르면 비교적 빨리(즉, 분업과 활자에 정통한 사회를 전제하는, 거의 역사 편찬의 시초부터) 같은 종끼리 경쟁하는 고유한 형태를 만들어냈다. 이를 통해 한 사회의 외부로 향한 공격성과 내부로 향한 착취는 연이은 성장으로 보상되었다. 공격적이며 착취적인 규범의 문화는 오히려 확고한 위치를 차지했으며, 경쟁 대상이 되는 사회에게 이 규범을 계승하든지 아니면 사라지도록 강요했다. 마르크스주의는 이런 발달의 경제적 조건들을 지적했지만 그 출발점이 충분치 않아 보인다. 마르크스 사상을 지향하는 사회주의 국가들은 그들 간에 불화하고 경쟁적이며 착취적이다. 그 이유는 마르크스가 인간의 공존에 대해 상상한 것이 이 세상 어디에서도 아직 완전히 실현되지 않았기 때문이다. 그런데 과연 그것이 실현 가능한 일인가? 이 같은 의문에는 마르크스주의의 심층심리학이 없다는 점이 아마 어떤 역할을 하고 그렇기 때문에 현실에 전혀 부합되지 않는, 즉 결함투성이의 합리주의적 인간상을 신봉하는 것이다. 나아가서 마르크스주의는 페미니스트들에 의해 지적된 경쟁과 남성들에 의한 여성의 가부장적 착취의 측면을 무시한다. 마르크스주의자들은 (많은 페미니스트들과 마찬가지로) 그들의 합리주의적 인간상으로 인해 의식적이며 계획적인 착취와, 착취자도 피착취자처럼 아동기 동안 몰두했던 동일시의 희생자로 양쪽이 같은 정도로 불만족하고, 불행하고, 가학피학적 초자아 태도를 통해 손상되고 제한되는 무의식적 반복강박을 구분하지 못하는 경우가 많다.

조력자증후군의 초자아 동일시는 따라서, 오래전에 자기파괴적이 된 성장 경쟁이 인간 사회를 몰아대는, 삶과 쾌락에 적대적인 동일시의 특별한 형태이다. 오늘날 우리는 성장 경쟁이 환경을 파괴하며 산업화되지 않은 문화를 멸절시키고 물, 공기, 흙의 심각한 오염으로 후손들의 생존을 위협하는 것을 목격한다. 그럼에도 불구하고 때때로 마르크스주의나 페미니즘에서 그 이유를 단지 '자본가 계급'이나 '남성들'에게서 찾는 것은 이런 발달에 대한 이해를 위장하고 책임을 모면하려는 희생양적 투사로 여겨진다. 착취, 경쟁, 파괴는 인간 자신의 문화적 진화의 결과이며 이 발달 과정(마르크스주의, 페미니즘, 정신분석학, 진화 연구를 위해 현재 가장 중요하고 인식할 수 있는 요소인)에 대한 광범위한 이해가 우선되어야 문화 발달의 조절이 가능할 것이다.[7]

조력자증후군이 오늘날의 산업사회에서 구조적 폭력의 유지에도 기여하리라는 것은 의심할 여지가 없다. 바로 조력자증후군 기관에서의 행동이 그 중요한 증거가 된다. 변화라면 아무런 근거 없이 모두 위협적이며 불안을 야기하는 것으로 인식하는 초자아 동

7　　　Vgl. dazu W. Schmidbauer, Biologie und Ideologie—Kritik der Human-ethologie, Hamburg 1973/ Vom Es und Ich, Evolution und Psychoanalyse, München 1975. 여기에 있는 견해들은 모두 틀림없이 불완전할 것이다. 왜냐하면 그것이 우리가 우선 어렴풋이 훑어보는, 전이와 역전이의 긴장 영역에서 이루어졌기 때문이다. G. Devereux, Angst und Methode in den Verhaltenswissenschaften, München 1973 참조. 이 분야에서 모든 이론은 특정 발달 지점까지 자체 저항을 받게 된다.

일시가 극단적으로 보수적인 사회의 심리역동적 배경이다(그 사이 서독에서 여러 차례 보고되었던, 행정조직에서 '극단주의자'를 배제하기 위해 실시한 기괴한 성분 조사에서 드러나는 것처럼). 다른 한편으로 초자아 동일시는 실제 변화의 기회에 몽매하여 극히 보수적인 진영의 손에 맡겨진, 극단적으로 '발전적인' 또는 '혁명적인' 태도의 이면이기도 하다. 조력자증후군은 조력자로 하여금 자신의 일을, 그 자체가 가치 있고 그것의 사회적·내적 의미를 점검할 필요가 전혀 없는 목적 그 자체로 여기도록 만든다. 그래서 조력자증후군-조력자 역시 조력자-게임과 구원자-게임에 맹목적이 된다. 이 게임에서는 조력이, 아무런 변화도 일으키지 않는 의미 없는 반복강박이 된다.[8]

조력자증후군이 성별에 따른 사회화의 특징과 연관이 있을까? 내가 받은 인상으로는 조력자증후군은 성별의 차이 없이 모두에게 자주 나타나지만 여성의 경우에는 눈에 덜 띈다. 왜냐하면 시민사회에서는 타인에 대한 배려, 돌보고 보호하는 행동, 자기욕구의 보류, 수동적 자기애적 필요와 공격성의 간접적 표출이 여성적 역할로 규정되어 있기 때문이다. 그럼에도 조력자증후군-조력자 간에는 남성이 여성을 부가적으로 더욱 착취하는 경우가 드물지 않다. 여성들은 권위가 적은 위치를 점하고 남성들보다 조력자 역할이라

8　　벌거벗은 원주민에게 낡은 유럽식 의상을 마련해준, 점잔 빼는 선교사의 '도움'에 대한 일화가 있다. 그런데 그 옷들은 아름답지도 실용적이지도 않았을 뿐만 아니라, 예를 들면 원주민들은 젖은 옷으로 인해 감기에 더욱 쉽게 감염되었기 때문에, 오히려 많은 사람들에게 피해를 주었을 뿐이다. 추운 남아메리카의 티에라델푸에고 섬 사람들은 특히 이런 이유로 멸절되었다.

는 상에 일말의 융통성도 없이(빗나간 경우에는) 더욱 고통스럽게 매달린다.[9]

　자기애적 발달의 장애는 대부분 성적 정체성의 손상으로 표현되기 때문에, 조력자증후군-조력자에게서 외적·내적으로 이 불안정의 표시가 나타난다. 조력자증후군이 있는 여성들은 '비여성적'인, 즉 무미건조하고 의지가 강하고 덜 감정적인 인상을 주는 반면, 남성들은 그와 반대로 '비남성적'인(그것을 때때로 얼굴 전체의 수염으로 보상한다), 즉 약하고 수동적이고 성적인 면에서 주저하는 인상을 준다. 여기서 이에 대해 언급하는 이유는, 이런 상투적인 이미지가 무엇보다도 조력자증후군-조력자와 그를 둘러싼 사회환경 간의 손상된 상호적 관계에 때때로 유용한 참조점을 제공하기 때문이다. 그러나 이것들은 단지 더욱 정확한 분석을 위한 자극으로서만 의미가 있을 뿐, 그 이상은 아니다.

9　　많은 페미니즘 주제들, 예를 들어 여성만이 여성을 이해하고 심리치료를 할 수 있다는 견해는 아직도 사회에서 지배적인 남성 우월과 몰이해로 인해 충분히 납득할 수 있는 반응이다. 물론 이 논거가 개개의 경우에는 유지될 수 없다. 몇몇 여성 치료자들은 많은 남성 치료자들보다 '더욱 가부장적'이다. 모든 희생양 투사처럼 여성주의적 투사도 역시 자기충족적 예언의 위험을 지니고 있다. 한 여성이 있는데, 어떤 남성도 그녀를 이해하지 못한다고 전제한다면, 그녀는 어쩌면 그녀의 출발점을 확인시켜줄 그런 남성들만을 만날 것이다.

10

결론:
직업 동기의
오이디푸스 콤플렉스

불안, 내적 공허, 자신의 욕망과 욕구에 대한 방어로서의 사회적 조력이 이제까지 우리의 주제였다. 이 문제에 대한 정신분석 연구가 관찰을 자극하고 생애사적·정신적 맥락에 대한 통찰을 촉진해야 한다. 조력자증후군이 인식되지 않은 채 무심코 행위로 전환된다면, 조력자 자신과 클라이언트에게 똑같이 불리하게 작용한다. 한편 이 작업이, 조력자증후군에 대한 한 세미나에서 어떤 참가자가 내게 항변한 것처럼 '조력을 폄하하는' 것은 아니다. 그것은 애정관계가 오이디푸스 콤플렉스의 분석으로 폄하되었음을 받아들이는 정도의 의미이다. 그런 항변은 실상에 대한 보다 면밀한 고찰을 거부나 비판과 동일하게 취급한다. 분석적 통찰이 자아에 의해 활용되지 않고 초자아에 의해 악용되는 것이다.

그 경우에는 조력자증후군에 대한 보다 정확한 인식이 조력자 상황과 더욱 의식적으로 교류하도록 이끄는 것이 아니라, 오히려 자신과 타인의 조력자증후군에 대한 반동형성으로 이어질 위험이 있다. 그런 반동형성은 대개 조력자 행동이 원칙적으로 경멸될 때 나타난다. 상호작용에 대한 공감이 다시금 경직된 규칙으로 대체된다. '개종한' 조력자증후군-조력자는 자신의 도식적 평가를 밀어내고 새로운 행동을 가능하게 할 체험과 행위공간을 확장시키는 것이 아니라, 다만 낡은 도식을 새것으로 교체한다. 그가 전에는 클라이언트를 과잉보호하여 그의 자발성을 차단했다면, 이제는 수영을 가르치는 최상의 방법이 학생을 물에 던지는 것이라는 처방에 따라 행동할 것이다. 지지적 조치, 감정이입, 돌봄은 거부된다. 이런 반동형성은 또 다른 이유로 조력자증후군의 역동에 어울린다. 그렇지 않아도 조력자증후군-조력자는 자기 일에 대한 만족을 느끼기 어렵다. 그는 늘 이루지 못한 것, 결핍에 눈길을 둔다. 그래서 바로 다음과 같은 말을 꺼내게 된다. "전에는 모든 사람들을 도왔어요. 한 사람이 한 가지 문제만 들고 오는 것이 아니기 때문에 그것들을 해결해주려고 그 뒤를 쫓아다녔죠. 하지만 그런 일은 저에게도 그들에게도, 아무 소용이 없더군요. 지금 생각하면 모두 '빌어먹을' 짓이에요!"(38세 간호사)

내가 보기에 자신의 조력자증후군에 대한 현실적 접근은, 우선 조력을 초기 아동기에 입은 자기애적 손상의 비교적 바람직한 해결로 받아들이는 데 있다. 그러면 방어로서의 조력과 자아에 의해 조절된 활동으로서의 조력을 구분하게 된다. 자신의 조력자증후군과 마주했을 때 초자아가 강조된 반응은 다음과 같다. "저는 이제껏 그 일을 제대로 못해왔어요. 그만둬야만 해요. 제가 어떻게 제대로 할 수 있을지 알려주세요. 전 지금 아무것도 할 수 없거든요!"

자아가 강조된 대답은 대략 다음과 같을 것이다. "지금까지 제 인생의 기회를 너무 돕는 일에만 쏟아 부었어요. 그걸 넘어서서 이제 기회를 확장시켜볼 수 있어요. 제 문제를 발견하고 새로운 기회를 찾을 수 있도록 절 도와주세요." 초자아에서 자아가 되어야 한다. ― 프로이트의 언설[1]을 이렇게 변형하는 것이 조력자증후군의 변화를 가져올 것이다. 변화 속에서 조력은 폄하되거나 조롱당하지 않으며, 그 자체가 창조적이고 만족감을 주고 자극과 성장 기회가 풍부한 활동으로서 놓여난다.

1 프로이트는 『새로운 정신분석 강의(Neue Folge der Vorlesungen zur Einführung in die Psychoanalyse)』 중 「심리적 인격의 해부(Die Zerlegung der psychischen Persönlichkeit)」에서 "본능이 있었던 곳이 자아가 되어야 한다."(Ges. werke XV, S. 86)라고 역설했다. "초자아에서 자아가 되어야 한다."라는 주제에 대한 포괄적인 설명은 다음의 책을 참조하라. J. Cremerius, Grenzen und Möglichkeiten der psychoanalytischen Behandlungstechnik bei Patienten mit Über-Ich-Störungen, in: Psyche 31(1977), S. 593-636.

11

조력자증후군에 대한 고찰[1]

『무력한 조력자』가 출간된 지 3년이 지난 지금, 이 주제에 지속적으로 천착한 결과 약간의 보충이 필요하다고 생각하게 되었다. 이 책의 성공은 논쟁을 불러일으켰으며 나는 여러 회의석상에 초대되었고, 그곳에서 매우 다양한 독자들과 토론할 수 있었다. 게다가 그들의 비판을 통해 이 책의 결점을 더욱 의식하게 되었다. 즉, 조력직의 사회적 조건을 미미하게 다룸으로써 생겨난 심리학적 편파성, 사회적 직업을 가진 사람들의 사기를 떨어뜨릴 위험("나는 그저 조력자증후군을 갖고 있을 뿐이군."), 새로운 개념으로 단지 새로운

1   1980년 베를린에서 개최되었던 제1회 대안적 '건강의 날' 강연의 수정본

설명, 새로운 유행어를 전달할 뿐이지 변화의 단초가 없다는, 결국 더 큰 위험을 말이다.

독자와의 대화에서 나는 확실히 이 책이 무언가를 바꿀 수 있다는 결론을 얻었다. 그러나 내게는 이 변화가 일방적으로 보였다. 자신의 동기에 대해 더욱 자세히 들여다보기 시작한 조력자는, 항상 어디서나 돕고 가르치고 타인의 소망 충족을 통해 자신의 욕구를 간접적으로 충족시키는, 그 자체의 흐름을 제한하기 시작한다. 그는 더욱 빈번히 자신의 사생활과 내면으로 움츠러들기 시작한다. 경우에 따라서 자신과 자신의 활동을 비방하기 시작하며, 체념하고, 포기하고, 이전에는 이웃에 대한 서비스로 은밀히 또는 공공연히 이상화했던 일을 직업적 의무로 해치운다. 이 반응 방식은 정신분석적으로 충분히 해석할 수 있다. 늘 뛰어난, 역량 있는, 지지적인 자의 발전적 입장에 대한 결심이 무너질 때 오래도록 방어된 퇴행, 원상태로 남아 있는 환상의 세계로의 귀환이 강력히 실행된다. 확고한 조력자 역할에서 무너져 내린 심리학자, 의사 또는 저널리스트들은 이제까지의 정체성을 아마 초기 치료[2]의 감정 폭발을 통해서 또는 푸네[*]의 천막 아래 낭독회의 매혹된 청취자로서 해체시킬 것이다. 그렇지만 오래지 않아 그 자신이 치료자가 되거나, 주홍빛 긴 옷을 걸치고 피곤에 지친 다른 조력자들에게 인도 여행

2　　　Hans-Jörg Hemminger, Flucht in die Innenwelt, Frankfurt 1980. 고함치료 (Urschreitherapie)에 대한 읽을 만한 비판서. 물론 헴밍어는 모든 사회학적 분석을 회피했기에, 초기 치료의 시발점이 되는 매혹에 대해 밝히지는 못했다.

[*]　　　Poona, 인도 서부에 위치한 도시—옮긴이

의 환희를 납득시키려 할 것이다.

　이제껏 의심하지 않았던 방어 구조의 부분적 단념은 반드시 조력자증후군과 대면해나갈 기회를 열어줄 것이다. 이제까지의 책의 구성과 내용, 그 주안점이 나 자신의 심리치료적·자기체험지향적 작업에 의해 매우 강하게 규정되었기 때문에, 아마도 이 부분에 기여했으리라 생각한다. 조력자 기관의 변화를 위한 안내가 텍스트 전반에 걸쳐 제공되었고 나 자신의 숙고에서 한층 더 중요하게 여겨졌음에도 불구하고, 각자 개인적인 결론을 내리게 될 것이다.

초-조력자로서의 심리치료자

몇몇 토론에서 "슈미트바우어 씨, 당신의 조력자증후군은 어떤가요?"라는 질문이 제기될 때, 나는 내가 나 자신에 대한 숙고를 게을리 하지 않은 것에 감사한다. 자기체험을 통해 자신의 동기를 잘 파악하고 자신의 가능성과 한계를 더욱 정확하게 인식하게 된 치료자는 조력자를 위한 조력이라는 주제에서 결국 자신의 전지전능감이 활성화되는 것을 발견한다. 그가 조력직과 그것의 위험한 매혹에 저항하기를 배운 시간이 초-조력자로서 강연을 다님으로써 다시 사라진다. 클라이언트와의 대화에서 유지되기 시작한 관계의 상호성이 조력자들을 지도하면서 다시 희미해진다.

　그 외에도 혜택을 누리는 나의 위치에 대해 곰곰이 생각하게 된다. 의사가 아니기에 보험 분류체계에 의한 보장에서는 제외되지만, 독립적인 심리치료자로서 상담의 대가로 높은 보수를 받기가 특별히 어렵지 않다. 약물중독자들을 위한 병원에서 치료자들의 발린트-집단을 일주일에 2시간 맡으면서 그 병원에서 일주일에 40시간 또는 그 이상을 근무하는 간호사들 월급의 3분의 1을 받는 것은 불공평하다. 그것은 이중의 불공평함이다. 더 오랜 교육을 받고 사회적으로 더 인정받는 방어기제로(조력자 이론) 무장된 심리 치료자는 더 높은 보수를 받을 뿐만 아니라, 덜 혹사당한다는 의미에서 일도 역시 덜 한다. 임상에서 활동하는 간호사는 늘 자신을 입증해야 하는 압박을 받으며 산다. 더 많은 교육을 받은 치료자들은 기관에서 이미 그들의 위치로 자기애적 확인을 받지만, 간호사들이 그것을 얻기 위해서는 성과를 보여야 한다. 의사 등의 치료자들은 철회하고, 거부하고, 경계 설정을 할 때 그것을 빈틈없이 증명할 기회가 많다. 그러나 간호사들에게는 이런 기회가 없다. 반면에 클라이언트들의 요구를 대상별로 나눌 수 없는 실정이다. 해당 기관에서도 이것은 절대 합리적으로 나뉘지 않는다. 보수에 큰 차이가 있음에도 불구하고, 클라이언트들은 간호사, 사회복지사, 심리학자, 의사들을 동등한 권리를 지닌 치료자로 대한다.

정신분석가는 이렇게 자신을 발린트-집단이나 직업 관련 자기 체험의 유사한 모델에서 의사, 신학자, 간호사, 교사, 사회복지사 같은 다른 조력자들에게 없어서는 안 될 초-조력자로 여기려는 유혹에 빠진다. 이로써 조력자증후군은 그 자신의 직업 역할을 이런 면에서 보완하려는 또 다른 전문가들의 목표가 된다.

방어로서의 조력을 강화하는 전문화

초-조력자를 위한 새로운 활동영역의 조성은 이제 바로 조력자증후군을 결정짓는 과정을 반영하게 될 것이다. 한 인간의 원래 풍부한 삶과 생산의 기회를 항상 종사해온 특정 직업으로 굳히는 것을 두고 하는 말이다. 어린 시절의 자기애적 상처를 아예 일어나지 않은 것처럼 만들려는 내적 강박은, 아동이 일시적으로 가졌던 원래의 욕구를 반복하지 않는다. 그것은 초기의 순환적 사건을, 질의 저하를 양의 엄청난 증가를 통해 어느 정도까지 대체하려는 단선적 기준으로 공고히 한다. 다음과 같은 매우 단순화한 비유가 이 점을 좀 더 명확히 해줄 것이다. 예를 들어 한 여성이 어린 시절에 탐색 활동과 관심에 대한 욕구가 거절된 이유로 인하여 유아원의 보육교사가 되었다면, 그녀가 아마도 어린 시절 2년 동안 필요로 했던 것을 지금부터 40년 동안 다른 아이들에게 줄 수 있게 된 셈이다. 산업사회에서 다양하게 제공되는, 자신의 조력을 직업화할 기회는 성격 방어의 한 공모자가 된다. 나는 한 시간 동안 클라이언트의 얘기를 경청하고 그에게 전력을 다하는 것이 가끔 내 아이들이나 아내에게 그렇게 하는 것보다 쉽다는 것을 체험을 통해서 안다. 직업활동을 통해 얻어진 지위는 사적으로 매우 가까운 관계의 소박한 상호성보다 더욱 중요하다. 이 지위는 근무 성과의 측정 원칙과 분명히 연결되어 있다. 관심이라는 상품은 심리치료자에게는 귀중한 교환가치이다. 가족을 위해 귀중한 시간을 낭비하기보다는 돈을 벌기 위해 클라이언트에게 세심하게 관심을 쏟는 일이 더 낫고 인정받는다는 것을 그들은 체득한다. 재교육을 위한 집회의 초-조력자로서 여행을 하는 것이, 자신의 아이들에게 관심을 기울여 그들이 나중에 똑같이 그들의 결핍 상태를 다시 조력직으로 변환시키지 않도록 하는 것보다 더 나은 일인가?

매우 역설적이다. 아무튼 사회적 직무를 수행하는 가운데 조력자증후군이라는 원치 않는 결과를 막으려고, 또 다른 분업을 통해 초-조력자를 찾고, 교육하고, 투입하는 일이 내게는 의아하게 (나쁘지 않은 의미에서) 여겨진다. 결국 이 의문은 다시 단기적인 완화가 장기적인 변화를 저지하기 때문에 위험하지는 않은지, 논쟁을 부른다. 이 점을 비교적 분명히 나타내는 경우를 보면, 예를 들어 알코올이나 약물 중독자에게 독주와 헤로인을 넉넉히 조달해주는 것은 일반적으로 그들에게 하등의 도움이 되지 않아 보인다. 이와 유사하게 심리치료 비판자는 개인의 신경증적 증상에 대한 치료를 가망 없는 것으로 여긴다. 오히려 후기 자본주의 사회의 병리적 구조를 바꾸어야 한다는 것이다. 에르네스트 보르네만이 이런 의견을 한 토론에서 개진했을 때, 나는 충치가 신경증보다 더 흔하며 물론 그것이 잘못된 식습관과 연관이 있음에도 불구하고 어느 누구도 치과 의사를 없애야 한다고 하지는 않을 거라고 비꼬았다. 내가 납득할 수 있는 태도는 이 일을 하며 다른 일이 일어나지 않게 하는, 즉 장기적인 전망을 포기하지 않으면서 개별적인 고통을 완화시키는 것이다. 치과 의사가 환자에게 새콤한 사탕을 처방하는지, 아니면 그의 치아를 더 오래도록 건강하게 유지할 수 있도록 식습관을 바꾸게 하는지는 물론 차이가 있다. 그러나 장기적·예방적·위생적 관점은 직무 상품화의 기본원칙에 위배되며, 그렇기 때문에 우리의 의료 체계에서 점차 사라지게 된다는 것을 간과해서는 안 된다. 치과 의사는 자신이 행하는 각각의 보존과 보철 치료에 대한 보수를 받는다. 반면에 그의 유익한 충고는 점점 더 상품의 성격을 띠는 환자와의 관계에 어울리지 않는다.

자신들의 활동을 사회적 관계 안에서 볼 준비가 되어 있는 심리 치료자들은 개인의 신경증적 증상을 다루기 위해 정치적 변화를 꾀하는 것을 무의미하게 여기지 않는다. 게다가 해결되지 않은 개인적 갈등이 정치적 참여에 걸림돌이 되며 연대와 협력을 저해한다고 여긴다는 점에서 나와 의견을 같이한다. 이런 주장은 낙관적으로 들리지만 오늘날 내게는 회의적으로 느껴진다. 그것은 내가 정신분석을 무의미하게 여겨서가 아니다. 분명 정신분석은 전에는 없던 내적 평화를 조금씩 얻을 수 있는 도구가 될 수 있다. 그러나 미래의 사회 변화에 기여하는 것이 자신의 일이라고 내세운 치료자는, 자신이 권력을 감소시키고자 하는 바로 그 대상에게 잠식된다. 그의 직무는, 그것을 통해서 인간의 공동생활의 한층 다양한 영역이 표면상의 자유시장에서 상품 교환법칙에 의해 한층 왜곡되는 전개 과정 또한 나타낸다. 실제로 조력자의 일을 이전의 우정이나 친척관계, 종교적 신념으로 인해 행하던 일과 구분하기란 매우 어렵다. 피조력자와 개인적인 관계가 깊어질수록 기본적인 사회적 상호작용의 상품 특성과("내 시간에 대한 대가를 지불하고 내 기술을 사세요.") 긴밀한 인간관계가("내가 너무 불평을 하면 S박사가 나를 좋아하지 않겠지? 그가 내게 더 관심을 보이도록 마치 내가 더욱 잘 지내는 것처럼 해야겠군.", "새로운 선생님이 오시니 지리 과목이 재미있어요.")
뒤섞여 더 많은 갈등이 일어날 수 있다.

나는 분석치료가 관계의 상품 특성과 자연스러운 감정의 혼합
으로 특별한 영향력을 갖기 때문에, 여기서 본보기가 된다고 믿는
다. 정신분석가는 클라이언트가 더 이상 관계의 직업적 측면을 일
부 의식하지 않는 것처럼 보이고 그에게 감정적으로 격렬히 반응
할 때, 그것을 반긴다. 클라이언트가 분석가와의 관계를 유지하려
고 할 때, 그는 그의 감정이 '전이'로 인한 것임을 결국 받아들여야
한다. 즉, 그는 분석가와의 관계에서 상품 특성의 우세함을 인정해
야 한다. 그렇지 않으면 그는 분석기술의 최고 독단론자인 랠프 그
린슨(Ralph Greenson)[3]이 적절히 이름 붙인 '작업동맹'을 떠나, 분
석의 신전에 들어올 자격이 없다고 간주되고 분석 불가능으로 판
명되어 지상으로 돌려보내진다.

정신분석이 그러한 작업방식에서 전적으로 시민사회의 원칙들[4]을
전제하고 현실의 상을 받아들일 때, 다른 면에서 그것은 바로 똑같
은 원칙들에 위배된다. 정신분석은 작업동맹에 의해 보호된 환경
에서 퇴행을 허용할 것은 물론, 이 시민사회의 내재화된 가치가 도
처에 각인된, 더욱 근원적이고 자유로운 체험 형태를 요구한다. 이
런 해방을 마치 수감자들의 반란과 탈옥에 대한 생각을 돌리기 위
해 신문을 발행하고 연극 무대를 운영하도록 한 교도소장의 전략

---

3   Ralph Greenson, Technik der Psychoanalyse, Stuttgart 1973

4   이런 원칙들이 이른바 사회주의 국가들에서는 전혀 폐기되지 않았음을 언급하는
것이 무의미하지는 않겠다.

과 같은, 사회의 특별한 전략으로 해석할 수도 있다. 그렇지만 내가 보기에는 현대의 산업사회가 성장과 발전 압박 그 자체로 인해 너무도 고통을 받기 시작했기 때문에, 그것의 가치를 때때로 폐기시킬 수 있는 틈새들을 허락하도록 강요된 것으로 추측된다. 나는 이 사회의 변화가 각 개인들이 더욱 스스로의 행복을 추구하고자 찾아나서는 이 틈새들의 끝에서 일어난다고 믿는다. 정치적·사회 변화적 관점에서 그 틈새가 후기 자본주의 구조와 충돌하는 경계를 더욱 면밀히 조사할 필요가 있다. 좀 더 분명히 말하자면『무력한 조력자』의 몇몇 독자가 내게 설명한 방향 변경은 틈새들에 너무 깊숙이 들어가버린 것처럼 보인다. 희생을 무릅쓴 조력과 발전적 우월함을 고수하는 것으로부터의 퇴각은 퇴행적 좌절로 이어진다. 직업 분야에서의 변화는 무의미해 보인다. 우선 개인의 내면 세계가 성숙되어야 한다.

일 중독

조력직은 교환가치(개인적 관계가 물품 교환의 상황 강요로 변동)가 있는 생산품의 자본주의적 기본 원칙에서 일부 자유롭다. 비교적 소외가 덜 한 노동이 조력자증후군의 특징으로 묘사된, 직업이 제공하는 자기애적 만족이 직업 외의 활동에서 얻는 만족보다 더 높이 평가되는 행동방식에 기여한다. 노동에서는 소외되며 단지 노동 외에서만 자기 자신일 수 있다는, 마르크스가 얘기한 노동자는 조력자와는 완전히 반대다. 노동자는 노동 후에 좌절감을 주는 스트레스를 '차단하기 위해' 주로 알코올 같은 의존물질을 자주 필요로 하는 반면, 적지 않은 조력자들에게는 자신의 일이 의존물질이 된다. 그들은 절대 일을 포기하지 않는다. 휴가 때 정신신체 증상이나 우울증에 시달리며 강박적으로 여가의 즐거움을 회피한다(때때로 그렇기 때문에 존경을 받게 된다). 이 상관관계를 과장해서 단순화시켜보면, 공장 노동자와 다른 소외된 근로자들의 소비 활동에서 발견되는 중독 성향은 많은 학문적 기능 전수자들의 일에 대한 관계와 매우 유사하다고 볼 수 있다. 정치가나 임원급의 피고용자들도 조력자와 똑같은 특성을 보인다.

알리스 밀러(Alice Miller)[5]는 외적 성공이 어떻게 대리만족이 되는지를 밝혔다. 모든 대리만족은 제한된 정신, 의존성의 증가, 만족의 감소, 변화에 대한 격렬한 불안과 같은 중독 행위의 원칙을 따른다. 밀러는 조력자증후군의 발달을, 특히 공감적인 아이들이 부모의 자기애적 결핍을 보충하기 위해 발전시키는 '거짓 자기'와 연결시켰다. 밀러의 저서에 대한 사람들의 선풍적인 반응이 내가 여기서 얘기하는, 인간이 참자기로부터 소외가 가중될 때 대안과 자유로운 틈새를 추구한다는 그 과정을 증명하는 듯 보인다. 물론 여기서 자기애 개념은 모든 것을 설명하고 그럼으로써 또한 은폐할 수도 있는 조커(Joker)가 될 위험이 있다. 부모 자신이 참자기를 갖고 있었더라면 아이에게 참자기를 제공해줄 수 있었을 것이다. 부모의 자기애적 손상은 어디에서 왔을까? 이 질문은 끝없는 소급이

---

5   Alice Miller, Das Drama des begabten Kindes, Frankfurt/M. 1979

나 사회비판적 경향으로 이어진다.

조력자는 성과사회의 틈새에서 산다. 치열한 경쟁에 더 이상 적합하지 않다고 느끼는 사람들의 퇴행을 다루기 때문에, 그의 활동은 다양하고 흥미롭고 덜 부담스러운 압박을 받는다. 그는 자본주의에 의해 붕괴된 봉건적 대가족 체제 안에서 개인의 안정과 회복의 기회를 보장했고 인격과 집단관계의 광범위한 발달을 가능케 했던 소통방식과 행동양식에 더욱 근접한 일을 한다. 그러므로 조력직종들 역시 간호사, 보육교사, 교사처럼 특히 극도로 높은 전문성이 요구되지 않는 전형적인 '여성 직종'이다. 위계가 더욱 분명하고 전문 분야에서 경력을 쌓는 곳은 남성이 압도적으로 점유하고 있다. 조력자증후군의 무의식적 동일시는 아버지들보다는 어머니들에게 훨씬 자주, 남성들의 세계보다는 여성들의 세계에 더욱 많이 해당된다. 조력자-모권 사회가 어떤지는 영화 〈뻐꾸기 둥지 위로 날아간 새〉에서 적절히 묘사되었다.

조력자들은 이제까지 여성들이 해온, 대가가 지급되지 않았던 노동을 일부 전문화했다. 여성들은 비서, 조수, 보조원으로서 상품 시장의 관계 결핍이 헤집어놓은 상처를 처매며, 여성의 재치로 남성들의 시스템을 완화시키고(또한 그것을 안정시키기도 하고), 성과에 대한 남성들의 기대가 또다시 좌절되었을 때 커피를 끓이고 위로하는, 경쟁 없고 부담 없는 관계를 제공하는 역할을 한다.

일부 남성 조력자들은 필연적으로 가부장적 압박에서 벗어난다. 그들의 '부드러운' 특성은 사회적으로 인정된다. 조력자 기관에 종사하는 남성들은 제조업체의 남성들보다 긴 머리를 하고, 목걸이를 착용하고 인도풍의 셔츠를 입은 채 이력을 쌓는 것이 허용된다. 그러나 이 퇴행적 자유 공간이 정치적으로 여겨지거나 그렇게 이용되는 경우는 좀처럼 드물다. 그 이유는 바로 조력활동이 재빨리 자극제, 목적 그 자체가 되기 때문이다. 조력자들의 우울한 정서 상태가 피조력자와의 상호작용을 통해 어떻게 완화되는지는 미하엘 루카스 묄러(Michael Lukas Moeller)[6]가 상세히 보고했다.

조력자 업무가 가정생활이나 친밀한 관계와 유사한 점이 또 다른 결과를 가져온다. 많은 조력자들이 가정의 결핍을 보완하는 일이 주 업무인 사회시설에서 근무한다. 사회복지, 사회교육, 청소년 지원과 같은 이름으로 불리는 그 일의 성격이, 그동안 사용이 줄어든 '가족 복지'라는 단어에서 더욱 명확히 드러난다. 실천적인 교사는 유사한 방식으로 효과를 보려는 시도를 자주 한다. 이런 시도는 학교에서의 경력에는 거의 도움이 되지 않으며, 때때로 그로 하여금 학교심리사나 아동치료사의 방향으로 몰두하게 만든다. 이런 행보는 그를 기관의 압박으로부터 자유롭게 한다. 달리 말하면 기관을 수용적인 동료, 변화를 주도할 만한 사람으로부터 자유롭게 하는 것이다. 나는 학교가 지금과 같은 상태로 있는 한 치료적 요구가 충족되지 않기 때문에 그것을 위해 애쓰기를 단념하며, 다른 한편으로는 더욱 개인적 만족을 기대할 수 있는 조력자 틈새 깊은 곳으로 후퇴하는, 이 양면을 모두 보는 것이 중요하다고 생각한다.

[6]　　Das demokratische Arbeitsbündnis in Selbsthilfegruppen: Einige Folgen der Deprofessionalisierung für die therapeutische Beziehung, in: psychosozial. 2, 1979, S. 36ff

그 자신이 손상된 가정에서 자랐으며, 소외되고 성취와 경쟁에 의해 규정된 아동기의 상흔을 간직한 조력자가, 이제 와해되는 가정들과 그에 따른 피해를 복구시키려 한다. 그는 주관적으로 자신을 '더 나은' 아버지, '더 나은' 어머니로 느낀다. 직장에서도 피조력자들로부터 자주 그런 얘기를 듣는다("저는 바로 선생님 같은 아버지가 필요해요."). 그러나 이런 완벽함은 그가 자신의 조력을 상품으로 제공할 때에만 그 대가로 얻을 수 있다. 그의 개인적 관계, 파트너 관계나 부모 노릇은 그의 클라이언트와 마찬가지로 불완전하고 혼란스럽다.

내면으로의 후퇴 또는 정치적 행위? 이것이 조력자증후군과의 대면에서 당사자에게 다가온 두 가지 기회인가? 아마 이 둘은 서로 배타적인 관계가 아닐 것이다. 신중한 후퇴와 자기 욕구에 대한 의식 또한 정치적 변화에 필요한 전제조건이다. 그렇지만 후퇴만으로는 충분치 않다. 후퇴는 정치활동에서처럼 조력자로서의 활동에서도 과도한 기대를 했던 시도가 실패한 경우, 마지막에 자주 나타나는 현상이다. 조력의 정치화는 상호성의 원칙을 논리적으로 적용하는 것일 뿐이다. 오늘날 유력한 조력자-정치는 그 자체가 무의식적이며 스스로를 권력욕을 넘어선 도덕적 의무나 학문적 기반을 갖춘 기술로 표명하기에, 그렇게 효과적이며 강력하고 해롭다. 누군가 이 표면에 흠집을 내면 바로 "병원(학교, 복지관)은 환자(학생, 클라이언트)들을 위해서 있지, 정치를 위해서 있는 것이 아니다."라는 반응이 나타난다.

상호성을 회피하고 공격성을 억제하기 위한 방어로서의 조력이 특징적인 조력자증후군이 당사자의 개인적 욕구 충족(간단히 말하면 행복)에만 커다란 걸림돌이 되는 것은 아니다. 그것은 사회와 연관된 숙고와 변화도 저지한다. 조력자증후군 조력자는 자신과 같은 운명을 다른 사람에게는 피하게 해주거나 가볍게 해줌으로써, 그 자신의 손상된 주관성과 제한된 자기실현과의 대면을 회피한다. 그에게 가능한 관계는 조력자-비조력자 결탁으로 제한된다는 바로 그 이유 때문에, 그의 주의는 예방에서 치료로 옮겨진다. 사회의 해로운 영향 자체는 시야에서 사라진다. 그러나 그것이야말로 조력자의 방어 구조를 유지시킬 수 있는 필수불가결한 전제조건이다. 이로써 그는 그의 생존 방식을 구축하고 이를 통해 그의 생존권을 보장하는 시스템의 유지에 기여한다. 조력자가 조력에 의존하는 것과 마찬가지로 도움받기에 중독된, 늘 도움에 목말라하는 사람들이 항상 있을 것이기 때문이다.

자조와 자기상실

교육과 직무 연계 자기체험에 대한 안내, 자조집단의 구성 ― 조력자를 돕기 위한 제안은 쉽지만 실천은 어렵다. 그럼에도(아니면 바로 그렇기 때문에) 역시 처음부터 그것을 문제 삼을 필요가 있다.

경쟁사회의 틈새에 적절히 접근하기 위해서는 그가 몸담고 있는 곳의 틈새 비슷한 곳에 의식적으로 머물러볼 필요가 있다. 자기체험의 기회를 이용하기 위해 일상으로부터의 도피의 위험을 더욱 정확히 가늠하는 것이 중요하다. 자기 감정과의 대면, 그리고 조력자 외형 이면의 아이와의 대면은 성장사회의 성과와 경쟁 원칙에 역행하며, 그럼으로써 대안적 삶의 한 부분을 획득하는 풍요로운 터전이 된다. 뚜렷이 인식해야 할 것은, '대안적'이려는 기대가 자본주의 사회에서는 선전용으로 악용될, 즉 내용은 차치하고 그 외형만 부각될 위험이 늘 존재한다는 점이다. 자신에 대해 더욱 자각하고 감정에 솔직한 조력자는 조력자 기관의 절망적인 상태를 위장하는 데 이용당할 수도 있다.

조력자가 드디어 자기 자신에 대해 생각하기 시작하면, 이런 변화는 기회와 위험을 내포한다. 기회는 그가 그의 원초적인 욕구를 실현하고 또한 그로 인해 조력자 기관이나 확정된 직업 역할에서 자동적으로 행했던 활동을 문제 삼을 단초를 얻는 데 있다. 위험은 현실로부터의 후퇴에 있는 것으로 보인다. — "나는 이제 나만을 생각하겠다." 물론 각자가 독자적으로는 찾을 수 없는 자구책은 그가 견디어온, 그의 삶의 궤적과 이제까지의 작업을 소멸시키려는 자기소모에 대립된다. 사회적 억압은 외부의 폭력뿐만 아니라 내재화된 자기규제와 자기증오 덕택에 권력을 획득한다. 외르크 봅(Jörg Bopp)[7]에 따르면 "외적 폭력과 정신적 자기억압은 안정된 결탁을 이룬다. 개별적이며 집단적인 해방 과정이 동맹의 이 두 부분을 동시에 공격할 때에만 이에 대해 어느 정도 대항할 수 있다". 그는 비판적 태도를 포기하는 것을 자유로운 정서화로 합리화하고, 해방적 작업에 관계된 모든 사람들이 겪는 곤란을 일종의 미덕으

---

[7]   Jörg Bopp, Der linke Psychodrom, Kursbuch 55/1979, S. 94, Berlin 1979

로 삼는 것에 대해 경고한다. 성공은 노력해야만, 부분적으로만, 항상 위험을 무릅써야만 이룰 수 있는 것이다.

누가 누구의 쓸모 있는 바보인가?

"저는 교회에서 일어나는 일을 더 이상 지원하지 않습니다. 하지만 학생들의 문제를 부담 없이 이해할 수 있는 유일한 기회인 종교 수업을 포기한다? 주교의 어처구니없는 얘기를 들을 때마다 저는 솔직히 다 내던져버리고 싶어요. 아니면 그 사람들이 저를 내쫓기라도 했으면 좋겠습니다. 하지만 그들은 그렇게 하지 않지요. 왜냐하면 제가 학생들과 교리문답을 파고들기보다는 자기체험집단을 꾸려가기 때문에 학생들이 제 종교 수업 시간에는 남아 있거든요. 다른 선생들 수업에는 학생들이 반 이상 떨어져 나갔어요⋯⋯."

김나지움 교사

"교수진 가운데 제가 좌파 구색 맞추기용이라는 것을 압니다. 그렇게 얘기만 하는 것으로는 충분치 않다고 생각합니다. 해방적 내용을 많이 전달해서 전체를 안정시키는 데 영향을 미치는지가 중요하겠지요. 하지만 제가 과연 그 일을 성공적으로 할 수 있을지, 저로서는 확신이 없습니다."

연구원

이 사례들 자체가 누가 누구의 바보인지 얘기해준다. 머리카락을 끌어당겨서 늪에서 빠져나오는 예술을 이해할 수 있는 뮌히하우젠[*]만이 그 질문에 답할 수 있을 것이다. 기회와 위험 사이에 긴장이 거듭된다. 후기 자본주의 사회에서 도움에 대한 필요는 그 자체가 성과 경쟁, 시장화, 강박적 축적에 대한 숨겨진 비판이다. 이 내밀한 비판은 조력자 틈새에서, 아직 또는 더 이상 온전히 테크노크라시에 의해 규정되지 않는 모든 사회 영역에서 전개될 수 있다. 그러나 초자아 동일시와 그것과 연결된 자기혐오의 영향을 받아 산업사회의 내적 질서가 이 틈새에 끼어든다. 의사는 '진단서 발부'가 가능하며 책상이나 컨베이어 벨트 앞을 벗어나 휴가를 얻도록 해줄 수 있다. 그러나 그가 의학적이 아니라 사회 비판적 색채를 띠고 이 일을 수행한다면, 그는 '신용'을 잃고 해당 기관의 '담당의'가 감독감정관으로 임명되는 일이 발생할 것이다. 교사는 평가 체계를 완화시킬 수 있다. 그러나 그 체계를 방해하면 곧 모든 권한이 박탈될 것이다. 조력자 틈새의 좁다란 경계면에 자유 공간이 있다. 이것은 좀처럼 현명하게 사용되지 않는다. 자신의 초자아 압력에 과도하게 부응하는 행위가 정반대로 자주 횡행하고, 너무 빨리 서두르는 나머지 성공을 저지한다. 도움에 대한 필요를 사회 비판으로 변환하고자 조력자의 협소한 자유 공간을 이용하는 사람은, 식민 통치하의 나라에서 게릴라 운동을 지원하는 외교관의 입장에서 자신을 본다. 그는 외교관의 지위를 잃지 않으려 주의해야 하지만, 지배

---

[*]   Münchhausen, 말을 탄 채로 늪에 빠졌을 때 자신의 머리채를 끌어올려 말과 함께 늪에서 빠져나왔다는 이야기를 비롯해, 기상천외한 거짓말을 꾸며대기로 유명했던 18세기 독일의 남작. 일명 '허풍쟁이 남작'으로 불린다.—옮긴이

자와 타협하지 않기 위해서는 용감해야 한다. 직접 무기를 들고 싸울 수는 없지만 좀처럼 접하기 어려운 정보를 전달하거나 도덕적·물질적 지원을 함으로써, 단지 간접적으로 싸울 수 있다. 그리고 그가 파견되고 그들의 권력을 그가 이런 방식으로라도 인정하는 지배자들의 것, 또는 공공연히 그들 편을 든다면 알려주고 편의를 봐줄 기회를 단념해야 하기 때문에 그럴 수 없는 혁명가들의 것 중에서 누구의 것이 더 유용한지 항상 심사숙고해야 한다. 말하자면 조력자에게는 그가 알리바이나 구색 맞추는 역할을 담당하는 것이 아님을, 그의 노력이 없다면 무너지고 무언가 새로운 것에게 자리를 내주었을 것을 무력하게 손보고 있는 게 아님을 입증할 수 있는 통일된 행동이 없다. 해방을 의식하게 된 조력자의 첫 번째 관심사는 하여튼 진지하게 취급되고, 소외가 일정 부분 의식되고 변화될 수 있는, 자신과 피조력자를 위한 공간을 얻는 것이다.

12

Hilflose Helfer

조력자로서의
프로이트[1]

정신분석이 그 발전 과정에서 의사, 성직자, 교사 등 전통적 전문
직과 구분되는[2] '관계조력자'라는 새로운 유형의 돕는 직업을 만들
었기에, 프로이트 자신은 이 주제를 어떻게 다루었는지 매우 흥미
롭다. 자신의 긴 생애 동안 사유의 궁극적인 완결보다는 지속적인
발전과 끊임없는 수정을 더욱 중요시 여긴 한 남성에게서 우리는
대조적이며 간혹 모순되는, 또한 미흡한 상을 기대할 수 있을 것이

1　　1989년 7월 11~13일 라이프치히에서 개최되었던 제1회 프로이트 심포지움 강연
의 증보본.

2　　규범 지향적인 '오래된' 그리고 '새로운' 관계조력자들의 차이에 대해서는 W.
Schmidbauer, Helfen als Beruf, Reinbek(Rowohlt) 1983/1992 참조.

다. 프로이트는 자신의 연구에 스스로를 기꺼이 포함시키려 했지만, 또한 신중함과 은폐의 대가였기 때문이다.

프로이트의 직업 선택의 변은 매우 간략하고 거의 경멸적이다. 1925년 「나의 이력서(Selbstdarstellung)」에 기술된 내용이다.

> "나는 네 살 때 빈으로 와 그곳에서 학교를 마쳤다. 김나지움에서 7년 동안 수석을 차지했고, 총애를 받았으며 시련은 없었다. 그 당시 집안 살림이 매우 궁핍했지만 아버지는 오직 내 관심에 따라서 직업을 선택해야 한다고 요구하셨다. 청소년기나 그 후에도 의사의 지위와 활동에 특별한 호감은 없었다. 나는 자연 대상보다는 오히려 인간관계와 연관된 일종의 지식욕에 사로잡혀 있었으며, 또한 그것을 충족시키기 위한 주요 수단으로서 관찰의 가치를 알아차리지 못하고 있었다. 그러는 사이에 그 당시 화제가 되었던 다윈의 학설이 나를 강렬하게 잡아끌었다. 그것이 세계 이해에 대한 특별한 진전을 약속했기 때문이다. 졸업시험을 치르기 바로 전, 한 인기 있는 강좌에서 괴테의 아름다운 에세이 〈자연(Natur)〉의 낭독을 듣게 된 것이 내가 의학을 전공하는 데 결정적인 영향을 미쳤다."[3]

1925년의 이 언설은 당연히 직업을 선택하는 18세 프로이트의 상태를 나타내는 것이 아니라, 자신의 발전 과정을 돌아보는, 70세 가까이 된 정신분석 창시자의 표현이다. 그는 의료 직종에 대해 비

---

[3]　　　S. Freud, Selbstdarstellung, in: Ges. W. XIV, S. 34

판적인 거리를 유지했는데, 이 시기에는 심지어 그것을 특히 강조해야 했다. 그의 제자들 간에 의사가 아닌 자들에게 정신분석의 교육과 실무를 허용해야 하는지를 놓고 격론이 벌어졌기 때문이다.

프로이트가 여기서 정신분석의 독립을 천명한 것은 익히 알려진 사실이다. 그는 의료 행위의 실무 규칙이 학문의 독립성을 위협하는 것을 막고자 했다. 테오도어 라익(Theodor Reik)이 허가받지 않은 의료 행위로 빈의 법정에 기소된 사건이 그가 '비전문가 분석'을 위한 변론을 하게 된 동기였다.[4] 이 사건은 후에 기소 중지되었다. 분석이 의학의 한 분파인지를 묻는 질문에 프로이트는, 그 자신이 정신분석을 의학적 동기로 발전시키지 않았다는 개인적인 논거를 빌어 부인했다.

"41년간 의료 활동을 하면서 내가 한번도 올바른 의사였던 적이 없었다는 자각이 들었다. 나는 원래의 의도를 바꿔서 의사가 되었다. 그리고 내가 오랜 길을 돌아 처음의 그 길을 다시 찾아낸 것을 내 인생의 승리로 본다. 젊을 때는 고통받는 사람들을 도우려는 욕구를 몰랐다. 나의 가학적 기질이 그리 크지 않아서 그것의 파생물들을 만들 필요가 없었다. 나는 또한 '의사' 놀이도 하지 않았다. 내 유아적 호기심은 분명 다른 길에 있었다. 청소년기에 이 세상의 수수께끼를 이해하고 어쩌면 그 해결에 기여하겠다는 욕구가 강렬했다. 의학과에 등록하는 것이 이를 위한 최선의 길로 보였다. 그러나 생리학에, 물론 그때는

---

[4] 라익은 실망감으로 복수심에 불타던 환자에 의해 고발당했다. 그러나 그 환자는 공판에 나타나지 않았다.

지나치게 조직학으로 제한되었지만, 집중하도록 이끈 가장 위대한 대가 브뤼케(Brücke)의 영향을 받기까지 나는 성과 없이 동물학과 화학 공부를 시도했다. 그때 나는 이미 모든 의학 시험을 치렀다. 존경하는 교수가 나처럼 빈한한 환경에서는 이론가의 길을 피해야 한다고 얘기하기까지, 의사에 대해서는 아무런 흥미도 없었다. 그래서 나는 신경계 조직학에서 신경병리학으로 전공을 바꾸고 새로운 자극을 받아 노이로제를 연구하게 되었다. 내게는 올바른 의사의 자질이 부족했지만, 그것이 환자들에게 큰 손해를 입히지는 않았다고 생각한다. 의사에게 치료적 흥미가 정서적으로 과도하게 강조될 때 환자들은 많은 이득을 얻지 못한다. 환자들에게는 의사가 냉정하고 가급적 정확하게 일할 때가 가장 좋다."[5]

나는 이 언급이 프로이트의 상을 모든 치료적 야망에 냉담하고 엄격한 연구자로 규정하기 때문에 매우 자세히 옮겨왔다. 비록 이상이 그의 전기에 영향을 미치고 정신분석을 기술적 세부사항(가령 '금욕 원칙')까지 각인시켰다 할지라도, 내게는 그것이 의사, 작가 그리고 심리학 연구자로서 자기 직업과의 매우 복잡한 관계에서 그 모호성을 지우는 이상형으로 여겨진다. 프로이트가 자신이 어린 시절에는 고통받는 사람을 도우려는 아무런 욕구가 없었다고 얘기한다면, 그것은 그럴 수 있다. 왜냐하면 자기 묘사를 명확히 하려는 그의 욕구가 기억보다 더욱 확고했기 때문이다. 프로이

---

5 S. Freud, Nachwort zur "Frage der Laienanalyse", Ges. W. XIV, S. 290f

트가 실제 청소년기에 쓴 편지들을 보면, 분명히 자신의 이 욕구를 알고 있었다.

> "작년에 내게 가장 큰 소원이 무엇인지 물었다면 실험실과 자유로운 시간 또는 연구자에게 필요한 모든 도구를 구비한 채 대양에 떠 있는 배라고 답했을 것이다. 지금이라면 오히려 우리 몸의 어떤 병들을 줄이거나 없애기 위한 큰 병원과 풍족한 돈이라고 말하는 것이 좋지 않을까 망설인다. 내가 소수의 독자와 학자 대신 다수에게 영향을 미치려 한다면, 영국이 그런 목표에 적합한 나라가 될 것이다. 신문과 부자들의 지원을 받는 명망가가 새로운 치료방법을 발견할 만큼의 연구자라면, 신체적 고통을 줄이는 요술을 부릴 수 있을 것이다."[6]

21세가 된 프로이트의 표현은 자신이 원래 희망했던 직업인 법률가와 '장관'에다 그다음으로 희망했던 '자연과학자'가 더해진 타협을 보인다. 이 시기에 그는 또한 그때까지 지기스문트(Sigismund)라고 불렸던 이름을 지그문트(Sigmund)로 바꾸었다. 고통받는 사람들을 도우려는 새로운 동기는 그가 처음으로 부모의 집을 오래 떠나 있었기 때문인 것으로 보인다. 이복형이 사는 맨체스터에 7주 동안 있다가 돌아온 후 그는 에두아르트 질버슈타인(Eduard Silberstein)에게 여행의 인상과 함께 앞서 인용된 글을 적어 보냈다. 질버슈타인은 프로이트의 어릴 적 친구로, 프로이트는

---

6   Zit. n. R. W. Clark, Sigmund Freud, Frankfurt(Fischer) 1981, S. 53

그와 함께 에스파냐어를 배우고 자신의 신화와 비밀 이름을 고안해 냈다. 전체가 학자 연합, 에스파냐 아카데미인 양했다. 프로이트와 그의 친구는, 병원 앞에 진을 치고 철학적 대화를 나누는 두 마리 개의 이름, 베르간사와 시피오로 서로를 불렀다(그들의 에스파냐어 독본에 자극받아서). 프로이트는 나중에 이 아카데미의 서류를 불태 웠다. 아직 청년인 그는 새롭고 의미 있는 시기의 서막을 그런 '장 엄한 화형식'[7]을 통해 분명히 표시하고자 했다. 그는 가끔씩 이런 방식으로 전기 작가들의 수수께끼 풀이를 비웃는 듯한 일을 했다.

부르주아 신분인 아이들 대부분이 그렇듯이 프로이트는 그가 지 향하는 이상형을 찾았다. 이 이상형의 위대함은 정말 독특하다. 부 모에게서 결핍된 것을 보상해야 한다. 프로이트가 의학을 선택하 기까지 희망하는 직업으로 확고하게 붙잡고 있었던 변호사와 '장 관'은 아마 고풍스러운 그림 속의 위대한 영주와 지배자의 후예로 서, 그리스도교도가 통치하는 환경에서 유대인 소년이 동일시할 충분한 근거가 되었다. 프로이트의 이런 경향은 아버지의 유약함 (또는 현명함?)에 대한 실망으로 더욱 강화되었다. 아버지는 소년 에게 언젠가 새 모피 모자를 쓰고 산책할 때 있었던 일을 얘기했 다. "저기서 한 그리스도교인이 와서는 순식간에 내 모자를 진창에 처박으며, '어이 유대인, 보도에서 썩 꺼져!'라고 소리를 지르더구 나."

화가 나서 아버지에게 그런 나쁜 놈을 어떻게 혼내주었냐고 물

7　　Vgl. den Brief von Freud an M. Bernays vom 28. 4. 1885, in: Freud, E. L. u. L. (Hsg.), Briefe 1873-1939, S. 144

었을 때, "도로로 가서 그 모자를 집어 들었지."라는 대답을 듣고 그는 실망했다.[8] 프로이트는 아버지의 이 대답에 얼마나 모멸감이 들었던가를 43세의 나이에도 기억하고 있었다. 그는 자기 아들 한니발로 하여금 로마인들에게 복수를 하겠다고 신에게 맹세케 한 카르타고의 장군 하스드루발을 이상적인 상대로 삼았다.[*] 자신과 같은 유대인이며, 대전투에서 반유대주의자들에게 승리하지만 종국에는 그들의 위력에 굴복하여 망명 중에 죽은 천재적인 지휘관이 프로이트의 상상 속의 아버지 중 한 사람이었다.

그는 법학을 공부해서 정치가가 되려던 애초의 계획을 1873년 괴테의 에세이 「자연」의 낭독을 들은 후 바꾸게 되었다고 술회했다. (그 당시 유대인들에게는 군대 경력을 쌓을 경로가 전면적으로 금지되어 있었다. 프로이트는 1870년부터 전장의 도면을 책상 위에 고정시켜 놓고 전쟁 기간 동안 군대의 움직임을 색색의 깃발로 도면 위에 표시했다.)[9] 직업을 선택하는 프로이트의 상황에 공감하기 위해서는, 그가 의사의 지위와 활동을 얼마나 동경했는지 전혀 기억할 수 없는 40대나 60대 남성의 성숙한 소견을 참고하기보다는, 다양한(그렇기 때문에 불분명하기도 한) 재능을 갖고 거대함을 동경하는 청년을 음미하는 편이 내게는 더 유용해 보인다.

8　　　　Clark 1981, S. 23f

*　　　　하스드루발은 한니발의 아버지가 아니라 한니발의 동생으로, 프로이트는 『꿈의 해석』에서 한니발의 아버지를 하밀카르가 아니라 동생인 하스드루발로 부르는 실수를 범했다. 프로이트는 『일상생활의 정신병리학』에서 이 실수가 반유대주의에 대한 아버지의 행동에 자신이 불만을 느꼈던 것과 관련이 있다고 설명했다.—옮긴이

9　　　　Clark 1981, S. 30

「자연」에서 작가 괴테는 거대하고 다가갈 수 없는 신화적 존재를 찬미한다. 그가 이 「자연」에 바치는 많은 비전이 신, 운명, 예언, 별, 그 어떤 것과 대등하게 놓일 수 있을 것이다.

"자연은 영원토록 새로운 형상을 창조한다. 지금 있는 것이 예전에는 없었으며, 예전에 있었던 것은 다시 돌아오지 않는다. 모든 것이 새롭지만 언제나 예전의 모습이다.

우리는 자연의 품 안에 살면서도 자연에게 낯선 존재다. 자연은 끊임없이 우리와 얘기하지만 우리에게 자기의 비밀을 고하지 않는다. 우리는 끊임없이 자연에게 영향을 미치지만 자연을 제어하지는 못한다. (…)

자연은 한 편의 연극을 한다. 자연 자신이 그 연극을 감상하는지 우리는 모르지만, 자연은 노정에 있는 우리를 위해 연극을 한다.

인간은 모두 자연 속에 있으며, 자연은 모든 인간 속에 있다. 자연은 모두와 친선 게임을 하고 인간이 자연을 이길 때 즐거워한다. 자연은 많은 이들과 그렇게 은밀히 게임을 하여, 그들이 미처 알아차리기 전에 게임을 끝낸다. (…)

자연은 자기 자신을 사랑하고 언제까지나 자신에게 무수한 눈길과 마음을 쏟는다. 자연은 자기 자신을 즐기기 위해 자기에게 몰두한다. 자연은 늘 자기를 알리기 위해 지치지 않고 새로운 애호가를 길러낸다. (…)

자연은 나를 이곳으로 데려왔다. 자연은 또한 나를 이곳에서 내보낼 것이다. 나는 자연에 의지한다. 자연이 나를 이끌 것이다. 자연은 자신의 작품을 미워하지 않으리라. 자연에 대해 나는 얘기하지 않았다. 그렇다. 무엇이 옳고 무엇이 그른지, 모든 것을 자연이 일러주었다. 모든 것이 자연의 책임이고, 모든 것이 자연의 공적이다.”[10]

괴테는 후에 이 범신론적 영감이 어린 비전을, 마치 화가가 자신이 그린 것처럼 보이는 그림에 서명을 하는 것과 유사하게 채택했다.[11] 이 두 쪽에 걸친 신비로운 글이 프로이트의 직업 선택에 결정적인 역할을 했으리라고는 상상하기 어렵다. 나라면 그것을 오히려 기억의 은폐로 보겠다. 마치 반창고로 가리는 것처럼, 어지러운 사건을 명료하고 무해한 일 중 하나로 덮으려는 것이다.[12]

프로이트는 에밀 플루스(Emil Fluß)에게 보낸 편지에서 “아마 내 하찮은 인생에서 가장 중요한 일”이 될 것이라며, 자연과학으로 전환하기로 한 ‘새로운 사건’을 알리고 있다.[13] 그는 그로부터 6주가 지나서야 비로소 자세한 보고를 했다. “나는 자연과학자가 되기로 결정했어. 그래서 너의 과정 모두를 내게 알려주기로 한 약속의 취소를 허락한다. 더 이상 그것이 필요 없기 때문이야. 나는 자연의 수천 년 된 문헌을 열람하고, 어쩌면 몸소 그것의 영원한 과정을

10　　Goethes sämmtliche Werke 9, Stuttgart(Cotta) 1885, S. 661

11　　“내가 이런 생각을 피력했는지 사실상 기억할 수 없다. 단지 그 시절 내 정신이 키워왔던 표상들과 대개 일치한다.”라고 괴테는 자연-단장의 해석에서 얘기한다. 그것은 “1880년대에 내 사업을 시중 들어주곤 하던, 잘 알려진 손에 의해 쓰여진’ 것이었다. (Goethe 1885, S. 737)

12　　Vgl. S. Freud, Ges. W. I, S. 531, “Über Deckerinnerungen”—“무언가 중요한 것을 잊었을 때 나는 놀라곤 한다. 아주 사소한 것들을 기억하고 있다면 어쩌면 더 놀랄 것이다.”

13　　Clark 1981, S. 42

엿듣고, 배우려 하는 모든 사람들과 내가 얻은 것들을 나누겠어. 너도 알다시피 비밀은 그렇게 두렵지 않아. 그것이 너무 무의미했기 때문에 두려워했을 뿐이지."[14]

프로이트는 대학입학 자격시험을 치른 후 한 분야에 오래 집중할 수 없었다. 그는 가능한 이론 과목을 모두 신청했다. 의학과 학생에게 필요 없었던 철학까지. 그런 열의에서 빨리 졸업하고 가정형편에 맞게 돈을 벌려는 그의 의도가 조금 드러난다. 그것이 법학에서 의학으로 방향을 바꾼 원인으로 보인다. 프로이트는 시간을 벌고자 했다. 어쨌든 그는 지위를 상승시키려는 부르주아 가정의 첫 번째 대학생이 기대할 만한, 명확한 직업 목표를 향해 나아갈 상태가 아직 아니라고 느꼈다. 아들에게 공부 방향을 스스로 선택하도록 한 프로이트 아버지의 관용 또한 결점이 된다. 야콥 프로이트는 아들에게 아무런 조언도 할 수 없었다. 그는 그런 과제에 큰 부담을 느꼈을 것이다. 지그문트는 대학생활에서 혼자 길을 찾아야 했다. 그러나 시간을 절약하기 바라는 마음에는, 그 과정을 마침으로써 가능한 시기에 고통받는 사람들을 더 깊이, 더 철저히 돕겠다는 동기가 잠자고 있었다. 프로이트가 가능한 한 다방면에 기울인 노력에는 1875/1876 겨울 학기에 베를린으로 가서 뒤 부아-레몽(Du Bois-Reymond), 피르호(Virchow), 헬름홀츠(Helmholtz)의 강의를 듣겠다는 계획도 포함된다. 이 계획은 수포로 돌아가는데, 아마도 집에 돈이 부족해서였을 것이다. 그 대신 그는 1875년 여름

[14] Clark 1981, S. 42

에 그의 두 이복형이 사는 영국으로 여행을 떠났다. 부모, 형제자매와 떨어져 처음으로 긴 여행을 경험하면서 프로이트는 자연 연구에서 의학으로 관심을 돌렸다. 이미 인용한, 최근에 발견된 질버슈타인에게 보낸 편지뿐만 아니라 그의 여동생 안나에게 한 이야기도 이를 증명한다.

> "지그문트는 빈으로 돌아오면 의학을 공부하기로 영국에서 결심했다. 그리고 이 사실을 아버지께 알렸다. 아버지는 이 결정에 동의하지 않았고 이의를 제기하셨다. 아버지는 지그문트가 의사를 하기에는 마음이 너무 약하다고 생각하셨다. 그는 우선 연구만 할 생각이었지만, 결심은 확고했다. 그는 '고통받는 사람들을 돕고 싶어요.'라고 대답했다."[15]

프로이트는 왜 초기의 진술에서는 처음부터 끝까지 돕고 치유하겠다는 동기를 밝힌 반면, 후에는 "올바른 의사가 아니었다."라고 주장한 것일까? 프로이트는 「비전문가 분석(Laïenanalyse)」의 후기에서 매우 모순되게 주장했다. 한편으로는 "내게는 올바른 의사의 자질이 부족했지만, 그것이 환자들에게 큰 손해를 입히지는 않았다."라고 얘기하고, 다음 문장에서는 '올바른 의사의 자질'을, 의사의 '올바른' 자질이 결코 될 수 없는, '정서적으로 과도하게 강조된 치료적 관심'과 동일시한다. '올바른' 자질이 도대체 있긴 있을

15　　　Clark 1981, S. 52. 오늘날 질버슈타인에게 보낸 편지의 발견이 입증하듯이, 어니스트 존스는 프로이트 여동생의 기억을 자료로서 과소평가했다.

까? 프로이트는 여기서 그에 의해 발전된 학문의 인식 상태에서 전 (前)정신분석적, 확고한 자질(욕동과 방어의 서로 다른 영향의 역동적 균형이 아니라)을 가정하는 견해로 되돌아간다. 그가 평상시에 자주 그랬던 것처럼 무의식의 본래의 밀쳐 오름에 창조적으로 응하지도, 자신의 전기의 화형식에서 실천했던 것처럼 완전히 표현을 억제하 지도 않을 때, 그의 표현은 모순될 뿐만 아니라 불쾌하게 작용한다.

프로이트의 의사 경력을 살펴보면, 그가 이 직업에 첫발을 디딘 것은 내적 확신을 통해서라기보다는 오히려 외적 영향에 의해서 임을 확인할 수 있다. 그는 자신이 보잘것없는 보수를 받으며 실험 실에서 더 이상 일하지 않은 것을 학문적 미래를 생각하라는 존경 하는 스승 브뤼케의 강력한 권고를 받은 탓으로 돌린다. 적어도 그 것과 비슷한 정도로 커다란 영향을 미친 또 다른 일은, 후에 아내 가 된 마르타 베르나이스(Martha Bernays)와 사랑에 빠진 사건이 다. 그는 그녀와 함께 가정을 꾸릴 돈이 필요했다. 그러나 프로이 트는 개원 의사의 길로 들어서자마자 일에 열정적인 흥미를 보여 나중에 이에 대한 그의 부정이 쉽게 이해되지 않을 정도였다. 자신 을 필요로 하는 사람을 돌보는 것이 기분을 상승시키고 정신적으 로 안정시키는 작용을 한다는 것을 그는 다른 조력자들처럼 알게 되었다. 1883년 8월 28일 프로이트는 마르타에게 바친 '신부에게 보내는 편지(Brautbriefe)'에서 다음과 같이 썼다.

"사랑하는 아가씨,

나는 오늘 어디서부터 환자들에게 필요한 관심과 주의를 기울여야 할지 정말 어찌할 바를 몰랐어요. 나는 무척 피곤했고 냉담했어요. 하지만 환자가 아픈 곳을 호소하고 여기에 내 일과 의미가 있다는 것을 알게 되자 그런 기분은 사라졌습니다. 나는 그에게 지극히 따뜻하게 대했고 깊은 인상을 남겼다고 믿어요. 그것은 은총과 같은 일입니다. 지금 나는 행복하고 평온해요. 다시 그런 허약함에 빠지지 않도록 나를 단련하겠어요. 집결된 준비 의식이 스스로에게서 찾을 수 있는 최선입니다."[16]

짐작컨대 프로이트에게는 환자와의 긴밀한 관계가 우울한 날에도 힘을 불어넣어주고 집중할 수 있게 만드는 자극제가 되었을 것이다. 아마도 조력직에 종사하는 많은 사람들과 그가 공유하는 이 욕구가 없었더라면 정신분석은 발전하지 못했을 것이다. 동시대의 다른 의사들처럼 '히스테리' 환자의 치료에 거리를 두고, 그들을 어느 정도 '타락한 자'로 폄하하는 것이 아니라, 정서적으로 긴밀한 관계를 맺고자 하는 그들의 욕구를, 물론 이에 대해 정서적으로 응답하지는 않은 채 인정하는 프로이트의 준비 태세가 정신분석의 형성에 기여했다. 이상적인 경우, 단지 정신분석가들의 '집결된 준비'(후에 '고르게 떠 있는 주의')를 통해서만 환자의 내면에서 일어나고 있는 일을 이해할 수 있다. '정화'를 통한 억압의 치료 가능성을 맨 처음 인식한 요제프 브로이어(Joseph Breuer)는 그의 환자 '안나 O(Anna O.)'의 관계에 대한 욕망에 충격을 받았다. 그는 이로

<hr>

16   S. Freud, Brautbriefe. Ausgewählt, herausgegeben und mit einem Vorwort von Ernst L. Freud, Frankfurt (Fischer) 1968, S. 35

인해 그의 결혼생활이 위협을 받을까봐 최면기법을 그만두었다.[17] 그와 반대로 프로이트는 확보한 영역을 포기하지 않았다. 어린 시절 한니발 장군과의 동일시가 열매 맺었다. 그가 강한 대면욕구를 자연과학자 상과 연결시킨 것과 마찬가지로.

프로이트는 우리에게 강렬한 정서적 관계는 모두 양가적이라고 가르쳤다. 그 안에서 상반되는 소망이 뒤섞인다. 이 양가성은 의사와 정신분석가라는 관계에도 역시 해당된다. 그가 그럼에도 때때로 올바른 의사의 자질과 올바른 의사에 대해 얘기하는 것, 즉 양가성이 없는 직업 선택과 활동을 구상하려 한 것은, 오히려 이 양가성이 그에게 난처한 상상을 불러일으켰고 그가 양가성과 대면하려 하지 않았음을 말해준다. 이런 맥락에서 프로이트가 의사 직업의 두 가지 동기를—고통받는 사람들을 도우려는 욕구는 본래 가학적인 성향에 대항한 반동형성이거나 아니면 아동 성연구의 범위에서 이른바 '의사 놀이'의 발전된 양상일 수 있다.—인정한 것은 (그것이 적절한 것인지는 얘기하지 않았다), 그러고 나서 그 자신의 동기는 아니라고 거부한 것은 흥미롭다.

그런데 이런 동기는 돕는 직업의 다양한 동인을 파악하는 데 전혀 적당하지 않다. 아마도 이 연구를 촉진하기보다는 오히려 방해하기까지 했을 것이다. 왜냐하면 프로이트 자신이 그것을 매우 진지하게 생각하지 않은 것처럼 보이며, 다른 한편으로는 그 동기가 오해받기 쉽기 때문이다. 분석적 방법을 철저히 알지 못하고 그렇

17　E. Jones, Sigmund Freud, Leben und Werk 1, München (dtv) 1984, S. 264

기 때문에 모든 해석의 일시성에 정통하지 못한 사람은 그 결과를 자연과학적 법칙의 방식으로 오해하며 대부분 당혹해하거나 분격하여 그것을 방어하려는 경향이 있다. "도움의지가 승화된 가학증이라는 프로이트의 주장은 정말 억측이다!"라는 소리는 이미 자주 들어왔다. 유사법칙성에서 도움의지와 가학증의 상관관계를 파악하고, 그것에 알맞은 줄거리를 얘기함으로써(이를테면 상상 속에서 먼저 어린 동생을 괴롭히고 죽인 후, 실제로 동생을 살뜰하게 보살피고 지지하고 응석을 받아주는 누나) 그것을 제대로 파악한다. 그러면 개개의 경우에는 아마도 그렇게 행동할 수 있겠지만, 절대로 항상 그렇지는 않을 것이라고 시인한다. 이제 분석가는 그가 밝힌, 늘 이런 "개개의 경우에는 아마도 그렇게 행동할 수 있겠다."라는 결론으로 상관관계에 대한 이해를 바랄 수 있다.

초기 정신분석의 욕동역동적 모델의 범위에서는 조력자 동기와 승화된(또는 반동형성을 통해 방어된) 가학증이 연관이 있다고 보았다. 그동안 이 연관성은 아동의 자기애와 동일시가 중요한 역할을 한다는 관점에 의해 보완되었다. 이에 따르면 아동이 실제 부모 관계의 결점을 보완하고자 상상으로 만들어낸 이상적인 부모상과 동일시하는 것이 조력자증후군의 생성 조건이 된다. 자신의 환자/클라이언트를 도와주려는 관심이 조력자 자신의 너적 공허와 우울을 덜어주고 그에게 의미와 안정을 준다는, 프로이트가 묘사한 체험은 이런 상황의 결과로 볼 수 있다.

조력자에게 피조력자는 자기감정의 표상으로 오인되고 버림받게 된다. 이 관계에서 받는 관심과 주목, 결국에는 감사도 자기애적 결핍을 어느 정도 채운다. 다른 한편으로는 관계의 직업적 특성이 조력자의 직접적인 정서적 의존을 막아준다. 클라이언트 또는 환자들이 그를 필요로 하지만, 그에게는 여러 명의 환자나 클라이언트가 있기 때문에 각자의 의존성을 개별적으로 다룰 수 있다.

그럼에도 어린 시절의 자기애적 손상에 대한 이런 방식의 극복이 모든 상황에서 안정적이지는 않다. 조력자가 직업 이외의 생활에서 보상을 찾지 못할 때, 그가 '강한'자가 제공하는 조절된, 발전적 입장에 완전히 매달려 퇴행적이며, 어린아이 같고, 약하고, 의존적인 상대를 반드시 필요로 할 때, 이런 방식은 균형을 잃을 수 있다. 그럴 때 그는 자신에게 무언가 결핍되어 있음을 점점 분명히 느끼지만, 그것이 무엇인지 찾을 수 없다. 그래서 그는 자신의 업무에 점점 더 양가적으로 되어 그것을 받아들일 수도 끝낼 수도 없다. 업무로 고통받음에도 불구하고 그 일을 포기하지 않는 이유를 자주 외적인 압박 탓으로 돌린다. 만약 가족의 생계를 책임지지 않아도 되거나 역량 미달인 후임자가 해를 입히는 것을 막을 수만 있다면, 그는 내일이 아니라 오늘 당장 일을 그만두리라는 것이다.

프로이트가 환자들에게 (부분적) 퇴행의 치유적인 면을 권하는 반면, 자신의 퇴행에는 엄격했던 것이 신부에게 보내는 편지에서 이미 드러난다. 마르타가 언젠가 반츠벡(Wandsbeck)의 성탄절 마켓에서 얼마나 즐거웠는지를 프로이트에게 자세히 묘사하자, 그는 그녀를 독단적 '우리'에 포함시켰다.

"전혀 우리의 취향이 아닌 것에 사람들이 얼마나 흥겨워하는지 바라보는 일은 좋지도, 감격적이지도 않군요. (…) 보잘것없는 사람들은 삶을 즐기고 우리는 절제합니다. 우리는 고결함을 얻기 위해 절제합니다. 건강, 즐길 수 있는 능력, 흥분을 아낍니다. 우리는 우리 자신도 모르는, 그 무엇을 위해 활기를 되찾습니다. 그리고 생래적 욕동을 끊임없이 억압하는 이런 습관은 우리에게 정제된 성격을 가져다줍니다."[18]

초보 의사는 예를 들어 연구나 문제 해결 같은 더욱 섬세한 기쁨을 위해서 직접적으로 욕동을 충족시키고 싶은 욕구를 희생해야만 한다. 프로이트는 감정의 부르주아적 정제를 긍정적으로만 여기지는 않았다. 이 점에서 그는 감정의 '깊이'를 이상화하는 동시대의 '고루한' 심리학자들과 구분된다. 회의론자에게는 이 정제가 명망과 안전을 잃는 것에 대한 불안에서 기인함이 너무도 분명하다. 1883년의 편지에서 약 40년 후 『문명 속의 불만(Unbehagen in der Kultur)』으로 출간될 사회 이론의 일부가 예측된다. 문화인은 안전을 추구하느라 욕동의 욕구를 희생한다. 반대로 물질의 공급은 그에게 욕동의 단념을 요구한다.

"우리는 역시 더욱 깊게 느끼고 그렇기 때문에 단지 조금만 추측해도 됩니다. 우리는 왜 술에 취하지 않을까요? 술에 취하는 쾌락보다 투정의 불쾌감과 치욕이 우리에게 더 즐겁지 않기 때문입니다. 왜 매달 새로운 인물과 사랑에 (안)[19]빠질까요? 매번 이별할 때마다 우리의

---

18   S. Freud, Brautbriefe, S. 141

19   원본에 빠진 '안'이 이 언설에 대한 프로이트의 양가감정을 입증할 수도 있을 것이다.

심장이 찢겨나가기 때문이지요. 우리는 왜 모든 사람을 친구로 삼지 않을까요? 그의 상실과 불행이 우리에게 더 쓰라리게 다가올 것이기에, 우리는 우리를 즐겁게 만들려고 하기보다는 고통에서 더욱 멀어지게 하려고 노력합니다. 죽음과 삶의 끈으로 서로 얽힌, 일 년 내내 떨어져 지내면서도 서로에게 불성실하지 않기를 갈망하는, 우리에게 가장 소중한 것을 앗아가는 어떤 가혹한 불행은 이겨낼 수 없을 우리 두 사람처럼 가장 높은 능력을 가지고 있는 것이 우리 인간입니다."[20]

결핍된 욕동적 삶("보잘것없는 사람들은 삶을 즐기고")과 관계("우리는 왜 모든 사람을 친구로 삼지 않을까요?")를 거리가 보장해주는 안전과 통제를 잃지 않으면서 어떻게 채울 수 있을까? 그것은 자신에게 허용하지 않는 퇴행적(유아적-미분화된) 부분과의 작업을 직무에 통합시킴으로써 확실히 가능하다. 프로이트는 의사 역할로부터 보호를 받게 되자 이 퇴행에 참여할 수 있었으며, 이것이 원래 가능했던 것보다 더욱 유익한 것을 이루도록 했다. 그가 얼마나 이 문제에 몰두했는지는 신부에게 보내는 편지에서 알 수 있다. 자신의 불안의 무게를 그저 견디기만 하고 결핍을 느끼지 않는 사람은 엄격한 양심의 통제를 받지 않는 다른 사람에 대해 그 정도로 경멸적으로("보잘것없는 사람들") 질투심에 가득 차서("우리를 즐겁게 만들려고"가 아니라 "고통에서 더욱 멀어지게 하려고 노력합니다.") 얘기하지 않는다.

<hr>

[20]   S. Freud, Brautbriefe, S. 38

여기서는 부르주아 사회에서 완전히 전형적인 '의학적' 자질을, 그것이 프로이트가 언급한 '올바른 자질'인지는 판단할 수 없지만, 다루고 있다고 추측된다. 이 자질은 두 가지 결과를 불러일으킨다. 첫째, 자신의 자아에 금지된 퇴행에 참여하는 것이 주는 비밀스러운 즐거움이 알려지거나 의식되어서는 안 된다. 나는 프로이트가 자신은 전혀 준수하지 않으면서 임상에서 거듭 했던 권고—의사는 '정서적으로 과장된' 흥미를 가져서는 안 되며, '냉철하고 가능한 한 정확히' 일해야 하며, 마치 '잘 닦인 거울'처럼 피분석자가 그에게 투사하는 상만을 되비추어야 한다[21]—도 이런 맥락으로 이해한다. (물론 프로이트가 분석가의 금욕을 요구하는 동기가 전적으로 이 방어 기능 때문만은 아니다. 그것은 매우 실제적인 이유도 있으며, 예를 들어 융[22]이 금욕 원칙을 심각하게 위반하는 것을 프로이트가 관찰함으로써 더욱 필요시되었다. 그러나 환자들의 행동뿐만 아니라 정신분석가들의 행동 또한 다층적으로 결정된다!)

둘째로 직무 자체에 대해 증가하는 양가감정을 들 수 있다. 직무를 수행하는 가운데 분석가의 무의식적 동기가 충족되기에, 일이 그를 사로잡는다. 그러나 이런 충족은 항상 불완전하고 절대 그 가상적 성격을 완전히 잃지 않을 것이기에 그를 실망시키기도 하며, 다시 억압되어야 하고 간접적으로만 환기될 수 있는 분노를 일깨운다. 대부분의 사례 보고에서 프로이트는 한편으로는 관심을

---

21   S. Freud, Ratschläge für den Arzt bei der psychoanalytischen Behandlung, Ges. W. VIII, S. 375-388

22   M. Guibal u. J. Nobecourt, Sabina Spielrein, Paris(Aubier) 1982

기울이고, 호의적이고, 열정적으로 임하는 것으로 묘사되었다. 그의 역전이는 전이에 앞선다. 그는 장래의 환자들에게 자신이 그들과 일하는 것을 얼마나 기뻐하는지 단언했고[23], 더 격렬한 감정을 일깨우기에는 그가 너무 나이 들었다고 한탄했으며[24], 힐다 둘리틀 (Hilda Doolittle)에게는 꽃가지를, 스마일리 블랜턴(Smiley Blanton)에게는 그의 전집을 선물했다.[25] 그는 다른 한편으로는 치료 활동을 그만두고 연구에만 전념하면 제일 좋겠다고 거듭 하소연했다. 한 피분석자에게 그는 다음과 같이 얘기했다. "나는 치료문제에 큰 관심이 없습니다. 지금 너무 조급합니다. 나 자신이 위대한 분석가가 되기에 어려운 몇몇 '약점'이 있지요. 그중 하나는 내가 아버지를 꼭 빼닮았다는 점입니다. 둘째는 내가 언제나 너무 이론적인 문제에 매달려서 치료적인 문제에 관심을 덜 쏟았다는 점입니다. 셋째는 사람들을 오래 치료할 인내심이 없어요. 나는 그들에게 싫증이 나요. 그건 그렇다 치고 나는 내 영향력을 넓힐 겁니다."[26] 어니스트 존스(Ernest Jones)의 기억도 이와 유사하다. "프로이트는 이미 1910년에 임상 활동을 중단하고 문화와 역사 공부에 전념할 수 있으면 좋겠다고 한숨지으며 고백했다."[27] 그러나 내게는 이 탄식

---

23 J. Cremerius, Vom Handwerk des Psychoanalytikers: Das Werkzeug der psychoanalytischen Technik. Bd. II, Stuttgart (Frommann) 1984, S. 327

24 Doolittle, H., Huldigung an Freud, Berlin (Ullstein) 1975

25 Zit. n. Cremerius, S. 328

26 아브라함 카르디너(Abram Kardiner)와의 대화, zit. n. Cremerius, S. 332

27 E. Jones, Sigmund Freud, S. 47

이 평생 고질적이었던 프로이트의 현저한 기분 변화[28]를 반영할 뿐만 아니라, 이 일에 그를 묶어두는 조력자-양가감정의 다른 측면을 부정하려는 것으로 보인다. 프로이트는 다음의 예에서 '신경증'으로부터 도망치려고 시도하는 바로 그 와중에 산 속의 방랑자가 어떻게 2000미터 높이에서 그것과 다시 마주치는지 생생하게 묘사하고 있다.

"1893년 방학에 나는 한동안 의학과 특히 신경증을 잊기 위해서 호헨 타우어른(Hohen Tauern)으로 소풍을 갔다. 어느 날 저만치 떨어진 산에 오르려고 하우프트 스트라세를 출발할 때만 해도 나는 거의 그런 상태였다.(…)"

『히스테리 연구(Studien über Hysterie)』에서 카타리나의 사례는 이렇게 시작한다. 한 소녀가 방랑자에게 말을 걸었다. 그리고 그는 자신이 잊으려 했던 바로 그것에 순식간에 사로잡혔다.

"초췌한 안색을 하고 체구가 큰 소녀에게 더 이상 중요한 것은 없기에, 나는 다시 신경증에 사로잡혔다. 2000미터 높이에서 신경증이 그렇게 진척된 것에 흥미를 느껴, 나는 계속 질문을 했다."[29]

이 장면은 그가 환자들과 일상적으로 접촉하면서 느끼는 양가

---

28   Vgl. Clark 1981, S. 135f, S. 227f u. M. Schur 1973, S. 118

29   S. Freud, "Katharina", Studien über Hysterie, Ges. W. I, S. 184f

감정에 대한 아이러니한 거리를 보여준다. 그는 일에서 벗어나고자 했다. 그러나 예를 들어 대가족의 생계를 책임져야 하는 경제적 압박과 같은, 일을 그만둘 수 없는 합당한 외적 근거를 댈 수 있는 한 그것은 불가능했다. 그는 나중에는 가능한 한 많은 미래의 분석가들을 가르쳐서 정신분석의 핵심을 보호해야 한다는 이유를 들었다. 연구와 조력직 사이에서 프로이트가 느꼈던 망설임은 이를 통해 완화되었으며 양쪽 모두에 정신분석의 발전에 균등하게 기여한다는 포괄적인 의미가 주어졌다. 정신분석은 그에게 이미 학생 때부터 추구해왔던, 그 커다란 의미를 충족시킬 수 있는 적절하고 지속적인 대표자가 되었다.

프로이트는 빌헬름 플리스와 교제하는 동안 불분명한 심장 통증 후에 나타난 분리불안으로 고생했다. 어니스트 존스는 이를 심신경증[30]으로 암시한 반면, 막스 슈어는 오히려 잠재적 심근경색으로 추측했다.[31] 프로이트는 불안이 너무 심해서 얼마 동안 흡연을 포기했으나 그러고 나서 너무도 비참함과 무력함을 느껴 다시 흡연을 시작했다. 그의 흡연과 거듭 재발하는 구강암과의 인과관계가 그 당시에 벌써 논의되었지만, 그는 죽을 때까지 두 번 다시 담배를 끊으려 하지 않았다. 기차를 놓칠까봐 불안해서 출발하기 한 시간 전부터 미리 역에 와 있곤 했던 프로이트의 '기차 신경증' 또한 아마도 이 분리불안과 연관이 있을 것이다. 불안이 분리를 수행하는 기관차로 옮겨졌을 뿐이다. 그는 자신을 단 한 번 사랑하고 그

30   E. Jones, S. 337f

31   M. Schur, Sigmund Freud. Leben und Sterben. Frankfurt (Suhrkamp), S. 131f

연인을 잃으면 죽는 전설적인 아랍 부족 아스라와 비교했다. 이 상에 들어맞게 프로이트와 마르타의 약혼 기간 동안 마르타에 대한 프로이트의 질투는, 사랑하는 사람이 그와 무관하게 자기 자신의 관심을 좇는 정도의 분리도 받아들이기 어려운 지경이었다. 반대로 프로이트가 플리스와 열렬히 우정을 나눌 때, 그는 모든 차이를 서로의 관계에서 제외하려고 오랫동안 노력했으나 결국 엄습하는 실망을 완전히 극복하지 못했다. 프로이트는 기꺼이 그의 친구가 되려고 했으나 제자로 남을 수밖에 없었던 페렌치와의 대화 중에 이에 대해 언급했다.[32] 프로이트는 그가 학생들에게 요구하는 것과는 반대로, 융과의 토론에서 자신의 꿈에 대해 떠오르는 생각을 융에게 솔직하게 얘기하기를 거부했다. 융과 절교하게 되자 프로이트는 실신했으며 나중에는 "죽으면 달콤할 거야!"[33]라고 탄식했다. 분리와 죽음은 여기서도 밀접하게 연결되었다.

도움을 주는 관계에서 조력자는 헤어짐을 '관리한다'. 그가 헤어질 시기를 정하고, 그의 판단에 따라 헤어지게 된 사람의 자리에 언제나 다른 피조력자를 앉힐 기회가 있다. 이런 직업의 선택이 그래서 분리불안을 해결할 뿐만 아니라 창조적으로 변화시킬 좋은 수단이 된다. 이런 이유로 프로이트가 부모의 집에서 처음으로 오래 떨어져 지낸 후에, 고통받는 사람들을 돕고 자신의 분리의 고통을 해결하는 방향으로 직업 목표를 분명히 정한 것은 전혀 우연이

---

32 Zit. n. M. Schur 1973, S. 318

33 J. M. M. Masson, Was hat man dir, du armes Kind, getan? Reinbek (Rowohlt) 1984, S. 180f

아니라고 생각한다. 그의 분리불안의 원인을 찾으려 할 때, 우리는 추측에 의지하게 된다. 무엇보다도 그와 어머니의 관계가 그렇다. 프로이트는 자신을 항상 그녀의 무한대의 애인으로 표현했다. 무엇이 이 어머니의 상을 순화하고, 그러한 이상화를 통해 대부분 은폐되는 양가감정을 불러일으키는지, 이에 대한 프로이트나 주변 사람들의 진술이 내가 아는 바로는 없다. 아말리에 나탄존(Amalie Nathanson)은 19세에 그녀보다 나이가 대략 두 배나 많았던 야콥 프로이트와 결혼했다. 지기스문트가 태어나고 1년 후에 동생이 태어났으나 그 아이는 몇 달 후 사망했다.[34]

어머니의 어린 나이, 빠르게 시작된 임신과 1년 후 동생의 출산으로 인해서 그는 유아기에 아마도 최초의 공생관계에서 체험하는 안정감의 결핍을 겪었을 것이다. 첫째 아이는 여기서 항상 더 큰 위험에 처하며(어머니가 아직 불안정하기에), 짧은 터울로 동생을 본 아이도 마찬가지다. 이 동생이 죽었을 때, 어머니가 정서적 안정을 되찾기란 대부분 매우 어렵다. '총애하는 아이'의 역할이 확정되면, 가정에서 자발적인 정서적 상호작용이 방해받는다. 프로이트는 그 동생을 "나쁜 소망과 순수한 아이의 질투로" 반겼다. 반면에 "그의 죽음으로 비난의 싹"이 그에게 남았다.

어머니가 둘째 아이가 죽은 뒤, 그녀의 '귀여운 지기스문트'에게 두 배의 사랑을 주며 의지했을까? 프로이트의 생애 동안 거듭해서 일부 미신적 방식으로 성찰한 죽음의 주제는, 그 역시 죽은 아이와

---

34   Clark 1981, S. 21

동일시했고, 분리와 죽음의 근접함이 여기서 비롯되었음을 말해준다. 여하튼 프로이트가 의사 직업에 대한 열광과 환자를 위한 개입에 대해 때때로 내비쳤던 경멸은, 자신이 어머니와의 관계에서 느꼈던 양가감정의 부정과 연관이 있는 것으로 보인다(이것은 그로 하여금 일반적인 어머니-아들 관계는 대부분 양가감정이라고는 없는 관계라고 주장하게까지 만들었다).

모든 전기가 그렇듯이 프로이트의 전기도 인간의 발달을 둘러싼 비밀에 경의를 표하게 만든다. 우리는 비밀에 다가갈 수 있지만 그것은 풀리지 않고, 오히려 가까이 갈수록 더욱 깊어지고 어두워진다. 자기분석을 통해 자신을 신경증(라익에 따르면 광장공포[35])의 일격으로부터 해방시킨, 확고한 자부심으로 가득 찬 천재 지그문트 프로이트의 위인전의 적당한 단순화를 고려하지 않으면 그 그림 역시 어지러워진다. 자신을 의사로 내세우길 내켜하지 않은 대신 기꺼이 연구자로 표현한 프로이트 말년의 이력서를 우리가 문제 삼을 때, 우리에게도 비슷한 일이 일어난다. 그의 예리한 시선과 깊은 회의는 그가 묘사하는 천진함과 수다 떠는 버릇에 어울리지 않는다. 일에 대한 놀라운 엄정성, 자기비판은 그의 니코틴 중독 및 코카인을 사용하도록 무분별하게 권고하는 행동과 어울리지 않는다. 그의 뿌리 깊은 염세주의는 정신분석 운동의 메시아적인 면과, 겸손함은 코페르니쿠스와 다윈의 후예의 발견자적 열정과 어울리지 않는다. 프로이트의 상상에 따르면 심리학적 인식을 위

---

35   Reik, Th., From Thirty Years with Freud, London (Hogarth) 1942

한 싸움은 갯벌에서 견고한 땅을 억지로 확보하려는 시도와 같다. 그러나 한 인간에 대해 우리가 갖고 있는 지식이 불완전하고 지속적인 갱신이 필요하다는 사실은, 한 곳에서 영토를 확보하기 위해서는 이제껏 지속적으로 획득했던 것들이 마치 파도가 달려와 부서지는 절벽처럼 다시 다른 곳에서 소멸되는 것과 같다.

참고문헌

• Alexander, F., Metapsychologische Darstellung des Heilungsvorganges, in: Int. Z. f. ärztl. Psa. 11(1925), S. 157~178

• Aronson, E., Pines, A. M., Kafry, D., Ausgebrannt. Vom Überdruß zur Selbstentfaltung. Stuttgart(Klett-Cotta) 1983

• Becker, A. M., Zur Gliederung des Über-Ichs, in: Psyche 10(1956), S. 93

• Beres, D., Vicissitudes of superego functions and superego precursors in childhood, Psa. Stud. Child 13(1958), S. 324~351

• Berne, E., Spiele der Erwachsenen, Reinbek 1966

• Bleuler, F., Das autistisch-undisziplinierte Denken in der Medizin, Berlin 1919

• Borneman, E., Das Patriarchat, Frankfurt/M. 1965

• Brenner, Ch., The masochistic character: Genesis and treatment, in: J. Amer. Psa. Assn. 7(1959), S. 197~226

• Brook, M. F., Hailstone, J. D., McLaughlin, E. J., Psychiatric illness in the medical profession, in: Brit. J. Psychiatry 113(1967), S. 1013

• Cambor, C. G., Präödipale Faktoren der Über-Ich-Entwicklung, Psyche 24(1970), S. 116~128

• Caplan, G., Principles of preventive psychiatry, New York, Basic Books, 1964

• Cherniss, C., Professional Burnout in Human Services Organizations, New York (Praeger) 1980

• Combs, A. et al., Die helfenden Berufe, Stuttgart 1975

• Cremerius, J., Grenzen und Möglichkeiten der psychoanalytischen Behandlungstechnik bei Patienten mit Über-Ich-Störungen, in Psyche 31(1977), S. 593~636

• Craig, A. G., Pitts, F. N., Suicide by physicians, Dis Nerv. System 29(1968), S. 763~772

• Danneberg, E., Dynamische und ökonomische Aspekte der Entwicklung des

Über-Ichs, Psyche 22(1968), S. 365~383

• DeSole, D. et al., Suicide and role strain among physicians, Kongreßvortrag 1967, American Psychiatric Association, Detroit

• Devereux, G., Angst und Methode in den Verhaltenswissenschaften, München 1975

• Dinslage, A., Psychotherapeut für junge Menschen ohne Marktwert. Erfahrungen zwischen Psychiatrie und Leben, München(Pfeiffer) 1985

• Duffy, J. C., Litin, E. M., Psychiatric morbidity of physicians, J. of the American Med. Assn. 189(1969), S. 989~992

• Edelwich, J., Brodsky, A., Ausgebrannt—Das Burn-Out-Syndrom in den Sozialberufen, Salzburg(AVM) 1984

• Eissler, K. R., Zur Notlage unserer Zeit, Psyche 22(1962), S. 641

• Eliade, M., Schamanismus und archaische Ekstasetechnik, Zürich 1966

• Farber, B. A., Stress and Burnout in the Human Service Professions, New York(Pergamon) 1983

• Fenichel, O., Psychoanalytische Neurosenlehre, Olten/Freiburg 1975~1977

• Freeman, W., Psychiatrists who kill themselves, Am. J. Psychiatry 124(1967), S. 846~947

• Freud, A., Das Ich und die Abwehrmechanismen, München 1968

• Freud, S., Die Disposition zur Zwangsneurose, 1913(GW VIII)

• Ders., Einige Charaktertypen aus der psychoanalytischen Arbeit, 1914(GW X)

• Ders., Zur Einführung des Narzißmus, 1914(GW X)

• Ders., Massenpsychologie und Ich-Analyse, 1921(GW XIII)

• Ders., Das ökonomische Problem des Masochismus, 1924(GW XIII)

• Ders., Hemmung, Symptom und Angst, 1926(GW XIV)

• Gola, N., The doctor, his illness and the patient, Aust. NZ J. Psychiatry 6(1972), S. 209~213

• Grunberger, B., Über-Ich und Narzißmus in der analytischen Situation, Psyche 12(1958), S. 270~290

• Dies., Gedanken zum frühen Über-Ich, Psyche 28(1974), S. 508~529

• Halleck, S., Woods, S., Emotional problems of psychiatric residents, in: Psychiatry 25(1962), S. 339~346

• Hamilton, W. D., Selection of selfish and altruistic behavior, in: Eisenberg J. F., Dillon, W. S., Man and Beast, Washington 1971, S. 57~93

• Henseler, H., Narzißtische Krisen, Hamburg 1974

• Horney, K., The problem of the negative therapeutic reaction, Psychoanal.

Quart. 1(1936), S. 29~44

• Hunter, R. C. A. et al., Nosophobia and hypochondriasis in medical students, J. Nerv. Ment. Dis. 139(1964), S. 147~152

• Itani, J., Paternal care in Macaca mulatta, in: Southwick(Ed.), Primate social behaviour, Princeton 1959

• Jacobson, E., The effect of disappointment on Ego and Superego formation in normal and depressive development, Yearbook of Psa. 3(1947), S. 109~126

• Keupp, H., Bilden, H., Verunsicherungen. Das Subjekt im gesellschaftlichen Wandel, Göttingen(Hogrefe) 1989

• Keupp, H., Psychosoziale Praxis im gesellschaftlichen Umbruch, Bonn(Psychiatrie-Verlag) 1987

• Lampl-de Groot, J., Ich-Ideal und Über-Ich, in: Psyche 17(1962), S. 321~332

• Lasch, C., Das Zeitalter des Narzißmus, München(dtv) 1986

• Levi-Strauss, C., Traurige Tropen, Köln 1960

• Lincke, H., Das Über-Ich-eine gefährliche Krankheit?, in: Psyche 24(1970), S. 375~402

• Marmor, J., The feeling of superiority: An occupational hazard in the practice of psychotherapy, Am. J. Psychiatry 110(1953), S. 370~376

• Maslach, C., Burnout, the Cost of Caring, Englewood Cliffs(Prentice Hall) 1982

• Modlin, H. C. et al., Narcotics addition in physicians, Am. J. Psychiatry 121(1964), S. 358~369

• Müller-Braunschweig, C., Psychoanalytische Gesichtspunkte zur Psychogenese der Moral, in: Imago 7(1921), S. 237~250

• Nunberg, H., Allgemeine Neurosenlehre auf psychoaralytischer Grundlage, Bern 1959

• Olinick, S. L., The negative therapeutic reaction, in: Int. J. Psa. 45(1964), S. 450~548

• Pearson, M. M., Strecker, E. A., Physicians as psychiatric patients, Am. J. Psychiatry 116(1960), S. 915~919

• Pitts, F. N. et al., Psychiatric syndromes, anxiety symptoms and response to stress in medical students, Am. J. Psychiatry 118(1961), S. 333~340

• Plessen, U., Supervision in Beratung und Therapie, Salzburg(Müller) 1985

• Pond, Doctors mental health, New Zealand Med. Journal 69(1969), S. 131

• Pühl, H., Schmidbauer, W. (Hg.), Supervision und Psychoanalyse. Plädoyer für eine emanzipatorische Reflexion in den helfenden Berufen, München(Kösel) 1986, TB: Frankfurt/M. (Fischer) 1991

• Radó, S., Das ökonomische Prinzip der Technik, Int. Z. f. ärztl. Psa. 12(1924), S. 15~24

• Rangell, L., The psychoanalytic precess, Int. J. Psychoanal. 49(1968), S. 19~26

• Ders., Perspektiven der Psychoanalyse, in: Psyche 28(1974), S. 948~996

• Reich, A., Early identification and archaic elements in the superego, J. Amer. Psa. Assn. 2(1954), S. 218~238

• Reich, W., Charakteranalyse, Selbstverlag, 1933

• Ders., Psychischer Kontakt und vegetative Strömung, Kopenhagen (Sexpol) 1934

• Reik, Th., Geständniszwang und Strafbedürfnis, Leipzig/Wien/Zürich 1925

• Riciere, J., A contribution to the analysis of the negative therapeutic reaction, Int. J. Psychoanal. 17(1936), S. 304~320

• Salzmnann, L., The negative therapeutic reaction, in:Massermann, J. M., Science and psychoanalysis 3(1960), S. 303~313

• Sandler, J. et al., Die Grundbegriffe der psychoanalytischen Therapie, Stuttgart 1973

• Schmidbauer, W., Vom Es zum Ich. Evolution und Psychoanalyse, München(List) 1975

• Ders., Selbsterfahrung in der Gruppe. Unter Mitarbeit von S. Gröninger, H. Kemper, Ch. Maul und H. Küfner, München(List) 1977

• Ders., Jäger und Sammler, München-Planegg 1973

• Ders., Biologie und Ideologie, Hamburg 1973

• Simon, W., Lumry, G. K., Suicide among physicianpatients, J. Nerv. Ment. Dis. 147(1968), S. 105~112

• Spitz, R. A., Vom Dialog, Stuttgart 1976

• Ders., Zur Entstehung der Über-Ich-Komponenten, in: Psyche 14(1958), S. 400~426

• Turnbull, C., Das Volk ohne Liebe, Reinbek 1973

• Vaillant, G. E. et al., Some psychological vulnerabilities of physicians, N. Engl. J. Med. 287(1972), S. 372~375

• Walton, H. J., Effect of the doctors personality on his style of practice, J. R. Coll. Gen. Pract. 16(1968), S. 113

• Waring, E. M., Psychiatric illness in physicians, Comprehensive Psychiatry 15(1974), S. 519~530

• Willi, J., Die Zweierbeziehung, Reinbek 1975

번역을 마치면서 왜 오래전부터 이 책을 꼭 한국의 독자들에게 소개하고 싶었는지 되짚어보자니 떠오르는 한 장면이 있다.

어느 날 오전 중년여성 여러 명이 내가 타고 있던 지하철 칸에 들어서면서 일행을 발견하고 반갑게 인사를 주고받는 것을 보았다. 아침식사는 했는지, 가족들 식사준비는 해두고 나왔는지 등을 서로 물으며 그 시간에 집을 빠져나오느라고 얼마나 바빴는지를 저마다 유쾌하게 얘기하고 있었다. 오고가는 말을 들으니 그들은 어느 종교단체에 소속된 사람들로서 정기적으로 봉사활동을 해왔고 그날도 봉사하는 곳으로 가는 길이었다. 몇 정거장이 지나서 그 일행이 왁자하게 내리는데 한 목소리가 귀에 쏙 들어왔다. "봉사도 중독될 수 있어. 자칫하면 자기 집안은 엉망으로 버려놓고 엉뚱한 데 가서 돕는다고 나서게 된다니까." 그들이 내리고 난 갑자기

조용해진 지하철 안에서, 자신의 문제와 대면하는 것을 피하기 위해 남을 도와주는 일에 전념하는 '조력자증후군'을 이보다 더 단순명료하게 설명할 수 있을까라는 생각이 들었고 봉사활동의 동기에 대한 통찰을 엿볼 수 있어서 감탄하지 않을 수 없었다.

그러나 이와 같이 자신이 남을 돕는 동기에 의문을 품고 그것과 거리를 두기란 쉽지 않은 일이다. 특히 그 일이 사회적으로 높이 평가되고, 힘든 교육과정을 거쳐 직업이 되었을 때는 더욱 그렇다. 내가 『무력한 조력자』를 번역하기로 마음먹었던 이유도 바로 이 책이 개인의 삶과 집단의 공동생활에서 경직된 이상이 초래할 수 있는 위험을 지적하며, '좋은 일'을 하는 조력자들의 직업선택 동기에 대한 비판적 성찰을 담고 있기 때문이다.

이 책의 내용을 따라가다 보면 거의 모든 영역에서 성취를 위한 개인의 희생을 강조하는 한국사회의 모습과, 소명의식으로 드높아진 직업적 이상을 좇느라 전력을 다하는 우리의 모습이 겹쳐진다. 특히 조력직과 같은 '이타적' 직업에 종사하는 사람이나 그 교육과정에 있는 학생들은 도달하기 어려운 이상적 조력자상에 대한 의문을 제기하는 대신, 일방적으로 그것에 자신을 적응시키려고 노력한다. 다른 사람을 돕는 조력활동이 적절히 가동되는 지원체계 없이 대부분 조력자의 자기희생에 기대어 이루어질 때 그 사회의 조력자상은 극히 이상화될 수뿐이 없다. 열악한 환경임에도 불구하고, 지속되는 희생적 활동에 합당한 보상이 없어도 조력자는 자신의 내적 필연성에 의해 이상화된 조력자 상을 받아들인다. 그리고 그는 자신을 해칠 지경이 될 때까지 다른 사람을 돕게 된다.

슈미트바우어는 이 책에서 자신의 문제를 회피하기 위해 남을 돕다가 급기야는 조력활동에 중독되는 조력자들의 독특한 정신구조를 '조력자증후군'이라 이름 붙였다. 그는 이 성격특성의 원인을 자기애적 장애로 보고 그것이 직업 활동과 사생활에서 어떻게 표출되는지 다양한 사례를 통해 구체적으로 밝혔다. 어린 시절 자기애적 만족이 거절당하면, 부모의 요구를 충족시키는 일이 즉, 초자아와의 경직된 동일시가 아이에게는 유일한 선택지가 된다. 그 아이는 성장하여 자신이 그토록 원하고 그리워했던 것을 자기 자신에게는 주지 못하고 '이타적'으로 다른 사람을 통해 실현하려 한다. 경직된 초자아는 직업적 책임을 강조하는 교육과정을 통해 더욱 강화되어 직업 활동을 시작할 때는 이미 조력자증후군이 예비된 상태가 된다.

이 책은 출간과 더불어 독일사회에서 큰 반향을 불러일으켰다. 또한 조력자들을 신경증적인 인물로 치부했다거나 조력활동을 자기애적 만족의 결핍을 보상하려는 이기적인 동기에 의한 것으로 폄하했다는 오해를 낳아 논쟁의 대상이 되기도 했다. 그러나 1977년 출간된 이 책이 지금까지 꾸준히 읽히고 있는 것을 보면 그 내용이 사회 환경과 조력자상의 변화에도 불구하고 조력자들의 정신적인 문제에 얼마나 가깝게 다가가는지를 알 수 있다. 한편 이 책에서 조력자들의 성격특성을 일컬은 '조력자증후군'이라는 용어는 이제 원래의 맥락을 어느 정도 벗어나 남을 돕는 사람들의 일반적인 정신적 문제를 총칭하는 일상어가 되었다.

독일어권에서 조력직에 종사하는 사람들이나 이 분야의 교육과정에 있는 학생들의 필독서로 꼽히는 이 책을 번역하는 데는 예상보다 매우 오랜 시간이 걸렸다. 특히 정신분석적 상담자로서의 전통적 직업이력과 거리를 두고 대안을 찾아 새로운 길을 열어온 저자에게 당연히 필요했을 듯싶은 많은 새로운 합성조어들이 우리말로 옮기는 일을 지연시키고 고통스럽게 만들었다. 그럼에도 '놀이를 망치는 사람'이라는 비난을 감수하고 금기시 되어온, '이타적' 조력활동 뒷면을 섬세하게 파헤쳐 독자들로 하여금 나름의 해결점을 찾게 하는 과정에서 번역의 의의를 충분히 느낄 수 있었다. 정신분석에 대한 인식과 수용의 정도에 있어서 독일사회와 한국사회는 큰 차이가 있다. 그럼에도 불구하고 이 책이 한국의 독자들에게도 자신이 왜 항상 주기만 하는 사람이 되는지, 어떤 이유로 돕는 직업을 택하게 되었는지, 돕는 일이 왜 즐겁지 않은지 반문하고 숙고하는 데 자극제가 되기를 바란다. 아울러 독자들이 자신의 욕구를 체험하고 해소할 수 있는 기회를 더욱 넓혀가는 계기가 되기를 희망한다. 자신이 그리워했던 것을 바로 자기 자신에게 줄 수 있어야 비로소 다른 사람을 위해 지속적으로 일할 수 있기 때문이다.

ㄱ

가부장(성 차별 참조) 26, 51, 71, 232,
    246, 249, 265
가치체계 51, 55
가학증 102, 243, 287
강박적 사고 109
개별화 61
거대자기 63~64, 66~69
거부된 아이 63, 79, 81, 84, 88~89, 94,
    103, 118, 144, 164, 168~169, 173~
    174, 178, 186, 199, 209~210, 213,
    218, 224, 231, 233
결탁
    가부장적 결탁 134
    구강-카니발적 결탁 140
    권위주의적 결탁 187
    조력자-피조력자-결탁 133, 135~
        136, 140, 161, 176~177, 179
    항문-가학적 결탁 140
경쟁 91, 179, 185, 205, 211~212, 215,
    232, 246~247, 265, 267, 269, 271
고립 164, 176, 223
공격성
    공격성 억제 242
    공격성의 과대평가 223
    공격성의 승화 230

간접적 공격성 80, 82, 86, 101, 108,
    119, 127, 173, 223, 239, 242,
    244~245
금지된 공격성 223
자학적 공격성 224
직접적 공격성 224
카니발적 공격성 218
투사된 공격성 87, 130, 243
공생 61, 67, 141, 152, 190, 296
과잉보상 136
구강기(구강적 좌절; 일차과정 참조)
    137~138, 145, 149~150, 160
구강적 성격 26~27, 150
구강적 좌절(구강기; 일차과정 참조)
    144~145
구조적 폭력 245, 247
권위 115, 186, 248
그리스도교(이웃사랑 참조) 52~56, 90,
    112, 171, 273
기계적 성과 모델 118

ㄴ, ㄷ, ㅁ

내사 66, 170
내재화 50, 53, 66, 72, 183, 229, 262,
    269
단념 231, 257, 289

무력한 조력자

1판 1쇄 찍음 2013년 11월 20일
1판 1쇄 펴냄 2013년 11월 25일

지은이 볼프강 슈미트바우어
옮긴이 채기화

주간 김현숙
편집 변효현, 김주희
디자인 이현정, 전미혜
영업 백국현, 도진호
관리 김옥연

펴낸곳 궁리출판
펴낸이 이갑수

등록 1999. 3. 29. 제300-2004-162호
주소 110-043 서울시 종로구 통인동 31-4 우남빌딩 2층
전화 02-734-6591~3
팩스 02-734-6554
이메일 kungree@kungree.com
홈페이지 www.kungree.com

ⓒ 궁리, 2013. Printed in Seoul, Korea.

ISBN 978-89-5820-263-9 93180

값 15,000원